C. S. Lewis
Wunder

www.fontis-verlag.com

C. S. Lewis

Wunder

... möglich, wahrscheinlich, undenkbar?

fontis

Bibliografische Information der Deutschen Nationalbibliothek
Die Deutsche Nationalbibliothek verzeichnet diese Publikation in der Deutschen Nationalbibliografie; detaillierte bibliografische Daten sind im Internet über www.dnb.de abrufbar.

Der Fontis-Verlag wird von 2021 bis 2025 vom Schweizer Bundesamt für Kultur unterstützt.

Titel der englischen Originalausgabe:
«Miracles» by C. S. Lewis,
erschienen bei William Collins Sons & Co., Ltd., Glasgow

7. Taschenbuchausgabe (mit neuem Cover) 2025 by Fontis-Verlag Basel

Fontis AG
Steinentorstr. 23
4051 Basel
Schweiz
info@fontis.ch

Verantwortlich in der EU:
Fontis Media GmbH
Baukloh 1
58515 Lüdenscheid
Deutschland
fontis@fontis-media.de

Übersetzt aus dem Englischen von Brigitta Müller-Osenberg

Die Bibelstellen wurden, soweit nicht anders angegeben, folgender Übersetzung entnommen:
Die Bibel nach Martin Luthers Übersetzung, revidiert 2017,
© 2016 Deutsche Bibelgesellschaft, Stuttgart

Umschlag: Spoon Design, Olaf Johannson, Langgöns
Fotos Umschlag: Lewis-Foto auf U4 © by Marion E. Wade Center;
Lewis-Foto Klappe © by Arthur Strong, 1947;
Foto Cover U1 © by Natali _ Mis, Shutterstock.com
Foto Klappen: IgorZh, Shutterstock.com
Satz: InnoSet AG, Justin Messmer, Basel
Druck: Finidr
Gedruckt in der Tschechischen Republik

ISBN 978-3-03848-248-2

MIX
Papier | Fördert gute Waldnutzung
FSC® C014138
FSC www.fsc.org

Inhaltsverzeichnis

Vorwort: Argumentative Leuchttürme

Wunder?!

«Ich fürchte, unsere Vorstellung, der Himmel sei bloß ein Zustand des Geistes, ist mit daran schuld, dass die spezifisch christliche Tugend der Hoffnung in unseren Tagen zu lahm geworden ist. Wo unsere Väter, in die Zukunft schauend, Schimmer von Gott erblickten, sehen wir nichts als Nebel, weißen, formlosen, kalten und unbeweglichen Nebel» (S. 266).

C. S. Lewis hat es nicht so mit dem Nebel – und schon gar nicht mit dem weißen, formlosen, kalten und unbeweglichen Nebel. Und er hat es auch nicht so mit dem unentdeckten Gott. Vielmehr hat er es mit der scharf abgegrenzten und klaren Begrifflichkeit, mit der Setzung, die die Frage hinter der Frage aufleuchten lässt und deshalb zum eigentlichen Kern des Problems oder eben auch zum eigentlichen Kern der Hoffnung und damit sicher auch zu Gott in seinem staunenswerten Handeln vorstößt.

Gott lässt sich also durchaus entdecken. Dass Lewis in der christlichen Apologetik zuhause war und seine Liebe zum kritischen und konzisen Denken auch im von ihm 1941 mitgegründeten «Oxford University Socratic Club» geschult und zum Einsatz gebracht hat, ist auf diesem Weg sicher kein Hindernis, im Gegenteil.

Und so geht es Lewis in seinem Nachdenken über «Wunder» in erster und in letzter Instanz um die Hoffnung – und dies meint: die Hoffnung auf den christlichen Gott, auf den zurecht gehofft werde, weil dieser in seiner Liebe unfassbare Wunder wirke und so nichts weniger als die Rettung der

Menschheit anbiete. Eben diese Hoffnung brauche es, so Lewis – und es brauchte sie allemal 1947, als sein Werk «Wunder» erstmals erschienen ist und sich dabei in den Kanon der zeitgenössischen Erbauungsschriften eingereiht hat, die die Moral eines ganzen Volkes aufrechterhalten sollten, um den Zweiten Weltkrieg und seine unmittelbaren Folgen zu bewältigen.

Wer angesichts dieser Rede von der Hoffnung nun aber eine seichte Lektüre und verschiedene Beweise von Wundern oder gar eine unterhaltsam geschriebene Sammlung von Wundergeschichten erwartet, hofft vergeblich. Bei aller Betonung der christlichen Hoffnung – auch das Nachdenken über Wunder hat konzise und klar zu geschehen. Dementsprechend macht der Originaltitel des Bandes deutlich, in welche Richtung Lewis zu gehen gedenkt: «Miracles. A Preliminary Study» heißt die Schrift mit vollem Titel – und genau dies geschieht auch:

Lewis legt hier einen argumentativen Teppich aus, benennt die Voraussetzungen für vermeintliche oder tatsächliche Wunder, indem er fragt, ob überhaupt mit Wundern zu rechnen, auf sie zu hoffen sei und ob eine angemessene Weltsicht nicht geradezu zwingend mit Wundern zu rechnen habe. In der Tat also, es geht um eine vorläufige, eine vorausgehende (und wie Lewis selbst sagt: vorbereitende) Studie, die nicht einzelne Wunder durchbuchstabiert, sondern sich mit ihrer Möglichkeit, gern auch ihrer Wahrscheinlichkeit, allemal aber mit ihrer Existenz auseinandersetzt.

Wer diesen Verweis des Untertitels ernstnimmt, wird von der ersten Hälfte des Buches nicht irritiert sein, denn: In diesen – zahlreichen – Kapiteln geht es um alles, aber eben nicht um Wunder und Wundergeschichten. Und schon gar nicht geht es um die Erfahrung oder Nicht-Erfahrung von Wundern. Überhaupt sei Erfahrung hier keine Kategorie der Erkenntnis, sondern eher ein anekdotisches Begründungsmuster, das aus der Not der herausgeforderten Erkenntnis geboren sei. Das heißt: Für Lewis beruhen Erfahrungen gerade nicht auf einem konzisen Nachdenken über die Frage der Wunder als solche. Gleichwohl – und hier erlaubt sich Lewis einen süffisanten Seitenhieb auf David Hume – werde allzu oft die (gern auch eigene) Erfahrung ins Feld geführt, um das Zeugnis von prä-wissenschaftlichen Menschen zu dekonstruieren, die von Wundern erzählten. Eine solche Wertschätzung der Erfahrung sei übertrieben, schließlich – so stellt Lewis gleich zu Beginn fest – «sind unsere Sinne nicht unfehlbar» (S. 17). Zudem stand es für Lewis außer Frage, dass der Wissensvorgang vom Gegenstand des Wissens und nicht vom wissbegierigen Menschen bestimmt werden müsste. Das heißt, es konnte gar nicht um Erfahrungen gehen, sondern entscheidendes Kriterium seien das Verhalten und die Gegenständlichkeit einer Sache.

Tatsächlich brauchte es also beim Thema «Wunder» gerade vor dem Hintergrund zahlreicher zeitgenössischer Debatten, Welt- und Gottesbilder erst einmal eine dezidierte Klärung der Voraussetzungen. Dies tut Lewis umfänglich in seiner Schrift. Zwei Gruppen benennt er, die sich unversöhnlich gegenüberstünden: die Naturalisten und die Supranaturalisten. Beide brachten ihre durchweg holistische Weltsicht auch in der Frage nach der Möglichkeit oder sogar der Wahrscheinlichkeit von Wundern in Stellung.

Die Anschauungen der Naturalisten sind erwiesenermaßen das Feindbild von Lewis. Das wird allein in der Quantität der Auseinandersetzung deutlich: Mindestens fünf Kapitel in «Wunder» sind für Lewis' Kritik am Naturalismus reserviert. Die Grundannahme der Naturalisten, dass nichts außerhalb der Natur existiere und es deshalb auch keine Wunder gebe, weil alles den Naturgesetzen unterworfen sei, ein freier Wille nicht existiere, der hieran etwas ändern könne, und ein Wunder deshalb – wie Lewis es David Hume in den Mund legt – den Naturgesetzen Gewalt antun würde, all dies seziert Lewis mit besonderer Wonne, Leidenschaft und dem einen oder anderen alltagstauglichen Beispiel. Er tut dies bisweilen auch fragend: Ist es wirklich so, dass sich jedes Ding und jedes Ereignis bis ins Letzte erklären lässt? Ist es wirklich so, dass die Natur ein derart «totalitäres», also umfassendes System ist, sodass sich hier alles wiederfindet und einordnet?

Insgesamt zeigen diese Fragen: Sobald sich «etwas Anderes» finden lässt, das außerhalb der Natur und damit auch außerhalb der Naturgesetze existiert, diese also von außen her bedrängt oder gar durchbricht, ist der Naturalismus *ad absurdum* geführt. Und – so Lewis – dieses «etwas Andere» gebe es. Dieses «etwas Andere» sei die Vernunft. Diese – so würden die Naturalisten argumentieren, um ihre Weltsicht nicht preiszugeben – sei durch natürliche Auslese gebraucht und verfeinert worden, wenn Folgerungen und Konsequenzen und damit Erkenntnis erforderlich gewesen seien. Vernunft als Ausdruck eines evolutionären Prozesses und damit der Natur inhärent – das sei die Position des Naturalisten.

Der «Theist» indes schaue anders auf die Vernunft. Für ihn sei sie die Vernunft Gottes – und damit deutlich älter als die Natur, schließlich sei die Natur etwas Geschöpfliches, das dem Schöpfer konsequent nachgeordnet sei. Genauer und schärfer: Von eben der Vernunft Gottes leite sich überhaupt erst die Regelmäßigkeit der Natur ab.

Diese vorgeordnete Vernunft Gottes habe aber auch Konsequenzen für den Menschen, denn: Er habe seine Wurzel im «ewigen, selbstexistenten, rationalen Wesen, das wir Gott nennen» (S. 56). Und das heißt: Der Mensch sei dazu «befreit», sich vom Gegenstand der Erkenntnis bestimmen zu lassen; er müsse also in seinem Denken keinen Gesetzmäßigkeiten folgen – und sein Denken sei auch nicht von Gott bestimmt, sondern von ihm entfacht und dann freigegeben. Das menschliche Wissen werde somit eine übernatürliche Kategorie, die explizit von der Erfahrung und der Erinnerung als naturimmanente Kategorien zu trennen sei. Wissen, geboren aus dem freien Erkennen und damit aus der göttlichen Vernunft, ist nach Lewis also dieses «etwas Andere», das den Naturalismus sprengt. Analoges ließe sich zum Gewissen des Menschen sagen.

Supranaturalismus ist also die Spur, der Lewis zu folgen gedenkt. Gemeint ist damit das Wissen um eine geistige Realität jenseits des sinnlich Wahrnehmbaren, und das meint: außerhalb der Natur. In dieser Diktion geht Lewis davon aus, dass es einen Gott gibt – und dass dieser Wunder wirken könne; und dies auch täte. Wer vom Supranaturalismus spreche, verweise also auf ein «monarchisches» Verständnis, weil Gott an der Spitze allen Seins stünde, während die Naturalisten ein «demokratisches» Bild der Wirklichkeit hätten, in dem alles verwoben, aber nichts außerhalb dieses Systems zu erkennen sei.

Doch Lewis fasst es noch präziser: Er redet nicht von irgendeiner pantheistischen Gottesvorstellung, lehnt diese sogar dezidiert ab (S. 140). Er redet auch nicht von einem Dualismus zwischen Gott und Welt, sondern er redet vom christlichen Gott, dem «undurchschaubaren Zentrum aller Existenzen». Er redet vom christlichen Gott und damit vom «Ding, das einfach und völlig ist». Er redet vom «Quell der Tatsächlichkeit» (S. 148).

Wichtig auch: Das vordringlichste Wesensmerkmal dieses Gottes sei die Liebe. Hier macht Lewis keine Kompromisse, sondern bündelt dies sogar in programmatische Sätze. Ein wichtiger ist dieser: «Christus starb nicht für die Menschen, weil sie es wert gewesen wären, dass für sie gestorben wurde, sondern weil er Liebe ist und deshalb unendlich liebt» (S. 94).

Zu diesem Wesen der Liebe gehört nach Lewis zweifelsfrei auch das Wirken von Wundern. Und mehr noch: Bei einem derart liebenden Gott seien die Wunder an der Tagesordnung und kein Sonderfall in der Geschichte, auch wenn Lewis es durchaus für denkbar hält, dass keiner seiner Leser überhaupt je ein Wunder erleben wird (S. 275) und er Wunder als «Sondergeschehen» bezeichnet (S. 105) Gemeint ist damit aber die Kunst, bestehende Muster der Natur nicht zu verletzten, sondern diese auf wundersame Weise zu erweitern und «umso stärker die Einheit und Beständigkeit der Gesamtwirklichkeit [zu] betonen» (S. 107). Letztlich sei also jedes Wunder eine «strategische Invasion» (S. 181) Gottes in die Natur. Das heißt auch: Existiere Gott, existiere auch immer das Risiko von Wundern.

Wunder sind also möglich und auch nicht von vornherein als unwahrscheinlich auszuschließen. Dies leitet Lewis ab und macht dann einen Schnitt. Das heißt: Die nun erforderliche Untersuchung von potenziellen Wundern und damit die Zusammenschau von Quellenmaterial und dessen Bewertung leistet er nicht. Warum auch? Schließlich versteht er sein Nachdenken als Vorüberlegung über die Wahrscheinlichkeit von Wundern und damit auch als Ermutigung, tatsächlich nach Wundern Ausschau zu halten und mit ihnen zu rechnen – und widersprechende naturalistische Argumentationsmuster und Grundannahmen schlicht über Bord zu werfen.

Mit dieser Ermutigung spricht er sicher nicht allein in die Nachkriegszeit Englands hinein, sondern seine Stimme tönt auch bis in die europäische Gegenwart des frühen 21. Jahrhunderts, die um das wundersame Wirken Gottes gern den eingangs beschriebenen Nebel aufsteigen lässt.

Die Verve, die Lewis in seinem Nachdenken über Wunder an den Tag legt, hat ihren Ursprung sicher in seiner Lust am Denken, ist aber auch biografisch motiviert, denn: Lewis lebte mit der Herausforderung, ein glaubender Wissenschaftler zu sein. Dies jedoch hatte er ursprünglich so nicht intendiert, im Gegenteil: Spätestens seit seiner Schulzeit konnte er behaupten, Atheist zu sein. Die zeitgenössische Religionskritik – gerade auch seiner Lehrer, die mit ihm Vergil lasen und dessen Religiosität negativ kommentierten – lehrte ihn, dass religiöse Vorstellungen reine Illusion seien, und auch der Erste Weltkrieg mit seinen martialischen Schlachten konnte nur zeigen, dass es keinen Gott gab.

Aber auf dem Titel des «Time Magazine» vom 8. September 1947 war dann tatsächlich zu lesen: «Oxford's C. S. Lewis, his heresy: Christianity.» Zwischen der Schulzeit und dem Jahr 1947 lagen tatsächliche oder teilweise legendenhaft erzählte, wenn auch durch biografisches Material gut bezeugte Bekehrungserlebnisse in den Jahren 1930 und 1931 und die bis zur Apologetik wachsende Bereitschaft, fortan alle Artikel des Christentums als lebensdienlich zu erkennen und deshalb zu akzeptieren. Und dazu gehörten auch die Wunder.

Immer wieder hat Lewis diese Frage aufgegriffen, hat die Möglichkeit der Wunder gegen Freunde und Kollegen und ebenso im intellektuellen Wettstreit der Moderne verteidigt. Lewis war damit im Grunde ein «outcast», ein unregelmäßiges Verb in der wissenschaftlichen Zunft, aber es half nichts: Weiterhin galt es für Lewis, den Glauben zu stärken oder Nicht-Glaubenden gute Gründe zu liefern, um mit dem Glauben zu beginnen. Dass er dies mit wissenschaftlicher Akribie und rhetorischem Geschick tat, war sein besonderes Charisma – das gleichwohl nicht unwidersprochen blieb.

Die schärfste Krise löste möglicherweise die Debatte mit der britischen Philosophin Elizabeth Anscombe (1919–2001) aus, die er im Februar 1948 im «Socratic Club» führte und dessen Grundlage zudem im «Socratic Digest» (1948) publiziert wurde. Hier sah er sein Argument für die Existenz Gottes nicht nur herausgefordert, sondern dadurch geradezu zerstört, denn er nahm an, dass nur ein simpler Geist davon ausgehen müsste, dass es Gott nicht gebe. Unklar ist, ob das Außenstehende auch so gesehen haben. Einfluss hatte diese Debatte dennoch: In der Ausgabe von 1960 hat Lewis das kritisierte dritte Kapitel überarbeitet, ohne jedoch den Duktus des Gesamtwerkes zu verändern.

Bemerkenswert ist zudem, dass Lewis sich in zeitlicher Nähe zu dieser Debatte vom Feld der christlichen Apologetik immer weiter zurückgezogen hat. «Wunder» war damit das letzte apologetische Buch von Lewis, das originäre Gedanken und keine Zusammenschau vorheriger Reden präsentierte.

Der Text selbst bietet wohl auch deshalb ein umfängliches argumentatives und rhetorisches Arsenal auf: Er ist voller süffisanter, wertender, dabei aber sprachlich wohlgestalteter Formulierungen. Hier hat jemand große Lust, die feine Klinge auszupacken und die Positionen der Gegner im Gespräch geradezu zu filetieren.

Dass dabei bisweilen auch Setzungen, Behauptungen, Verkürzungen als Mittel zum Zweck dienen müssen, ist deutlich erkennbar. Aber: Charmant verpackt sind diese, eingebettet werden sie in das Gespräch mit den Lesenden, denen Lewis seine Weltsicht erklärt, immer wieder auf bereits Benanntes zurückkommt, freundlich Zusammenfassungen formuliert, mit rhetorischen Fragen das Herz der Lesenden zu gewinnen sucht und so auf sein eigentliches Ziel des Textes zusteuert, nämlich das größte Wunder und damit den sinnvollsten und eindrücklichsten Grund aller Hoffnung zu benennen: die Menschwerdung Gottes – oder, anders formuliert, das volle Heilsprogramm Gottes, das von der Inkarnation über das Leben, über Verfolgung, Folter und Sterben bis hin zur Auferstehung Jesu führt. «Wenn *das* kein Wunder ist!», so ließen sich Lewis' Gedanken zusammenfassen.

Doch damit die Größe, Weite und Breite dieses Wunders zumindest ansatzweise begriffen werden kann, braucht es eben wesentliche Präliminarien und argumentative Leuchttürme auf dem Weg hin zum großen Verständnis oder zumindest erst einmal zum Erahnen dieses Wunders. Dies sei – so Lewis – in seiner eigenen Zeit besonders wichtig, sei hier doch eine «Volksreligion» zu beobachten, eine weit verbreitete Philosophie des (absoluten) Idealismus, die nicht mehr mit Wundern rechne. Einer solchen «Volksreligion» sei nicht zuletzt deshalb die Frage zu stellen, ob diese überhaupt wahr sei (S. 137). Das ist sogar eine zeitlose Frage.

Wer stattdessen Lewis auf seinem Weg folgt, wird seine Setzung zur Inkarnation als folgerichtig erleben. Wer aber bereits bei der Wertschätzung des Supranaturalismus argumentatives Grausen entfaltet, wird den letzten Kapiteln kaum etwas abgewinnen können. Gleichwohl lohnt es sich auch dann, bis zum Schluss durchzuhalten und zu verstehen, wie Lewis das Wesen Gottes einfasst, wenn er von der Hoffnung und der Liebe spricht, die er an die Inkarnation Gottes und damit an das «zentrale» Wunder der Christenheit (S. 181) rückbindet. In diesem Wunder werde schließlich die Grundstruktur aller Wunder offenbar, die sowohl die alte als auch die neue Schöpfung umfassten. Dazu gehöre es genuin, dass der Größere zum Kleineren hinabsteige und diesen in sein Handeln einbeziehe. Wer ein solches Wunder wirken will, so Lewis, «muss sich bücken, um hochheben zu können» (S. 186) – und eben dies täte Gott.

Lewis wörtert dies bis ins vorletzte Detail aus; sein Staunen ist dabei mit Händen zu greifen, aber ebenso auch seine Scharfsinnigkeit, die ihn schließlich zu der Erkenntnis führt: «Die erlöste Menschheit wird etwas Herrlicheres sein, als die ungefallene je gewesen wäre und jede ungefallene heute ist. (...) Je tiefer der Tod, umso strahlender die Wiedergeburt» (S. 203).

Am Ende wird deutlich, dass das Buch die Lesenden – ganz gleich, in welchem Jahrzehnt oder Jahrhundert sie beheimatet sind – permanent zu Entscheidungen zwingt: Naturalist oder Supranaturalist? Angemessenheit der Dinge und damit auch der Wunder oder nicht? Erfahrung oder Grundannahme, dass das Wirken von Wundern zu Gottes Wesen gehört? Vernunft aus Welt oder Vernunft aus Gott? Dies sind nur ein paar der großen Fragen, die sich aus dem launig und mit Hingabe geschriebenen Text ergeben und nach Antworten verlangen.

Es ist also groß zu denken – und deshalb: Wirkt Gott heute noch Wunder? Gibt es also eine berechtigte Hoffnung auf sein Handeln mitten in einer arg gebeutelten und verwundeten Welt? Was wäre wohl, wenn wir den Nebel der Selbstzentrierung und der Zurückhaltung gegenüber Wundern verlassen und stattdessen glauben könnten, dass Gott auch heute noch Wunder tut? Was würde das für unser Leben bedeuten? Es ist ein geistiges und geistliches Abenteuer, mit Lewis Antworten auf diese Fragen zu suchen – und dieses Abenteuer beginnt jetzt.

Nicole Grochowina (1972), Historikerin und Ordensschwester der evangelischen Communität Christusbruderschaft Selbitz*

Die Absicht dieses Buches

Wer Erfolg haben will, muss die richtigen vorbereitenden Fragen stellen.

Aristoteles, Metaphysik, II [III]

In meinem ganzen Leben bin ich nur einem Menschen begegnet, der behauptete, einen Geist gesehen zu haben. Und das Interessante daran ist, dass dieser Mensch, nachdem er den Geist gesehen hatte, weiterhin ebenso wenig an die Unsterblichkeit der Seele glaubte, wie er es vordem getan hatte. Seiner Aussage nach muss das, was er gesehen hat, eine Illusion oder ein Streich der Nerven gewesen sein. Und er könnte damit sogar recht haben. Sehen ist nicht Glauben.

Darum kann die Frage, ob Wunder geschehen, niemals einfach durch die Erfahrung beantwortet werden. Jeder Vorfall, der ein Wunder zu sein beansprucht, ist schließlich etwas, das sich unseren Sinnen darbietet, etwas Gesehenes, Gehörtes, Berührtes, Gerochenes oder Geschmecktes. Und unsere Sinne sind nicht unfehlbar.

Wenn etwas Außerordentliches geschehen zu sein scheint, können wir immer sagen, wir seien das Opfer einer Sinnestäuschung geworden. Falls wir einer Philosophie anhängen, die das Übernatürliche ausschließt, werden wir eben dieses stets behaupten. Was wir aus der Erfahrung lernen, hängt von der Philosophie ab, die wir an die Erfahrung herantragen. Deshalb ist es zwecklos, an die Erfahrung zu appellieren, bevor wir nicht die philosophische Frage, so gut wir können, geklärt haben.

Wenn unmittelbare Erfahrung das Wunderbare weder beweisen noch widerlegen kann, so kann die Geschichte das noch weniger. Viele Leute meinen, man könne feststellen, ob ein Wunder in der Vergangenheit geschehen sei, indem man das Beweismaterial «nach den üblichen Regeln historischer Untersuchung» prüft. Doch die üblichen Regeln können nicht angewandt werden, bevor wir nicht entschieden haben, ob Wunder möglich sind, und wenn ja, wie wahrscheinlich sie sind.

Denn wenn sie unmöglich sind, wird uns keinerlei historisches Beweismaterial – und sei es noch so umfangreich – überzeugen. Sind sie aber möglich, jedoch höchst unwahrscheinlich, wird uns nur ein mathematisch demonstrierbarer Beweis überzeugen; und da die Geschichte niemals für irgendein Geschehnis einen so zwingenden Beweis liefert, wird sie uns auch niemals davon überzeugen können, dass ein Wunder geschehen ist.

Sind andererseits Wunder nicht von vornherein unwahrscheinlich, so wird das vorhandene Beweismaterial ausreichen, um uns davon zu überzeugen, dass eine ganze Anzahl von Wundern geschehen ist. Das Ergebnis unserer historischen Untersuchung hängt also davon ab, welcher Philosophie wir anhängen, bevor wir den ersten Blick auf das Beweismaterial werfen. Deshalb muss zuerst das philosophische Problem geklärt werden.

Folgendes ist ein Beispiel dafür, was geschieht, wenn wir die vorbereitende philosophische Klärung überspringen und uns gleich der historischen zuwenden: In einem populären Bibelkommentar findet man eine Diskussion über das Abfassungsdatum des vierten Evangeliums. Der Verfasser meint, es müsse *nach* der Hinrichtung des Petrus geschrieben worden sein, weil in der Darstellung dieses Evangeliums Christus die Hinrichtung des Petrus voraussagte.

«Ein Buch», so meint der Autor, «kann aber nicht vor den Ereignissen geschrieben worden sein, auf die es sich bezieht.» Natürlich kann es das nicht – es sei denn, es fänden doch echte Voraussagen statt. In dem Fall stürzt das Datierungsargument in sich zusammen. Der Verfasser hat gar nicht erst erörtert, ob echte Voraussagen möglich sind. Er betrachtet es als selbstverständlich (vielleicht unbewusst), dass sie es nicht sind.

Möglicherweise hat er recht. Wenn er recht hat, dann hat er dieses Prinzip aber nicht auf dem Weg der historischen Untersuchung entdeckt. Als er an seine historische Arbeit ging, brachte er den Nichtglauben an Voraussagen bereits fix und fertig mit. Andernfalls hätte er gar nicht zu seiner Schlussfolgerung über die Datierung des vierten Evangeliums kommen können. Darum ist seine Arbeit für jemand, der wissen will, ob Voraussagen geschehen, völlig nutzlos. Denn der Verfasser macht sich erst an die Arbeit, nachdem er diese Frage bereits negativ beantwortet hat, aus Gründen, die er uns nirgendwo mitteilt.

Dieses Buch ist als Vorbereitung auf die historische Untersuchung gedacht. Ich bin kein geschulter Historiker und habe nicht vor, das geschichtliche Beweismaterial für die christlichen Wunder zu untersuchen. Es ist mein Ziel, meine Leser in die Lage zu versetzen, dies selbst zu tun.

Es hat keinen Zweck, sich mit den Texten zu beschäftigen, solange man keine Ahnung von der Möglichkeit oder Wahrscheinlichkeit des Wunderbaren hat. Wer davon ausgeht, dass Wunder unmöglich sind, verschwendet mit dem Studium der Texte bloß seine Zeit. Wir wissen im Voraus, zu welchen Ergebnissen er gelangen wird, denn er beginnt mit der Vorwegnahme des zu Beweisenden.

II
Der Naturalist und der Supranaturalist

«Himmel!», rief Frau Snip, «gibt es tatsächlich einen Ort, an dem die Leute es wagen, über dem Erdboden zu leben?» – «Ich habe noch nie von Menschen gehört, die *unter* dem Erdboden leben», versetzte Tim, «bis ich ins Riesenland kam.» – «Ins Riesenland kam!», schrie Frau Snip, «ja, ist denn nicht überall Riesenland?»

Roland Quiz, Riesenland, Kap. XXXII

Ich benutze das Wort *Wunder* als Bezeichnung für ein Eingreifen übernatürlicher Mächte in die Natur.[1] Wenn es über die Natur hinaus nichts gibt, das wir das Übernatürliche nennen können, sind Wunder unmöglich. Manche Leute glauben, dass außer der Natur nichts existiere; ich nenne diese Leute *Naturalisten.* Andere sind der Meinung, es existiere neben der Natur noch etwas anderes; diese Leute nenne ich *Supranaturalisten.* Unsere erste Frage lautet daher: Haben die Naturalisten oder die Supranaturalisten recht? Und schon stehen wir vor der ersten Schwierigkeit.

Bevor der Naturalist und der Supranaturalist ihre Mei-

[1] Die Theologen würden hier größtenteils eine andere Definition geben. Ich bediene mich meiner Version nicht deshalb, weil ich sie für eine Verbesserung gegenüber der ihren halte, sondern weil sie mir gerade wegen ihrer Ungeschliffenheit und «Volkstümlichkeit» die Möglichkeit bietet, auf jene Fragen in unkompliziertester Weise einzugehen, die dem «Durchschnittsleser» vermutlich durch den Sinn gehen, wenn er ein Buch über Wunder zur Hand nimmt.

nungsverschiedenheit diskutieren können, müssen sie selbstverständlich erst einmal eine übereinstimmende Definition von Natur und Übernatur haben. Es ist leider aber fast unmöglich, zu einer solchen zu gelangen. Gerade weil der Naturalist der Meinung ist, außer der Natur existiere nichts, bedeutet das Wort *Natur* für ihn lediglich «alles» oder «das Ganze» oder «was es nur gibt». Und wenn wir das mit Natur meinen, dann existiert natürlich nichts anderes. Den eigentlichen Streitpunkt zwischen ihm und dem Supranaturalisten haben wir damit verpasst.

Einige Philosophen haben die Natur definiert als das, «was wir mit unseren fünf Sinnen wahrnehmen». Doch auch dieses ist unbefriedigend; denn selbst unsere eigenen Gefühle nehmen wir nicht auf diesem Wege wahr, und dennoch sind sie vermutlich «natürliche» Geschehnisse. Um nicht in eine Sackgasse zu geraten und um herauszufinden, worin nun wirklich der Meinungsunterschied zwischen Naturalist und Supranaturalist besteht, müssen wir unser Problem etwas umständlicher angehen.

Ich beginne mit der Betrachtung folgender Sätze: 1. Sind das seine natürlichen Zähne, oder ist es ein Gebiss? 2. In seinem natürlichen Zustand ist der Hund voller Flöhe. 3. Ich lasse gerne das bebaute Land und die asphaltierten Straßen hinter mir, um mit der Natur allein zu sein. 4. Sei doch natürlich! Warum bist du so affektiert? 5. Es mag falsch gewesen sein, sie zu küssen, aber es war so natürlich.

Das Gemeinsame all dieser Formulierungen ist leicht ersichtlich. Natürliche Zähne sind solche, die im Munde wachsen; wir haben sie weder zu entwerfen noch herzustellen noch einzupassen. In seinen natürlichen Zustand verfällt der Hund, wenn niemand dies mittels Wasser und Seife verhindert.

Die Natur hat in der Landschaft das oberste Regiment, in der Boden, Wetter und Vegetation ihre Erzeugnisse ohne Hilfe und ungehindert vom Menschen hervorbringen. Natürliches Benehmen würden die Menschen dann an den Tag legen, wenn sie sich nicht bemühten, dies abzuändern. Ein Kuss ist dann natürlich, wenn ihm keine moralischen oder vernunftmäßigen Erwägungen im Wege stehen.

In all den Beispielen bedeutet Natur das, was «von selbst» oder «aus eigenem Antrieb» geschieht; worum man sich nicht zu bemühen braucht; was man erhält, wenn man nichts tut, um es zu unterbinden. Das griechische Wort für Natur (Physis) ist verbunden mit dem griechischen Zeitwort für «wachsen»; das lateinische *Natura* mit dem Zeitwort «geboren werden». Das Natürliche ist das, was *von selbst* aufquillt, zum Vorschein kommt, passiert oder sich fortsetzt: das Gegebene, das bereits da ist, und das Spontane, das Unbeabsichtigte, das Unaufgeforderte.

Der Naturalist glaubt, dass die letzte Tatsache, die Sache, über die hinaus es nicht geht, ein ungeheurer Prozess in Raum und Zeit ist, der *sich von selbst fortsetzt.* Innerhalb dieses totalen Systems findet jedes Sondergeschehen (etwa, dass Sie soeben dieses Buch lesen) deshalb statt, weil sich bereits ein anderes Geschehen ereignet; letztlich, weil sich das totale Geschehen ereignet. Jedes Ding (zum Beispiel diese Buchseite) ist, was es ist, weil andere Dinge sind, was sie sind; und das letztendlich, weil das ganze System ist, was es ist.

Alle Dinge und Geschehnisse sind so völlig ineinander verwoben, dass keines von ihnen auch nur ein Mindestmaß an Unabhängigkeit von dem «Ganzen» für sich beanspruchen kann. Keines von ihnen existiert «auf eigene Faust» oder setzt sich «von selbst» fort, außer in dem Sinne, dass es zu besonderer Zeit und an besonderem Ort jenes allgemeine «Existieren von selbst», jenes «Verhalten aus eigenem Antrieb» zeigt, das der «Natur» (dem großen, totalen, in sich verwobenen Geschehen) als Ganzem eigen ist.

Darum wird ein überzeugter Naturalist niemals an den freien Willen glauben: Denn freier Wille würde bedeuten, dass Menschen die Kraft unabhängigen Handelns besäßen; die Kraft, irgendetwas anders oder mehr zu tun, als in der Totalreihe der Geschehnisse enthalten ist. Und gerade eine solche Sonderkraft, die Geschehnisse verursachen kann, leugnet der Naturalist. Spontaneität, Originalität, Handeln «auf eigene Faust» – das sind Privilegien, die dem «Ganzen», das er *Natur* nennt, vorbehalten bleiben.

Der Supranaturalist stimmt mit dem Naturalisten darin überein, dass es etwas geben muss, das nur aus sich selbst existiert; eine Grundtatsache, deren Existenz zu erklären sinnlos wäre, weil diese Tatsache selbst der Grund oder Ausgangspunkt aller Erklärungen ist. Er identifiziert diese Tatsache jedoch nicht mit dem «Ganzen». Er glaubt, dass die Dinge in zwei Kategorien aufzuteilen sind.

In der ersten Kategorie finden wir entweder Dinge oder (wahrscheinlicher) ein Ding, das fundamental und ursprünglich ist, das aus sich selbst heraus existiert. In der zweiten finden wir Dinge, die lediglich von jenem einen Ding abgeleitet sind. Das eine fundamentale Ding hat das Dasein aller anderen Dinge verursacht. Es existiert aus sich selbst; die anderen sind da, weil es da ist. Sie werden aufhören zu sein, wenn es jemals aufhören sollte, sie in ihrer Existenz zu erhalten; sie werden sich verändern, wenn es sie ändern sollte.

Der Unterschied zwischen den beiden Ansichten könnte folgendermaßen beschrieben werden: Der Naturalismus gibt uns ein demokratisches Bild der Wirklichkeit, der Supranaturalismus hingegen ein monarchisches. Der Naturalist meint, das Privileg des «Auf eigene Faust»-Existierens ruhe in der Gesamtmasse der Dinge, so wie in einer Demokratie die Souveränität auf der Gesamtmasse des Volkes ruht. Der Supranaturalist meint dagegen, dieses Privileg gehöre einigen Dingen oder (wahrscheinlicher) einem Ding und nicht anderen – so wie der König in einer echten Monarchie die Souveränität besitzt und nicht das Volk.

Und wie in einer Demokratie alle Bürger gleich sind, so ist auch für den Naturalisten ein Ding oder ein Geschehen so gut wie das andere, und zwar deshalb, weil sie alle gleichermaßen vom Totalsystem der Dinge abhängen. Tatsächlich ist jedes von ihnen nur die Form, in der sich der Charakter des Totalsystems an einem besonderen Punkt in Zeit und Raum ausdrückt. Dagegen glaubt der Supranaturalist, dass das eine, ursprüngliche oder selbstexistente Ding auf einer anderen Stufe stehe als alle übrigen Dinge und wichtiger sei als sie.

Hier könnte der Verdacht auftauchen, der Supranaturalismus sei entstanden, indem man die monarchische Gesellschaftsstruktur auf das Universum übertragen habe. Doch aus dem gleichen Grund könnte man dann auch argwöhnen, der Naturalismus sei entstanden, indem man die Strukturen der modernen Demokratien auf das Universum übertragen habe. So heben beide Verdachte einander auf und bieten uns keinerlei Hilfe für die Entscheidung, welche Theorie nun eher stimmt.

Sie erinnern uns allerdings daran, dass der Supranaturalismus die typische Philosophie eines monarchischen und der Naturalismus die eines demokratischen Zeitalters ist – und zwar insofern, als der Supranaturalismus, wenn auch in sich falsch, vor vierhundert Jahren in der Masse des gedankenlosen Volkes Glauben gefunden hätte, so wie der Naturalismus, wenn auch in sich falsch, heute von der Masse des gedankenlosen Volkes geglaubt wird.

Jedermann wird bereits bemerkt haben, dass das eine, selbstexistente Ding – oder die kleine Gruppe selbstexistenter Dinge –, an das der Supranaturalist glaubt, das ist, was wir Gott nennen oder die Götter. Ich will in diesem Buch nur jene

Form des Supranaturalismus behandeln, die an *einen* Gott glaubt; zum einen, weil für die meisten meiner Leser der Polytheismus wahrscheinlich kein echtes Problem darstellt, und zum andern, weil die Polytheisten selber ihre Götter höchst selten als Schöpfer des Alls und als selbstexistent betrachten. Die Götter Griechenlands waren nicht übernatürlich in dem strikten Sinn, den ich diesem Wort gebe. Sie waren Produkte des totalen Systems und in ihm eingeschlossen – ein wichtiger Unterschied.

Die Differenz zwischen Naturalismus und Supranaturalismus ist nicht identisch mit dem Unterschied zwischen dem Glauben an einen Gott und dem Unglauben. Der Naturalismus könnte, ohne sich damit selbst aufzugeben, eine gewisse Art von Gottheit zugestehen. Das große, in sich verwobene Geschehen – Natur genannt – könnte solcherart sein, dass es in irgendeinem Stadium ein großes kosmisches Bewusstsein erzeugt, einen innewohnenden «Gott», der aus dem Gesamtprozess heraus entsteht, genauso wie der menschliche Geist (gemäß den Naturalisten) aus menschlichen Organismen entsteht. Der Naturalist würde gegen eine solche Art von Gott nichts einzuwenden haben.

Der Grund dafür ist folgender: Ein solcher Gott stände nicht außerhalb der Natur oder des Totalsystems, er würde nicht unabhängig davon existieren. Immer noch bliebe «das Ganze» als Grundfaktum bestehen, und dieser Gott wäre nur eines von den Dingen (wenn auch das interessanteste), die das Grundfaktum enthielte. Was der Naturalismus nicht akzeptieren kann, ist die Vorstellung von einem Gott, der außerhalb der Natur steht und sie geschaffen hat.

Wir sind jetzt in der Lage, den Unterschied zwischen dem Naturalisten und dem Supranaturalisten zu erklären, auch wenn beide mit dem Wort *Natur* etwas anderes meinen. Der Naturalist glaubt, in Raum und Zeit laufe ganz von selbst ein großer Prozess, ein «Werden» ab, über das hinaus nichts existiere – das, was wir besondere Dinge oder Geschehnisse nennen, seien lediglich die Teile, in die wir den großen Prozess durch unsere Deutung zerlegen, oder die Formen, die dieser Prozess in gegebenen Augenblicken oder an gegebenen Stationen im Raum annimmt. Diese alleinige, totale Realität nennt er Natur.

Der Supranaturalist hingegen glaubt, *ein* Ding existiere aus sich selbst und habe sowohl den Rahmen von Zeit und Raum als auch den Ablauf systematisch verbundener Geschehnisse geschaffen, durch die jene ausgefüllt werden. Dieses Rahmenwerk samt Ausfüllung nennt er Natur. Es könnte sein, dass sie die einzige Realität ist, die von dem einen ursprünglichen Ding geschaffen wurde. Es könnte aber auch sein, dass es neben dem einen System, das wir Natur nennen, noch andere gibt.

In diesem Sinne könnte es mehrere «Naturen» geben. Dieser Gedanke hat nichts zu tun mit der sogenannten «Pluralität der Welten» – das heißt verschiedener Sonnensysteme oder verschiedener Milchstraßen: Diese sind «Inseln im Weltall», die in weit voneinander getrennten Teilen derselben Zeit und desselben Raumes existieren. Wie weit die Entfernung zwischen ihnen auch sein mag, sie sind doch Teile derselben Natur, wie auch unsere Sonne ein Teil von ihr ist: Sie alle sind untereinander verbunden, weil sie in Beziehung zueinander stehen, in räumlicher, zeitlicher und auch kausaler Beziehung. Und gerade dieses wechselseitige Verwobensein macht das aus, was wir eine Natur nennen.

Es könnte andere Naturen geben, die überhaupt nicht raum-zeitlich sind. Und wenn einige von ihnen es doch wären, hätten ihr Raum und ihre Zeit keinerlei räumliche und zeitliche Verbindungen zu unserem Raum und unserer Zeit. Gerade diese Diskontinuität, dieses Nichtverwobensein würde uns dazu berechtigen, sie als andere Naturen zu bezeichnen. Das heißt nicht, dass es zwischen ihnen überhaupt keine Beziehung gäbe: Schon durch die gemeinsame Abstammung von einer übernatürlichen Quelle wären sie miteinander verbunden.

In dieser Hinsicht glichen sie verschiedenen Romanen ein und desselben Autors; die Geschehnisse in der einen Geschichte haben keine Beziehung zu den Geschehnissen in der andern, außer der, dass sie von demselben Autor erfunden wurden. Um die Beziehung zwischen ihnen aufzuspüren, muss man sie zurückverfolgen bis in den Kopf des Autors hinein: Es gibt keine Querverbindung zwischen irgendeiner Aussage des Mr. Pickwick in den «Pickwickiern» und einem Satz, den Mrs. Gamp in «Martin Chuzzlewit» zu hören bekommt.

Ähnlich gäbe es auch keine normale Querverbindung zwischen Geschehnissen in einer Natur und denen in einer andern. Unter «normaler» Verbindung verstehe ich eine, die kraft der Beschaffenheit der beiden Systeme zustande kommt. Wir müssen hier die Qualifizierung «normal» einführen, weil wir nicht im Voraus wissen, ob Gott nicht zwei Naturen an einem besonderen Punkt in teilweisen Kontakt miteinander bringen könnte; das heißt, er könnte es zulassen, dass *ausgewählte* Geschehnisse in der einen Natur Wirkungen in der anderen verursachen.

Es würde da also an gewissen Punkten eine teilweise Verwebung stattfinden, was die beiden Naturen aber keineswegs zu ein und derselben machte, denn damit wäre noch nicht die totale Wechselseitigkeit gegeben, die eine Natur ausmacht. Und jene gelegentlichen Verknüpfungen wären nicht aus dem ureigenen Wesen der Systeme heraus entstanden, sondern durch einen göttlichen Akt, der sie zusammenbrachte.

Wenn solches geschähe, wäre jede der beiden Naturen im Verhältnis zur anderen «übernatürlich»: Die Tatsache ihres Kontaktes wäre jedoch in einem absoluten Sinne übernatürlich – nämlich nicht als über diese oder jene Natur hinausreichend, sondern als über alle und jede Natur hinausreichend. Das wäre eine Art von Wunder. Die andere wäre ein göttliches «Eingreifen», das nicht darin bestände, dass er zwei Naturen zusammenbringt, sondern dass er einfach eingreift.

All das ist vorläufig bloße Spekulation. Es ist keinesfalls aus dem Supranaturalismus zu schließen, dass Wunder irgendwelcher Art wirklich geschehen. Es mag sein, dass Gott (jenes ursprüngliche Ding) tatsächlich niemals in das von ihm geschaffene natürliche System eingreift. Und wenn er mehr als ein natürliches System geschaffen hat, dann lässt er sie vielleicht einander niemals berühren.

Doch diese Frage bedarf weiteren Nachdenkens. Wenn wir uns dafür entscheiden, dass die Natur nicht die einzige vorhandene Sache ist, können wir nicht im Voraus sagen, ob sie gegen Wunder gefeit ist oder nicht. Es gibt Dinge außerhalb der Natur: Wir wissen noch nicht, ob diese in sie eindringen können. Möglicherweise sind ihnen die Türen verschlossen, möglicherweise auch nicht.

Wenn aber der Naturalismus recht hat, wissen wir von vornherein, dass Wunder unmöglich sind: Nichts kann von außerhalb in die Natur eindringen, denn es gibt außerhalb nichts, das von dort eindringen könnte; die Natur ist ja alles. Zweifellos könnten sich Ereignisse zutragen, die wir in unserer Unkenntnis fälschlicherweise als Wunder bezeichnen; aber in Wirklichkeit wären sie (gleich den alltäglichen Geschehnissen) die unvermeidliche Folge der Beschaffenheit des ganzen Systems.

Die erste Entscheidung, die wir zu treffen haben, ist also die zwischen Naturalismus und Supranaturalismus.

III
Die Hauptschwierigkeit des Naturalismus

> Man kann eben nicht beides haben, und aller Spott über die Begrenztheit der Logik ... wird uns nicht aus der Verlegenheit heraushelfen.
>
> *J. A. Richards, Prinzipien der Literaturkritik, Kap. XXV*

Wenn der Naturalismus recht hat, muss jedes endliche Ding oder Geschehen (im Prinzip) mit den Begriffen des totalen Systems erklärbar sein. Ich sage «*im Prinzip* erklärbar», denn natürlich verlangen wir nicht, dass der Naturalist jederzeit für jede Erscheinung eine detaillierte Erklärung findet. Es ist klar, dass viele Dinge erst dann erklärt werden können, wenn die Wissenschaft weitere Fortschritte gemacht hat.

Doch wenn der Naturalismus akzeptabel sein soll, dürfen wir mit Recht erwarten, dass jedes einzelne Ding eine Beschaffenheit aufweist, aus der in der Regel ersichtlich ist, dass es mit den Begriffen des totalen Systems erklärt werden könnte. Wenn es irgendetwas gäbe, dessen Beschaffenheit uns von vornherein erkennen ließe, dass eine *derartige* Erklärung unmöglich ist, fiele der Naturalismus in sich zusammen.

Zwingen uns notwendige Gedankengänge dazu, irgendeiner Sache irgendein Maß an Unabhängigkeit vom totalen System zuzugestehen – erfüllt irgendeine Sache den Anspruch auf Selbstständigkeit, den Anspruch, mehr zu sein als ein Ausdruck der Beschaffenheit der Natur –, haben wir den Naturalismus bereits aufgegeben. Denn unter Naturalismus verstehen wir eine Lehre, die besagt, dass einzig die Natur – das ganze ineinanderverwobene System – existiert. Und wenn das stimmte, wäre jedes Ding und Ereignis – falls unser Wissen ausreichte – bis ins Letzte *(restlos)* erklärbar.

Unter diesen Umständen wäre es ein Widerspruch in sich, wenn Sie gegenwärtig nicht dieses Buch läsen; und umgekehrt läge der einzige Grund für Ihr Lesen darin, dass das ganze System an dem und dem Ort, zu der und der Stunde dazu bestimmt war, diesen Weg einzuschlagen.

Vor Kurzem wurde eine für den reinen Naturalismus gefährliche These laut, auf die ich meine Beweisführung zwar nicht gründen will, die aber dennoch der Beachtung wert ist. Ältere Wissenschaftler glaubten, dass die kleinsten Teile der Materie sich nach strengen Gesetzen bewegen: mit andern Worten, dass die Bewegungen eines jeden Teilchens «verwoben» seien mit dem Gesamtsystem der Natur.

Einige moderne Wissenschaftler glauben offenbar nicht daran – wenn ich sie richtig verstehe. Sie sind der Meinung, dass die einzelne Einheit der Materie (es wäre voreilig, weiterhin von einem «Teilchen» zu sprechen) sich auf unbestimmte oder zufällige Art und Weise bewegt, in der Tat «selbstständig» oder «aus eigenem Antrieb». Die Regelmäßigkeit, die wir in den kleinsten sichtbaren Körpern beobachten, erklärt man aus der Tatsache, dass jeder dieser Körper Millionen von Einheiten enthält und dass in diesem Fall das Gesetz des Durchschnitts die eigenartigen Verhaltensweisen der einzelnen Einheiten ausgleiche.

Die Bewegung einer dieser Einheiten ist unberechenbar; genauso wie man bei einem einmaligen Hochwerfen einer Münze nicht vorausberechnen kann, ob Kopf oder Zahl oben liegen wird: Die Gesamtbewegung einer Milliarde Einheiten kann jedoch vorausgesagt werden, genauso wie man voraussagen kann, dass Kopf und Zahl ungefähr gleich oft oben liegen werden, wenn man die Münze eine Milliarde Mal hochwirft.

Inzwischen wird man bemerkt haben, dass wir – wenn diese Theorie stimmt – eigentlich zugegeben haben, dass es mehr gibt als «Natur». Wenn die Bewegungen der einzelnen Einheiten Ereignisse «aus sich selbst heraus» sind, Ereignisse, die sich nicht mit all den andern Ereignissen verknüpfen, dann sind diese Bewegungen nicht Teil der Natur. Unseren Sprachgewohnheiten versetzte es allerdings einen Schock, wenn wir sie *über*natürlich nennen würden. Ich glaube, wir müssten sie *unter*-natürlich nennen. Womit allerdings unser Vertrauen darauf, dass die Natur keine Türen hat, dass es keine Wirklichkeit außerhalb ihrer selbst gibt, für die sich Türen öffnen könnten, restlos verschwunden wäre.

Offenbar gibt es aber *etwas* außerhalb ihrer selbst: das Unternatürliche. Und ausgerechnet aus diesem Unternatürlichen heraus sollen alle Geschehnisse und alle «Körper» gleichsam in sie hinein verfüttert werden. Es ist klar, dass sie, wenn sie solchermaßen eine Hintertür zum Unternatürlichen hat, möglicherweise auch eine Vordertür zum Übernatürlichen hat – und dass auch durch diese Tür Ereignisse in sie hinein verfüttert werden könnten.

Ich habe diese Theorie erwähnt, weil sie gewisse Begriffe, die wir später benutzen müssen, in ein recht anschauliches Licht rückt. Ich für meinen Teil baue dabei nicht auf ihre Richtigkeit. Wer (wie ich selbst) eine mehr philosophische als naturwissenschaftliche Ausbildung genossen hat, kann fast nicht glauben, dass die Naturwissenschaftler wirklich meinen, was sie da zu sagen scheinen. Ich kann mir nicht denken, dass sie mehr damit ausdrücken wollen, als dass die Bewegungen der einzelnen Einheiten *für uns* dauernd unberechenbar bleiben; sie meinen ja wohl nicht, sie seien an sich gesetzlos und zufällig.

Und selbst wenn Letzteres der Fall wäre, so wäre das für den Laien noch keine Garantie, dass nicht schon morgen eine neue wissenschaftliche Entwicklung die ganze Idee einer gesetzlosen Unternatur über den Haufen wirft. Denn es gehört zum Ruhm der Wissenschaft, dass sie nicht stehen bleibt. Deswegen begebe ich mich bereitwillig auf anderen Grund und Boden.

Es ist klar, dass alles, was wir über unsere unmittelbaren Sinneserfahrungen hinaus wissen, von diesen Sinneserfahrungen abgeleitet ist. Ich meine nicht, dass wir als Kinder zunächst einmal unsere Sinneseindrücke als «Beweisstücke» betrachteten und von da aus dann bewusst auf die Existenz von Raum, Stoff und anderen Menschen schlossen.

Ich meine eher Folgendes: Wenn unser Vertrauen – sobald wir alt genug sind, die Frage zu verstehen – in die Existenz irgendeiner Sache erschüttert wird (sagen wir in die des Sonnensystems oder der spanischen Armada), müssen unsere Argumente zur Verteidigung dieser Sache die Form von Folgerungen aus unseren unmittelbaren Sinneserfahrungen annehmen.

Ganz allgemein ausgedrückt würde die Folgerung lauten: «Da sich mir Farben, Geräusche, Formen, Freuden und Schmerzen darbieten, die ich weder vollkommen voraussagen noch lenken kann, und da deren Verhalten umso regelmäßiger erscheint, je genauer ich sie untersuche, muss es außer mir selbst noch etwas anderes geben, und es muss systematisch geordnet sein.»

Innerhalb dieser sehr allgemeinen Folgerung führen uns die verschiedensten Einzelfolgerungen zu detaillierteren Ergebnissen. Von Fossilien schließen wir auf die Evolution; von dem, was wir im Seziersaal in den Schädeln uns ähnlicher Lebewesen finden, schließen wir auf die Existenz unseres eigenen Gehirns.

Jedes mögliche Wissen hängt also von der Folgerichtigkeit unseres Denkens ab. Wenn jenes Gefühl der Gewissheit, dem wir mit den Worten *es muss, darum* und *weil* Ausdruck verleihen, eine echte Wahrnehmung dessen ist, wie die Dinge außerhalb unseres Verstandes tatsächlich sein «müssen», dann ist es gut. Ist diese Gewissheit aber lediglich ein Gefühl *innerhalb* unserer selbst und nicht eine echte Einsicht in die Realitäten außerhalb – stellt sie lediglich die Art und Weise dar, in der unser Verstand nun einmal arbeitet –, kann es für uns kein Wissen geben. Solange menschliches Denken nicht folgerichtig ist, kann keine Wissenschaft stimmen.

Daraus folgt, dass eine Berechnung des Weltalls nicht richtig sein kann, wenn sie unserem Denken nicht die Möglichkeit offen lässt, eine wirkliche Einsicht zu sein. Eine Theorie, die jede Erscheinung im Weltall erklärt, aber den Glauben an die Folgerichtigkeit unseres Denkens unmöglich macht, ist gänzlich indiskutabel. Denn diese Theorie könnte selbst nur durch Denken aufgestellt werden, und wenn das Denken nicht folgerichtig wäre, fiele ja die Theorie in sich zusammen. Sie würde alles zerstören, was ihr Glaubwürdigkeit verleiht. Sie wäre eine Beweisführung, die beweist, dass keine Beweisführung stichhaltig ist – also ein Beweis dafür, dass es so etwas wie Beweise nicht gibt –, was in sich unsinnig ist.

Der reine Materialismus widerlegt sich selbst, und zwar aus dem Grund, den Professor Haldane schon vor langer Zeit genannt hat: «Wenn die Prozesse meines Verstandes völlig von den Bewegungen der Atome in meinem Gehirn bestimmt werden, ist die Annahme, dass meine Ansichten richtig sind, unbegründet … und somit ist auch die Annahme unbegründet, dass mein Gehirn aus Atomen zusammengesetzt ist» (*Possible Worlds,* S. 209).

Nun scheint mir der Naturalismus, obgleich er nicht rein materialistisch ist, dieselbe Schwierigkeit zu enthalten, wenn auch in abgeschwächter Form. Er macht unsere Denkprozesse unglaubwürdig oder vermindert wenigstens ihre Glaubwürdigkeit so stark, dass sie nicht einmal mehr ihn selbst tragen können.

Am leichtesten lässt sich das anhand der verschiedenen Bedeutungen des Wortes *denn* darstellen. Wir können sagen: «Großvater ist heute krank, *denn* er hat gestern Hummer gegessen.» Wir können auch sagen: «Großvater muss heute krank sein, *denn* er ist noch nicht aufgestanden (und wir wissen, dass er immer früh aufsteht, wenn er nicht krank ist.)»

Das *denn* im ersten Satz zeigt die Verbindung zwischen Ursache und Wirkung an: Das Essen machte ihn krank. Das *denn* im zweiten Satz zeigt die Verbindung an zwischen dem, was die Logiker Grund und Folge nennen. Das späte Aufstehen des alten Mannes ist nicht die Ursache seines Unwohlseins, sondern der Grund, weswegen wir ihn für krank halten.

Der gleiche Unterschied besteht zwischen den Sätzen: «Er schrie auf, *denn* ich tat ihm weh» (Ursache und Wirkung) und: «Es muss ihm wehgetan haben, *denn* er schrie auf» (Grund und Folge). Besonders vertraut ist uns das *denn* von Grund und Folge aus dem Bereich der Mathematik: «A = C, *denn* beide sind, wie bereits bewiesen, gleich B.»

Das eine Mal wird eine dynamische Verbindung zwischen verschiedenen Ereignissen oder Zuständen angezeigt; das andere Mal eine logische Beziehung zwischen Meinung und Behauptung.

Nun ist aber eine Gedankenfolge als Mittel zur Wahrheitsfindung wertlos, wenn nicht jeder Schritt in dieser Folge verbunden ist mit dem, was in der Grund-Folge-Beziehung vorausgegangen ist. Wenn unser B nicht logischerweise auf unser A folgt, ist unser Denken sinnlos. Wenn das, was wir denken, am Ende unserer Gedankenfolge stimmen soll, muss die korrekte Antwort auf die Frage: «Warum denkst du das?» mit dem *denn* von Grund und Folge beginnen.

Andererseits muss jedes Ereignis in der Natur mit vorausgegangenen Ereignissen in der Ursache-Wirkung-Beziehung stehen. Nun sind aber unsere Denkvorgänge Ereignisse. Folglich muss die richtige Antwort auf die Frage: «Warum denkst du das?» mit dem *denn* von Ursache und Wirkung beginnen.

Ist der Schluss, zu dem wir kommen, nicht die logische Folge eines Grundes, so ist er wertlos und könnte bestenfalls dank eines glücklichen Zufalls stimmen. Ist er nicht die Wirkung einer Ursache, kann es ihn überhaupt nicht geben. Es sieht also so aus, als müssten beide Verbindungssysteme gleichzeitig auf ein und dieselbe Abfolge geistiger Vorgänge anwendbar sein, wenn eine Gedankenfolge überhaupt einen Wert haben soll.

Leider aber sind die beiden Systeme völlig verschieden. Verursachtsein ist nicht gleich Begründetsein. Sehnsuchtsgedanken, Vorurteile und die Wahnvorstellungen des Irrsinns sind alle verursacht, aber sie sind unbegründet. Tatsächlich unterscheidet sich das Verursachtsein so grundlegend von dem Begründetsein, dass wir in Streitgesprächen so tun, als schlössen sie sich gegenseitig aus.

Die bloße Tatsache, dass für eine bestimmte Meinung Ursachen vorhanden sind, lässt allgemein bereits die Vermutung aufkommen, dass die Meinung grundlos sei; und die beliebteste Methode, die Meinung eines anderen herabzusetzen, ist die, sie auf eine Ursache zurückzuführen: «Du sagst das, *denn* (Ursache und Wirkung) du bist ein Kapitalist oder ein Hypochonder oder bloß ein Mann oder nur eine Frau …»

Die Folgerung daraus ist: Wenn eine Meinung vollständig durch Ursachen zu erklären ist, dann musste sich diese Meinung, da Ursachen unvermeidlicherweise wirken, einfach heranbilden, ob sie nun Gründe hatte oder nicht. Wir empfinden es als unnötig, Gründe für etwas zu suchen, das auch ohne diese vollständig zu erklären ist.

Und selbst wenn Gründe vorhanden sind, stellt sich doch die Frage, was diese im Einzelnen mit dem eigentlichen Meinungsgeschehen als psychologischem Ereignis zu tun haben. Wenn es ein Ereignis ist, muss es verursacht worden sein. Es kann ja nur ein Glied in einer Kette von Ereignissen sein, die sich zurückerstreckt bis an den Anfang und nach vorne bis an das Ende der Zeit. Wie könnte etwas so Geringfügiges wie das Fehlen logischer Gründe das Entstehen einer Meinung verhindern, oder wie könnte das Vorhandensein von Gründen dieses fördern?

Darauf scheint nur eine Antwort möglich zu sein: Es gibt verschiedene Wege, auf denen ein geistiges Geschehen ein nachfolgendes geistiges Geschehen verursachen kann. Einer davon ist die Assoziation (wenn ich an Pastinaken denke, fällt mir immer meine erste Schule ein). Ein ebenso guter Weg aber ist der, dass das erste Geschehen einfach der Grund für das nachfolgende ist. Denn dann fällt das Ursache-Sein und das Grund-Sein zusammen.

Das jedoch ist in dieser Form eindeutig falsch. Wir wissen aus Erfahrung, dass ein Gedanke nicht zwangsläufig alle oder auch nur einen der Gedanken auslöst, die in einem ebenso logischen Verhältnis zu ihm stehen wie die Folgen zum Grund. Wir wären ganz schön in Bedrängnis, wenn wir niemals denken könnten: «Das ist Glas», ohne daraus sämtliche Folgerungen ziehen zu müssen, die man daraus nur ziehen kann. Es ist unmöglich, sie alle zu ziehen, und sehr oft folgern wir überhaupt nichts.

Wir müssen also die oben genannte Regel verbessern. Ein Gedanke kann einen andern nicht dadurch verursachen, dass er ein Grund für ihn *ist,* sondern dass er als Grund für ihn *wahrgenommen* wird.

Wenn einem die aus dem Bereich der Sinneswahrnehmungen stammende Metapher *wahrgenommen* missfällt, ersetze man sie einfach durch die Worte *begriffen* oder *erfasst* oder schlicht *erkannt.* Viel ändert sich dadurch nicht, denn alle diese Worte erinnern uns daran, was Denken wirklich ist. Denkvorgänge sind ohne Zweifel Ereignisse, aber von ganz besonderer Art. Sie sind «über» etwas anderes als sich selbst, und sie können richtig sein oder falsch.

Ereignisse sind im Allgemeinen nicht «über» etwas und können auch nicht richtig oder falsch sein. (Sagt man: «Diese Ereignisse oder Fakten sind falsch», heißt das natürlich, dass die Berichterstattung über sie falsch ist.) Der Vorgang des Folgerns muss daher aus zweierlei Blickwinkeln betrachtet werden. Einerseits ist er ein subjektives Ereignis, Stationen in der psychologischen Geschichte eines Menschen. Andererseits ist er Einblick in oder Erkenntnis über etwas anderes als sich selbst.

Was aus erster Sicht die psychologische Überleitung von Gedanken A zu Gedanken B darstellt, ist in einem bestimmten Moment, für einen bestimmten Intellekt, aus der Sicht des Denkenden die Wahrnehmung einer Folgerung (wenn A, dann B). Wenn wir uns der ersten Ansicht anschließen, können wir die Vergangenheitsform benutzen: «B *folgte* A in meinen Gedanken.» Vertreten wir aber die zweite Ansicht (Wahrnehmung einer Folgerung), benutzen wir stets die Gegenwartsform: «B *folgt* aus A.» Wenn B jemals im logischen Sinne «daraus folgt», tut es das immer.

Es ist unmöglich, die zweite Ansicht als subjektive Illusion abzutun, ohne damit das gesamte menschliche Wissen unglaubwürdig zu machen. Wäre der Vorgang des Folgerns nicht die echte Einsicht, die zu sein er beansprucht, könnten wir über die Sinneswahrnehmungen des Augenblicks hinaus nichts wissen.

Er kann dies jedoch nur unter bestimmten Bedingungen sein. Ein Erkenntnisvorgang muss in gewissem Sinne ausschließlich von dem Gegenstand des Wissens bestimmt sein; wir dürfen nur aus dem Grunde wissen, dass eine Sache sich so verhält, weil sie sich *so verhält.* Das ist es, was Wissen bedeutet. Man kann das *weil* als ein *weil* von Ursache und Wirkung bezeichnen und das «gewusst werden» eine Form der Verursachung nennen, wenn man so will; freilich eine einzigartige Form.

Der Vorgang des Wissens hängt zweifellos von verschiedenen Voraussetzungen ab, ohne die es ihn nicht geben könnte: von der Aufmerksamkeit und von der Beschaffenheit des Willens und der Gesundheit, die ihrerseits Voraussetzungen für die Aufmerksamkeit sind. Doch der eigentliche Charakter des Wissensvorgangs muss vom Gegenstand des Wissens bestimmt sein.

Wäre letzterer vollständig aus anderen Quellen erklärbar, würde er aufhören, Wissen zu sein, genauso wie – um einen Vergleich aus dem Bereich der Sinneswahrnehmungen zu nehmen – das Klingeln im Ohr aufhört, das zu sein, was wir mit dem Wort «hörbar» bezeichnen, wenn es vollständig durch andere Ursachen als einem Geräusch in der Außenwelt erklärt werden kann – wie beispielsweise das *Ohrensausen,* das durch eine starke Erkältung hervorgerufen wird.

Wenn das, was als Wissensvorgang erscheint, teilweise aus anderen Quellen erklärt werden kann, ist der in ihm enthaltene tatsächliche Bestandteil an Wissen (der zu Recht so genannt wird) nur das, was diese anderen Quellen übrig lassen; nur das, was zu seiner Erklärung des gewussten Gegenstands bedarf – genauso, wie wirkliches Hören das ist, was nach dem Abzug des *Ohrensausens* übrig bleibt.

Alles, was vorgibt, unser Denken vollständig zu erklären, ohne sich dabei auf einen Wissensvorgang zu berufen, der in der beschriebenen Weise ausschließlich vom Gegenstand des Wissens bestimmt ist, stellt in Wirklichkeit die Theorie auf, dass es kein Denken gibt.

Und das ist es, worauf mir der Naturalismus letztlich hinauszulaufen scheint. Er bietet uns etwas an, das vorgibt, eine vollständige Erklärung unseres Denkverhaltens zu sein. Bei näherer Betrachtung freilich lässt diese Erklärung keinen Raum für die Vorgänge des Wissens und der Einsicht, von denen der Wert unseres Denkens als Mittel zur Wahrheitsfindung abhängt.

Es herrscht allgemeine Übereinstimmung darüber, dass die Vernunft und sogar die Sinneswahrnehmungen und das Leben selbst späte Erscheinungen in der Natur seien. Folglich muss die Vernunft, wenn es außer der Natur nichts gibt, durch einen historischen Prozess entstanden sein.

Und nach Auffassung der Naturalisten war dieser Prozess selbstverständlich nicht darauf ausgerichtet, ein Denkverhalten zu erzeugen, das Wahrheit finden kann. Es gab ja keinen Planer; und überhaupt, solange es keine Denkenden gab, gab es auch weder Wahrheit noch Lüge. Die Art von Denkverhalten, die wir heute als rationales oder folgerichtiges Denken bezeichnen, muss sich folglich durch natürliche Auslese «entwickelt» haben, durch die allmähliche Ausmerzung jener Arten, die zum Überleben weniger geeignet waren.

Unsere Gedanken waren einstmals also nicht rational. Das heißt, sie waren einstmals alle so, wie viele unserer Gedanken heute noch sind: rein subjektive Ereignisse, nicht aber ein Erfassen objektiver Wahrheiten. Sofern ein Gedanke überhaupt eine Ursache außerhalb von uns selbst hatte, war er (gleich unseren Schmerzen) eine Reaktion auf Reize. Nun konnte die natürliche Auslese nur in der Weise funktionieren, dass sie die biologisch schädlichen Reaktionen ausmerzte und die zum Überleben geeigneten vermehrte. Es ist aber nicht denkbar, dass irgendeine Verbesserung von Reaktionen diese jemals in Erkenntnisvorgänge umwandeln könnte oder auch nur im Entferntesten darauf abzielte.

Das Verhältnis zwischen Reaktion und Reiz unterscheidet sich grundlegend von dem zwischen Wissen und dem Gegenstand des Wissens. Der physikalische Vorgang des menschlichen Sehens ist eine weit nützlichere Reaktion auf Licht als die primitiverer Lebewesen, die lediglich über Augenflecken verfügen. Doch weder die Verbesserung der menschlichen Sehreaktion noch irgendeine andere vorstellbare Verbesserung könnte die Reaktion auch nur einen Zollbreit näher an das Wissen über das Licht heranrücken.

Zugegeben, ohne sie hätten wir das Wissen nicht haben können. Aber erlangt wird es durch Experimente und die daraus zu ziehenden Folgerungen, nicht aber durch die Verfeinerung der Reaktionen. Es sind nicht die Menschen mit den besonders guten Augen, die über das Licht Bescheid wissen, sondern die, welche die einschlägigen Wissenschaften studiert haben.

Ebenso können unsere psychischen Reaktionen auf unsere Umwelt (Neugier, Abneigung, Freude und Erwartung) unendlich verfeinert werden, ohne jemals etwas anderes als Reaktionen zu sein. Die Vervollkommnung der nicht-rationalen Reaktionen lässt diese also noch lange nicht zu folgerichtigen Ableitungen werden; dennoch könnte man in ihr einen anderen Versuch zum Überleben sehen – eine Alternative zur Vernunft.

Eine Beschaffenheit, die gewährleistete, dass wir uns ausschließlich am Zweckmäßigen erfreuen und nur dem Gefährlichen gegenüber Abneigung verspüren, und die sicherstellte, dass das Maß unserer Freude und Abneigung in genau ausgewogenem Verhältnis zum Maß der tatsächlichen Zweckmäßigkeit oder Gefahr des betreffenden Objektes steht – eine solche Beschaffenheit könnte uns genauso dienlich sein wie die Vernunft; in manchen Fällen vielleicht sogar noch dienlicher.

Nun gibt es neben der natürlichen Auslese aber noch die Erfahrung – die ursprünglich individuell war, dann aber durch Tradition und Belehrung weitergereicht wurde. Man könnte der Ansicht sein, dass dadurch im Laufe der Jahrtausende jenes Denkverhalten heraufbeschworen wurde, das wir Vernunft – oder, in andern Worten, die Praxis des Folgerns – nennen, und zwar aus einer Geistesverfassung heraus, die ursprünglich nicht rational war.

Die wiederholte Erfahrung, dort Feuer (oder Überreste von Feuer) zu finden, wo er Rauch gesichtet hat, könnte den Menschen darauf ausgerichtet haben, sobald er Rauch entdeckte, Feuer zu erwarten. Diese Erwartung, in die Formel «Wenn Rauch, dann Feuer» gefasst, wird zu dem, was wir Folgern nennen. Sind alle unsere Folgerungen auf diese Weise entstanden?

Wenn ja, sind sie alle nicht folgerichtig. Gewiss, ein Vorgang wie der oben beschriebene erzeugt Erwartungen. Er erzieht die Menschen ebenso dazu, dort Feuer zu erwarten, wo sie Rauch sehen, wie auch zu der Erwartung, dass alle Schwäne weiß sind (bis sie einen schwarzen sehen) oder dass Wasser stets bei 100 °C kocht (bis jemand ein Picknick auf einem Berg veranstaltet). Solche Erwartungen sind keine Folgerungen und brauchen auch nicht zu stimmen. Die Annahme, dass Dinge, die sich in der Vergangenheit verbunden haben, auch in der Zukunft stets verbunden sein werden, ist nicht kennzeichnend für das vernünftige, sondern für das tierische Verhalten.

Die Vernunft setzt genau da ein, wo man folgert: «Da sie

stets miteinander verbunden waren, muss es vermutlich einen Zusammenhang zwischen ihnen geben», und wo man versucht, diesen Zusammenhang zu entdecken. Hat man dann die Beschaffenheit des Rauchs herausgefunden, ist man möglicherweise imstande, die bloße Erwartung des Feuers durch eine echte Folgerung zu ersetzen. Solange das nicht geschehen ist, sieht die Vernunft in der Erwartung nichts anderes als eine Erwartung.

Wo dieser Vorgang nicht nötig ist – das heißt, wo die Folgerung von einem Axiom ausgeht –, greifen wir gar nicht erst auf vergangene Erfahrungen zurück. Meine Meinung, dass Dinge, die alle demselben Ding gleichen, auch untereinander gleich sind, basiert keineswegs auf der Tatsache, dass ich sie niemals auf frischer Tat des Andersseins ertappt habe. Ich sehe einfach, dass es so sein «muss». Mir erscheint es als unwichtig, dass heutzutage manche Leute Axiome als Tautologien bezeichnen, denn gerade mithilfe solcher «Tautologien» ist uns der Fortschritt von weniger Wissen zu mehr Wissen möglich. Und sie als Tautologien zu bezeichnen, ist nur eine andere Ausdrucksweise dafür, dass sie vollkommen und gewisslich bekannt geworden sind.

Die uneingeschränkte Erkenntnis, dass A in sich B einschließt, setzt das Eingeständnis voraus, dass die Setzung von A und die Setzung von B im Grunde auf derselben Setzung beruhen. Jede echte Proportion ist in dem Maße eine Tautologie, in dem ich Einsicht in sie habe. Für den perfekten Arithmetiker ist 9 x 7 = 63 eine Tautologie; nicht aber so für das Kind, das sein Einmaleins lernt, und auch nicht für den schlichten Rechner, der vielleicht zu dem Ergebnis gekommen ist, indem er sieben Neunen addiert hat.

Wenn die Natur ein völlig ineinanderverwobenes System ist, dann ist jede Aussage über sie (z. B., dass der Sommer 1959 heiß war) für eine Intelligenz, die das System in seiner

Ganzheit erfassen kann, eine Tautologie. «Gott ist Liebe», mag für den Seraph eine Tautologie sein, nicht aber für den Menschen.

«Aber», so wird man einwerfen, «es ist doch nicht zu bestreiten, dass wir tatsächlich mithilfe von Folgerungen zu Erkenntnissen gelangen.» Gewiss nicht! Das geben der Naturalist und ich zu. Täten wir es nicht, gäbe es für uns nichts zu diskutieren. Nur der Unterschied, den ich zu bedenken gebe, ist der, dass der Naturalist im Gegensatz zu mir eine Evolutionsgeschichte der Vernunft vorweist, die unvereinbar ist mit dem Anspruch, den sowohl er als auch ich für das Folgern, so wie wir es tatsächlich praktizieren, erheben müssen.

Denn seine Geschichte ist (und kann von der Natur der Sache her auch nichts anderes sein) eine auf den Begriffen von Ursache und Wirkung beruhende Erklärung dafür, wie die Menschen zu ihrem heutigen Denkverhalten gekommen sind. Damit aber bleibt eine ganz andere Frage unbeantwortet, nämlich die, was die Menschen überhaupt dazu berechtigt, so zu denken. Diese Frage stellt den Naturalisten vor die höchst unangenehme Aufgabe, darzulegen, wie das von ihm beschriebene evolutionäre Produkt auch die Fähigkeit sein kann, Erkenntnisse «wahrzunehmen».

Schon der Versuch einer solchen Erklärung ist zum Scheitern verurteilt, was besonders deutlich wird, wenn er in seiner schlichtesten und hoffnungslosesten Form unternommen wird.

Der Naturalist sagt möglicherweise: «Nun, wir können vielleicht nicht – oder noch nicht – genau durchschauen, wie die natürliche Auslese das sub-rationale Verhalten des Geistes zu einer Tätigkeit des Folgerns werden lassen konnte, die zu Erkenntnissen führt. Wir können aber gewiss sein, dass dies geschehen ist. Denn die natürliche Auslese ist darauf ausgerichtet, zweckmäßiges Verhalten zu erhalten und zu vermehren. Und wir sehen ja, dass unsere Gewohnheit des Folgerns tatsächlich zweckmäßig ist. Und wenn sie das ist, dann muss sie auch zu Erkenntnissen führen.»

Merken wir, was wir hier tun? Das Folgern selbst wird infrage gestellt: Das heißt, der Naturalist erklärt das, was wir für Folgerungen gehalten haben, in einer Weise, die andeutet, dass die Folgerungen keinerlei wirkliche Erkenntnisse seien. Und ihre Bestätigung ist, wie sich herausstellt, nur eine weitere Folgerung (wenn zweckmäßig, dann wahr) – als ob diese Folgerung nicht unter denselben Verdacht geriete wie alle andern, sobald wir das evolutionäre Bild des Naturalisten akzeptierten.

Wenn der Wert unseres Denkens in Zweifel gezogen wird, kann man ihn nicht mithilfe des Denkens wieder aufrichten wollen. Wenn der Beweis, dass es keine Beweise gibt, Unsinn ist – wie schon dargelegt –, dann ist auch der Beweis, dass es Beweise gibt, Unsinn. Die Vernunft ist unser Ausgangspunkt. Sie anzugreifen oder zu verteidigen ist völlig abwegig. Wenn ich mich selbst außerhalb der Vernunft stelle, indem ich sie als bloßes Phänomen behandele, kann ich nur dadurch wieder Zugang zu ihr finden, dass ich ihre Infragestellung hinterfrage.

Es gibt eine noch bescheidenere Haltung. Wenn man will, kann man jeglichen Anspruch auf Erkenntnis aufgeben. Man kann sagen: «Unser Denkverhalten ist nützlich» – ohne auch nur im Stillen hinzuzufügen: «... und deshalb richtig.» Es befähigt uns dazu, Knochen zu richten, Brücken zu bauen und Satelliten zu konstruieren. Und das genügt. Die alte anmaßende Meinung, wir besäßen Vernunft, müssen wir aufgeben.

Das Denken ist ein Verhalten, das sich ausschließlich als Hilfsinstrument für die Praxis entwickelt hat. Deshalb kommen wir auch so gut mit ihm zurecht, solange wir es nur für praktische Belange einsetzen; schwingen wir uns allerdings zu Spekulationen auf und versuchen wir, eine allgemeine Sicht der «Wirklichkeit» zu gewinnen, dann verlieren wir uns in endlosen, nutzlosen und vermutlich rein verbalen philosophischen Auseinandersetzungen. In Zukunft wollen wir demütiger sein. Theologie ade, Ontologie und Metaphysik ade …

Aber dann auch Naturalismus ade! Denn selbstverständlich ist er ein Paradebeispiel jener schwindelerregenden Spekulation, die zwar aus der Praxis geboren, aber weit über unsere Erfahrung hinausgehend, jetzt verdammt wird. Die Natur ist kein Gegenstand, der den Sinnen oder der Fantasie dargeboten werden kann. Man kann sie nur durch umständlichste Folgerungen begreifen, oder besser noch, sich ihr nur annähern. Sie ist die erhoffte, vermutete Zusammenfassung sämtlicher aus unseren wissenschaftlichen Experimenten gezogenen Schlüsse in einem einzigen ineinanderverwobenen System.

Der Naturalist – damit nicht zufrieden – geht sogar noch weiter und behauptet forsch und verneinend: «Es gibt nichts außer ihr», eine Behauptung, die so fern jeder Praxis, Erfahrung und denkbaren Verifikation liegt, wie nur je eine Behauptung gelegen hat, seit der Mensch begann, sein Denkvermögen spekulativ einzusetzen. Und der erste Schritt zu diesem Gebrauch war nach jetziger Auffassung ein Missbrauch, die Perversion einer rein aufs Praktische ausgerichteten Fähigkeit und somit die Ursache aller Trugbilder.

Aus dieser Sicht muss die Position des Theisten als fast ebenso wackelig erscheinen wie die des Naturalisten (fast, nicht ganz; denn sie enthält sich der beispiellosen Kühnheit einer ungeheuren Verneinung). Doch der Theist muss nicht von dieser Sicht ausgehen und tut es auch nicht. Er ist nicht an die Auffassung gebunden, die Vernunft sei eine vergleichsweise junge Entwicklung, die durch einen Ausleseprozess geprägt sei, der nur das biologisch Zweckmäßige zulassen kann. Für den Theisten ist die Vernunft – die Vernunft Gottes – älter als die Natur; und von ihr leitet sich die Regelmäßigkeit der Natur ab, die allein uns in die Lage versetzt, sie zu erkennen.

Für den Theisten ist der menschliche Geist, im Akt des Erkennens begriffen, erleuchtet durch die göttliche Vernunft. Er ist im notwendigen Maße befreit von dem riesigen nicht-rationalen Kausalnexus; befreit davon, um sich vom Gegenstand der Erkenntnis bestimmen zu lassen. Und die auf diese Befreiung vorbereitenden Prozesse innerhalb der Natur waren, wenn es sie gab, von vornherein darauf ausgerichtet.

Den Vorgang des Wissens – nicht den Vorgang des Erinnerns, dass irgendetwas in der Vergangenheit so gewesen ist, sondern den des «Erkennens», dass es immer und in jeder möglichen Welt so sein muss –, diesen Vorgang als «übernatürlich» zu bezeichnen, stellt eine ziemliche Verletzung unserer Sprachgewohnheiten dar.

Selbstverständlich meinen wir damit nicht, dass er gespenstig oder sensationell oder gar (in irgendeinem religiösen Sinne) «geistig» sei. Wir meinen nur, dass er nicht «reinpasst»; dass ein solcher Vorgang, wenn er das ist, was er zu sein beansprucht – und ist er es nicht, dann ist unser gesamtes Denken unglaubwürdig –, nicht nur die an einem bestimmten Ort und zu einer bestimmten Zeit stattfindende Offenbarung jenes gesamten weitgehend geistlosen Systems von Ereignissen sein kann, das wir «Natur» nennen. Dieser Vorgang muss sich so weit freimachen von jener universalen Kette, dass er von dem, was er erkennt, bestimmt wird.

Es ist wichtig, dass die räumliche Vorstellung, die sich möglicherweise an dieser Stelle aufdrängt (und bei einigen ist das unausweichlich), nicht falsch ist. Wir sollten unsere Denkvorgänge nicht als etwas betrachten, das «über», «hinter» oder «jenseits» der Natur liegt, sondern eher «diesseits der Natur». Wenn man sie schon räumlich einordnen muss, dann denke man sie sich zwischen uns und der Natur.

Zu einer Vorstellung von der Natur gelangen wir überhaupt erst durch den Vorgang des Folgerns. Die Vernunft war vor der Natur da, und von der Vernunft hängt unsere Naturvorstellung ab. Unsere Folgerungsvorgänge liegen vor unserem Bild von der Natur, wie ja auch zuerst das Telefon da ist und dann erst die Stimme des Freundes, die wir durch dasselbe hören. Es wird uns nicht gelingen, diese Vorgänge in das Bild von der Natur einzubauen. Das, was wir in das Bild einbauen und mit dem Etikett «Vernunft» versehen, ist am Ende stets etwas anderes als die Vernunft, derer wir selbst uns erfreuen und für das Einbauen bedienen.

Wollen wir das Denken als evolutionäres Phänomen beschreiben, müssen wir das in einer Weise tun, die immer eine stillschweigende Ausnahme zugunsten des Denkens macht, das wir im selben Augenblick durchführen. Denn Ersteres kann nur wie jede andere einzelne Tat eine Offenbarung der allgemeinen und größtenteils nicht-rationalen Funktion des ganzen ineinanderverwobenen Systems zu einem bestimmten Zeitpunkt und in einem bestimmten Bewusstsein sein.

Letzteres aber, unser gegenwärtiges Denken, beansprucht – und muss beanspruchen –, ein Einblicknehmen zu sein, ein Wissen, das so weit vom nicht-rationalen Kausalnexus befreit ist, dass es (eindeutig) nur vom Gegenstand des Wissens bestimmt wird.

Das eingebildete Denken, das wir in das Bild von der Natur einbauen, hängt von dem Denken ab, das wir tatsächlich durchführen – weil unsere ganze Naturvorstellung davon abhängt –, und nicht umgekehrt. Das ist die Ur-Wirklichkeit, und auf ihr beruht jedes andere Attribut «Wirklichkeit», wem auch immer es zugeschrieben sei. Passt sie nicht in die Natur hinein, so können wir daran nichts ändern. Wir wollen sie jedoch keineswegs aufgeben. Denn dann gäben wir auch die Natur auf.

IV
Natur und Übernatur

> In der langen Traditon der europäischen Denker wurde immer wieder, zwar nicht von allen, aber doch von den meisten oder zumindest von den meisten derjenigen, die sich nachweislich das Recht erworben haben, angehört zu werden, behauptet, dass die Natur, obgleich eine Sache, die wirklich existiere, nicht eine Sache sei, die in sich selbst oder aus sich selbst existiere, sondern eine Sache, die in ihrer Existenz von etwas anderem abhänge.
>
> *R. G. Collingwood, The Idea of Nature, III*

Wenn unsere Beweisführung stichhaltig ist, dann sind die Vorgänge des Denkens nicht in derselben Weise mit dem totalen ineinandergreifenden System der Natur verbunden, wie alle ihre anderen Bestandteile miteinander verknüpft sind. Sie sind auf andere Weise mit ihr verbunden; so wie das Kennen und Verstehen einer Maschine zwar mit der Maschine verbunden ist, aber nicht in der Weise, wie die einzelnen Maschinenteile miteinander verbunden sind. Das Kennen einer Sache ist nicht ein Teil dieser Sache. In diesem Sinne wirkt etwas außerhalb der Natur, sobald wir denken.

Ich behaupte nicht, dass das Bewusstsein als Ganzes die gleiche Stellung einnehmen muss. Das haben Freuden, Schmerzen, Befürchtungen, Hoffnungen, Stimmungen und Fantasiebilder nicht nötig. Sie als Teile der Natur zu betrachten, brächte keinerlei Ungereimtheiten mit sich.

Die Unterscheidung, die wir zu machen haben, ist nicht die zwischen «Verstand» und «Materie», noch weniger die zwischen «Seele» und «Körper» (alle vier sind schwere Worte), sondern zwischen Vernunft und Natur: wobei die Grenze nicht dort verläuft, wo die «Außenwelt» endet und das beginnt, was ich gewöhnlich mein «Ich» nenne, sondern zwischen der Vernunft und der großen Menge nicht-rationaler Ereignisse, seien sie nun physikalischer oder psychologischer Natur.

Es herrscht viel Verkehr an dieser Grenze, aber immer nur Einbahnverkehr. Die tägliche Erfahrung zeigt uns, dass rationales Denken uns dazu veranlasst und befähigt, den Lauf der Natur zu ändern – den der physikalischen Natur, wenn wir die Mathematik zum Brückenbau verwenden, und den der psychischen Natur, wenn wir Argumente benutzen, um unsere Emotionen zu beeinflussen. Das Verändern der physikalischen Natur gelingt uns häufiger und vollständiger als das Verändern der psychischen Natur; zumindest gelingt es uns bei beiden ein wenig.

Andererseits ist die Natur völlig unfähig, rationales Denken zu erzeugen: Nicht, dass sie unser Denken niemals beeinflusste, aber in dem Augenblick, da sie das tut, hört es auf (aus eben dem Grund), rational zu sein. Denn eine Gedankenfolge verliert, wie wir bereits gesehen haben, jede rationale Bestätigung, sobald sie sich völlig als Ergebnis nicht-rationaler Ursachen erweist. Wenn die Natur versucht – um es einmal so auszudrücken –, den rationalen Gedanken etwas anzutun, gelingt es ihr nur, sie zu töten.

So also sieht die etwas eigentümliche Situation an der oben genannten Grenze aus. Die Natur kann nur in das Gebiet der Vernunft einfallen, um dort zu töten; die Vernunft jedoch kann in die Natur eindringen und dort Gefangene machen und sogar Niederlassungen gründen. Jeder Gegenstand, den

Sie soeben vor sich sehen – die Wände, die Zimmerdecke, die Möbel, das Buch, die eigenen gewaschenen Hände und geschnittenen Fingernägel, sie alle bezeugen die Kolonisierung der Natur durch die Vernunft: denn keiner dieser Gegenstände befände sich in dem Zustand, in dem er ist, wenn man der Natur ihren Lauf gelassen hätte.

Und wenn Sie meinen Argumenten so aufmerksam folgen, wie ich es hoffe, dann ist auch diese Aufmerksamkeit das Ergebnis von Gewohnheiten, die die Vernunft dem natürlichen Umherschweifen des Bewusstseins auferlegt hat. Wenn Sie andererseits aber gerade jetzt durch einen Zahnschmerz oder durch Angst in Ihrer Aufmerksamkeit gestört werden, mischt sich die Natur in Ihr Bewusstsein ein; aber nicht, um dadurch irgendeine neue Spielart des Denkens zu schaffen, sondern um (so weit sie es vermag) das Denken auszuschalten.

Mit andern Worten: Die Beziehung zwischen Vernunft und Natur ist das, was manche Leute eine unsymmetrische Beziehung nennen. Die Beziehung zweier Brüder zueinander ist eine symmetrische, denn wenn A der Bruder von B ist, dann ist B der Bruder von A. Die Vater-und-Sohn-Beziehung ist eine unsymmetrische Beziehung, denn wenn A der Vater von B ist, dann ist B *nicht* der Vater von A. Die Beziehung zwischen Vernunft und Natur ist von letztgenannter Art. Die Vernunft steht nicht in der gleichen Beziehung zur Natur wie die Natur zur Vernunft.

Ich weiß nur allzu gut, wie ungeheuerlich das sich abzeichnende Bild all jenen vorkommen muss, die im Naturalismus erzogen worden sind. Es ist ein Bild, das die Natur (zumindest auf der Oberfläche unseres Planeten) als ein pockennarbiges Gesicht mit zahllosen kleinen Öffnungen darstellt. Und an jeder dieser Öffnungen kann sie von etwas Andersartigem – nämlich der Vernunft – angegriffen werden.

Ich kann Sie nur bitten, bevor Sie das Buch unwillig beiseite legen, einmal ernsthaft darüber nachzudenken, ob Ihr instinktiver Widerwille gegen eine solche Vorstellung wirklich rational oder nur emotional und ästhetisch begründet ist.

Ich weiß, dass die Sehnsucht nach einem einheitlichen Universum, in dem alle Dinge gleichgeartet sind – nach einer Kontinuität, einem nahtlosen Gewebe, einem demokratischen Universum –, sehr tief im modernen Herzen verwurzelt ist. In meinem nicht weniger als in Ihrem. Aber gibt es für uns irgendeine echte Gewähr dafür, dass sich die Dinge wirklich so verhalten? Ist das, was wir irrtümlicherweise für sehr wahrscheinlich halten, nicht in Wirklichkeit der menschliche Wunsch nach Ordnung und Harmonie?

Bacon hat vor langer Zeit warnend darauf hingewiesen, dass «der menschliche Verstand seinem Wesen nach dazu neigt, mehr Ordnung und Regelmäßigkeit in der Welt zu vermuten, als darin tatsächlich zu finden sind. Und wenn es auch viele einmalige und unvergleichliche Dinge gibt, so ersinnt er (der Verstand) dennoch für sie Parallelen, Artgenossen und Verwandte, die es gar nicht gibt. Daher die Einbildung, alle Himmelskörper bewegten sich in vollkommenen Kreisen» (Novum organum, I. 45).

Ich glaube, Bacon hatte recht. Die Wissenschaft selbst lässt die Wirklichkeit bereits weniger homogen erscheinen, als wir es von ihr erwarten: Der newtonsche Atomismus entsprach unseren Erwartungen (und Wünschen) weit mehr als die Quantenphysik.

Wenn Sie – und sei es auch nur für den Augenblick – das oben gezeichnete Bild der Natur ertragen können, dann wollen wir uns jetzt dem anderen Faktor zuwenden – der Vernunft oder den Fällen von Vernunft, die die Natur attackieren. Wir haben gesehen, dass rationales Denken nicht Teil des Natursystems ist. In einem jeden Menschen muss es einen (wenn auch noch so kleinen) Aktivitätenbereich geben, der außerhalb oder unabhängig davon ist. Im Verhältnis zur Natur geschieht rationales Denken «aus eigenem Antrieb» oder «aus sich selbst heraus».

Daraus folgt nicht, dass rationales Denken *absolut* gesehen aus sich selbst heraus existiert. Es könnte unabhängig von der Natur sein, indem es von etwas anderem abhängig ist. Denn nicht die Abhängigkeit an sich, sondern die Abhängigkeit vom Irrationalen untergräbt die Glaubwürdigkeit des Denkens. Die Vernunft eines Menschen wird mithilfe der Vernunft eines andern Menschen dahin geführt, dass sie Dinge erkennt, und das tut ihr keinen Abbruch.

Die Frage ist also immer noch offen, ob die Vernunft des Menschen völlig aus sich selbst heraus existiert oder ob sie das Ergebnis irgendeiner (rationalen) Ursache ist – ja, vielleicht sogar einer anderen Vernunft? Es wäre denkbar, dass diese andere Vernunft sich als abhängig von einer dritten erweist usw. usw.; die Länge eines solchen Prozesses wäre gleichgültig, solange man auf jeder Stufe erkennen könnte, dass die Vernunft wiederum von einer Vernunft herstammt.

Erst wenn man glauben soll, dass die Vernunft von einer «Nicht-Vernunft» herrührt, muss man Einhalt gebieten; tut man das nicht, wird alles Denken unglaubwürdig. Es liegt daher auf der Hand, dass man früher oder später eine Vernunft eingestehen muss, die vollkommen aus sich selbst heraus existiert. Die Frage ist nur, ob Sie oder ich eine solche Vernunft sein können.

Die Antwort darauf ergibt sich fast von selbst, sobald wir uns daran erinnern, was ein Dasein «aus sich selbst heraus» bedeutet. Es bedeutet jene Art von Existenz, die die Naturalisten «dem Ganzen» und die Supranaturalisten der Gottheit zuerkennen. Zum Beispiel: Das, was aus sich selbst existiert, muss von Ewigkeit her existieren, denn wenn irgendetwas anderes den Beginn seiner Existenz verursacht hätte, würde es nicht aus sich selbst heraus existieren, sondern aufgrund dieses anderen.

Auch muss es ununterbrochen existieren: Das heißt, es kann nicht aufhören zu sein und dann wieder neu beginnen. Denn wenn es einmal aufgehört hätte zu sein, könnte es sich nicht selbst wieder in die Existenz zurückrufen, und wenn es von irgendetwas anderem gerufen würde, wäre es ein abhängiges Sein.

Nun besteht aber kein Zweifel daran, dass mein Denken seit meiner Geburt stetig zunimmt und jede Nacht für mehrere Stunden unterbrochen wird. Daher kann ich nicht jene ewige, aus sich selbst existierende Vernunft sein, die weder schläft noch schlummert. Und dennoch, wenn überhaupt ein Gedanke folgerichtig ist, dann muss eine solche Vernunft existieren und muss die Quelle meiner eigenen Unvollkommenheit und meines von Zeit zu Zeit aussetzenden Denkvermögens sein.

Also ist der menschliche Geist nicht die einzige übernatürliche Wesenheit, die es gibt. Er kommt nicht aus dem Nirgendwo. Er ist aus der «Supra-Natur» in die Natur gekommen: Jeder menschliche Geist hat seine Wurzel in jenem ewigen, selbstexistenten, rationalen Wesen, das wir Gott nennen. Jeder ist ein Ausläufer, ein Frontvorstoß, ein Streifzug dieser übernatürlichen Wirklichkeit in die Natur hinein.

Mancher von Ihnen könnte hier folgende Frage stellen: Wenn die Vernunft nur zeitweilig in meinem Geist anwesend ist, wäre es da nicht weiser, statt mein «Ich» als ein Produkt der ewigen Vernunft zu bezeichnen, einfach nur zu sagen: Die ewige Vernunft wirkt gelegentlich durch meinen Organismus, ansonsten bin ich lediglich ein natürliches Wesen? Ein Draht wird nicht, weil elektrischer Strom ihn durchfließt, etwas anderes als ein Draht.

Doch so zu reden, heißt meiner Meinung nach zu vergessen, was Denken eigentlich ist. Es ist kein Ding, das uns von außen anstößt, noch ist es eine Empfindung, die wir wahrnehmen. Denken «widerfährt» uns nicht: Wir *tun* es. Jede Gedankenfolge wird begleitet von dem, was Kant «das *Ich denke*» genannt hat.

Die traditionelle Lehre, nach der ich ein Geschöpf bin, dem Gott wohl Vernunft gegeben hat, das sich aber von Gott unterscheidet, erscheint mir weit philosophischer als die Theorie, dass alles, was als mein Denken erscheint, nur Gottes Denken durch mich ist. In letzterem Fall lässt sich nur unter größten Schwierigkeiten erklären, was eigentlich geschieht, wenn ich zwar korrekt denke, aber zu einem falschen Schluss komme, weil ich nämlich über die Tatsachen nicht richtig informiert war. Ich verstehe nicht, warum Gott – der die Tatsachen doch wohl kennt – sich die Mühe machen sollte, einen seiner vollkommen rationalen Gedanken durch einen Geist zu denken, in dem dieser Gedanke Irrtümer hervorbringen muss.

Noch weniger verstehe ich, warum Gott all «mein» folgerichtiges Denken, wenn es in Wirklichkeit von ihm stammt, fälschlicherweise für meines halten sollte oder aber mich dazu veranlassen sollte, es für meines zu halten. Es erscheint mir als viel wahrscheinlicher, dass das menschliche Denken nicht Gottes ist, sondern von ihm entfacht wird.

Ich muss an dieser Stelle unbedingt einfügen, dass dieses ein Buch über Wunder ist und nicht über alles und jedes. Ich bemühe mich hier nicht um eine vollständige Lehre vom Menschen, und am wenigsten versuche ich, einen Beweis für die Unsterblichkeit der Seele einzuschmuggeln.

Die frühesten christlichen Dokumente bekräftigen nur beiläufig und verhalten die Auffassung, dass die übernatürlichen Teile eines Menschen den Tod des natürlichen Organismus überleben. Sie sind an der Sache wenig interessiert. Viel mehr interessieren sie sich für die Wiederherstellung oder «Auferstehung» des vollständigen Geschöpfes durch einen wunderhaften göttlichen Akt; solange wir aber noch zu keinem Schluss über die Wunder im Allgemeinen gekommen sind, werden wir das nicht erörtern.

Im Augenblick interessiert uns das übernatürliche Element im Menschen ausschließlich als Beweis dafür, dass es über die Natur hinaus noch etwas anderes gibt. Die Würde und Bestimmung des Menschen haben vorläufig mit unserer Beweisführung nichts zu tun. Wir interessieren uns für den Menschen nur deshalb, weil seine Rationalität jener kleine verräterische Spalt in der Natur ist, der uns anzeigt, dass es noch etwas außerhalb der Natur und über sie hinaus gibt.

Auf einem Teich, der völlig von schwimmendem Grün überzogen ist, können ein paar Seerosen blühen, deren Schönheit unser Interesse weckt. Interessieren könnten sie uns aber auch deshalb, weil man aus ihrer Beschaffenheit schließen kann, dass sie über Unterwasserstengel verfügen, die bis hinab in den Boden reichen und dort Wurzeln bilden. Der Naturalist nun glaubt, dass der Teich (die Natur – das große Ereignis in Raum und Zeit) von unendlicher Tiefe sei – dass es da nichts als Wasser gebe, wie tief man auch immer taucht.

Ich behaupte, dass einige der Dinge an der Oberfläche (d. h. in unserer Erfahrung) das Gegenteil beweisen. Diese Dinge (unsere Vernunft) offenbaren bei näherer Betrachtung, dass sie zumindest nicht lose herumschwimmen, sondern durch Stengel mit dem Boden verbunden sind. Also hat der Teich einen Grund. Da ist nicht Teich, Teich und immer nur Teich. Taucht man tief genug hinein, stößt man auf etwas, das nicht mehr Teich ist – auf Schlamm und Erdreich, dann auf Felsen und schließlich auf den Kern der Erde und das unterirdische Feuer.

An dieser Stelle ist die Verlockung groß, den Naturalismus in einem letzten Versuch retten zu wollen. In Kapitel II habe ich erklärt, dass man Naturalist bleiben und doch an eine gewisse Art von Gottheit glauben kann – eine kosmische Bewusstheit, die «dem Ganzen» irgendwie zur Entstehung verhalf: Man könnte es *Entstehungs*-Gott nennen. Würde uns ein solcher Gott nicht alles geben, was wir brauchen? Ist es wirklich nötig, einen *über*-natürlichen Gott ins Spiel zu bringen, der außerhalb dieses ganzen verwobenen Systems steht und sich davon unterscheidet?

(Merken Sie, moderner Leser, wie Ihre Lebensgeister steigen, wie viel wohler Sie sich fühlen mit einem solchen Entstehungs-Gott als mit einem transzendenten Gott, wie viel weniger primitiv, abstoßend und naiv Ihnen eine solche Gottesvorstellung vorkommt? Das ist, wie Sie später merken werden, von großer Bedeutung.)

Doch ich fürchte, ein solcher Rettungsversuch gelingt nicht mehr. Natürlich kann man Folgendes vermuten: Wenn alle Atome des Universums in eine gewisse Beziehung zueinander träten (was früher oder später geschehen musste), würden sie einer universalen Bewusstheit zur Entstehung verhelfen. Und diese könnte Denkvermögen besitzen. Und sie könnte verursachen, dass ihre Gedanken unseren Geist durchdringen.

Aber leider wären unter dieser Voraussetzung ihre Gedanken das Produkt irrationaler Ursachen und wären deshalb nach unserer tagtäglich benutzten Regel nicht folgerichtig. Dieser kosmische Geist wäre gleich unserm Geist das Produkt einer geistlosen Natur. Wir haben die Schwierigkeit also nicht überwunden, wir haben sie nur um eine Stufe zurückverlagert.

Der kosmische Geist hilft uns nur dann, wenn wir ihn an den Anfang stellen, wenn wir in ihm nicht das Produkt des Totalsystems vermuten, sondern ihn als die grundlegende, ursprüngliche, selbstexistente Tatsache ansehen, die aus sich selbst heraus existiert. Aber eine *solche* Art von kosmischem Geist zuzugestehen, bedeutet einen Gott zuzugestehen, einen transzendenten und übernatürlichen Gott. Diese Spur, die wie ein Ausweg erschien, führt uns in Wirklichkeit wieder zurück an unsern Ausgangspunkt.

Gibt es also doch einen Gott, der nicht Teil der Natur ist? Von dem bisher Gesagten weist freilich nichts darauf hin, dass er sie geschaffen haben muss. Könnten Gott und Natur nicht beide selbstexistent und völlig unabhängig voneinander sein? Wer so denkt, ist ein Dualist und vertritt eine Ansicht, die ich persönlich für mutiger und vernünftiger halte als jede Form des Naturalismus. Es kann einem weit Schlimmeres geschehen, als Dualist zu sein, aber trotzdem halte ich den Dualismus für verkehrt. Es ist enorm schwierig, sich zwei Dinge vorzustellen, die einfach nebeneinander existieren und ansonsten keinerlei Beziehung zueinander haben.

Dass diese Schwierigkeit zuweilen unserer Aufmerksamkeit entgeht, liegt daran, dass wir Opfer unseres bildhaften Denkens sind. Wir stellen uns die Dinge nämlich irgendwie räumlich, Seite an Seite, vor. Doch ein gemeinsamer Raum oder eine gemeinsame Zeit oder irgendein anderes gemeinsames Medium würde die Dinge selbstverständlich zu Teilen eines Systems, ja, einer «Natur» machen. Selbst wenn es uns gelänge, dieses bildhafte Denken auszuschalten, wäre schon der bloße Versuch, sie zusammenzudenken, ein Ignorieren der eigentlichen Schwierigkeit; denn in diesem Augenblick wäre auf alle Fälle unser Geist das gemeinsame Medium.

Wenn es so etwas wie reines «Anderssein» geben kann, wenn es sein kann, dass Dinge nur koexistieren und sonst nichts miteinander zu tun haben, dann ist das in jedem Fall eine Vorstellung, die mein Geist nicht fassen kann. Und im vorliegenden Fall erscheint der Versuch einer solchen Vorstellung als besonders überflüssig, denn wir wissen bereits, dass Gott und Natur in eine gewisse Beziehung zueinander getreten sind. Eine Beziehung gibt es zumindest zwischen ihnen – fast könnte man sagen, eine gemeinsame Grenze –, und zwar in jedem menschlichen Geist.

Die Beziehungen, die an dieser Grenze entstehen, sind allerdings sehr komplizierter und auch intimer Natur. Der Vorstoß des Übernatürlichen, den ich meine Vernunft nenne, verbindet sich so völlig mit allen meinen natürlichen Eigenschaften – meinen Sinneswahrnehmungen, meinen Gefühlen usw. –, dass ich diese Mischung mit dem einen Wort «Ich» bezeichne.

Und hier zeigt sich wiederum, was ich die unsymmetrische Beschaffenheit der Grenzbeziehungen genannt habe. Wird mein Denken vom physikalischen Zustand meines Gehirns beherrscht, so erzeugt es nur Unordnung. Wird mein Gehirn aber von der Vernunft beherrscht, ist es deswegen nicht weniger Gehirn; auch sind meine Gefühle und Empfindungen deswegen nicht weniger Gefühle und Empfindungen. Die Vernunft schützt und kräftigt mein ganzes System, sowohl das psychische als auch das physische; lehnt sich dieses System aber gegen die Vernunft auf, dann zerstört es sie beide, sich selbst und die Vernunft.

Das militärische Bild vom Vorstoß ist schlecht gewählt. Die übernatürliche Vernunft dringt nicht wie ein bewaffneter Gegner in mein natürliches Sein ein, sondern eher wie ein Lichtstrahl oder wie ein Organisationsprinzip, das einigt und entwickelt. Unser ganzes Bild von einer (wie von einem äußeren Feind) «überfallenen» Natur ist falsch. Wenn wir uns einen dieser Überfälle einmal richtig anschauen, ähnelt er vielmehr dem Einzug eines Königs bei seinen Untertanen oder dem Besuch eines Mahut (eines ostindischen Elefantenführers) bei seinen Elefanten. Der Elefant mag Amok laufen, und die Natur mag rebellieren.

Wenn wir allerdings beobachten, was geschieht, wenn die Natur gehorcht, kommen wir fast zwangsläufig zu der Schlussfolgerung, dass es zum ureigenen Wesen der Natur gehört, Untertan zu sein. Es läuft alles so ab, als sei sie für eben diese Rolle bestimmt.

Der Glaube, dass die Natur Gott oder auch nur den menschlichen Verstand erzeugt habe, ist, wie wir gesehen haben, abwegig. Ebenso ist die Auffassung, dass beide unabhängig voneinander selbstexistent sind, unmöglich richtig: Zumindest verunmöglicht mir der Versuch, so zu denken, die Aussage, dass ich überhaupt etwas denke. Es stimmt zwar, dass der Dualismus eine gewisse theologische Anziehungskraft besitzt: Er scheint das Problem des Bösen abzuschwächen. Wenn wir aber in Wirklichkeit gar nicht imstande sind, den Dualismus zu Ende zu denken, kann das, was er zu versprechen scheint, auch nicht eingelöst werden.

Ich bin der Meinung, dass es für das Problem des Bösen bessere Lösungen gibt. So bleibt nun noch der Glaube, dass Gott die Natur erschaffen habe. Dieser Glaube stellt eine unmittelbare Beziehung zwischen beiden her und befreit uns von der Schwierigkeit, die mit der gegenseitigen Beziehungslosigkeit gegeben wäre.

Das passt auch in die beschriebene Grenzsituation, in der es ganz so aussieht, als wehre sich die Natur nicht gegen einen fremden Eindringling, sondern gegen ihren rechtmäßigen Herrscher. Das, und vielleicht nur das allein, passt auch zu der Tatsache, dass die Natur, wenngleich nicht verständig, so doch verständlich ist – dass Ereignisse in den entferntesten

Teilen des Raumes den Gesetzen rationalen Denkens zu gehorchen scheinen.

Selbst der eigentliche Schöpfungsakt stellt uns vor keine jener unerträglichen Schwierigkeiten, auf die wir bei jeder anderen Hypothese stoßen. In unserem menschlichen Geist gibt es etwas, das eine schwache Ähnlichkeit damit aufweist: Wir vermögen uns etwas vorzustellen, das heißt, wir sind imstande, Bilder von materiellen Gegenständen in unserem Geist entstehen zu lassen, ja, sogar vom menschlichen Charakter und von Ereignissen.

In zweierlei Hinsicht bleiben wir jedoch hinter der Schöpfung zurück. Erstens können wir nur Elemente, die dem wirklichen Universum entliehen sind, re-kombinieren: Niemand vermag sich eine neue Grundfarbe oder einen sechsten Sinn vorzustellen. Zweitens sind unsere Vorstellungen nur für unser eigenes Bewusstsein vorhanden – auch wenn wir mit Worten andere Leute dazu veranlassen können, in ihrem eigenen Geist Bilder zu gestalten, die den unsern ungefähr ähnlich sind.

Die Kraft, Grundelemente zu schaffen, Farben, ja, die Farbe schlechthin zu erfinden, so wie Sinne, Raum, Zeit und Materie, und das Erfundene dem geschaffenen Geist einzuprägen – diese Kraft müssen wir Gott zuerkennen. Ich habe nicht den Eindruck, dass das für uns untragbar ist. Und diese Vorstellung fällt uns gewiss viel leichter als die, dass Gott und die Natur zwei Wesenheiten seien, die keinerlei Beziehungen zueinander haben – oder gar die, dass die Natur folgerichtiges Denken erzeuge.

Ich behaupte nicht, dass die Erschaffung der Natur durch Gott ebenso deutlich bewiesen werden kann wie die Existenz Gottes; doch erscheint es mir als überaus wahrscheinlich – als so wahrscheinlich, dass niemand, der sich dieser Frage aufrichtigen Sinnes nähert, eine andere Hypothese überhaupt ernsthaft in Betracht ziehen kann. Tatsächlich begegnet man selten einem Menschen, der die Existenz eines übernatürlichen Gottes erfasst hat und dennoch sein Schöpfertum verneint. Unser ganzes Beweismaterial deutet auf dieses Schöpfertum hin, und sobald wir anderes zu glauben versuchen, ergeben sich von allen Seiten Schwierigkeiten.

Keine der philosophischen Theorien, die mir bisher begegnet sind, stellte eine radikale Verbesserung des *Genesis*-Wortes dar: «Im Anfang schuf Gott Himmel und Erde.» Ich sage «radikal», weil die Geschichte in 1. Mose – wie Hieronymus vor langer Zeit sagte – im Stil eines «Volksdichters» erzählt ist, oder wie wir sagen würden, in Form einer Volkserzählung.

Wenn man sie aber mit den Schöpfungslegenden anderer Völker vergleicht – samt deren köstlichen Absonderlichkeiten, laut denen noch *vor* der Schöpfung Riesen zerstückelt und Fluten getrocknet werden mussten –, wird einem die Tiefe und die Ursprünglichkeit dieser jüdischen Volkserzählung nur umso bewusster. In ihr ist der Gedanke einer *Schöpfung* im eigentlichen Sinn des Wortes voll erfasst worden.

V
Eine weitere Schwierigkeit des Naturalismus

> Selbst ein so strenger Determinist wie Karl Marx, der das soziale Verhalten der Bourgeoisie zuweilen in Ausdrücken schildert, die an ein Problem der sozialen Physik gemahnen, konnte eben dieses Verhalten zu anderen Zeiten mit vernichtendem Hohn bedenken, der nur unter Voraussetzung einer moralischen Verantwortlichkeit gerechtfertigt ist.
>
> *R. Niebuhr, An Interpretation of Christian Ethics, Kap. III*

Manche Leute betrachten logisches Denken als die lebloseste und trockenste unserer Tätigkeiten und könnten sich daher von der hohen Stellung, die ich ihm im letzten Kapitel eingeräumt habe, abgestoßen fühlen. Doch das logische Denken – das folgerichtige Denken – musste der Angelpunkt der Beweisführung sein, denn von allen Ansprüchen, die der menschliche Verstand erhebt, ist der Anspruch auf Folgerichtigkeit des Denkens der einzige, den der Naturalist nicht ableugnen kann, ohne sich (philosophisch gesprochen) damit die eigene Kehle durchzuschneiden.

Man kann nicht – wie bereits gezeigt – beweisen, dass es keine Beweise gibt. Aber man kann, wenn man will, alle menschlichen Ideale als Illusionen betrachten und alle menschlichen Liebesgefühle als biologische Nebenprodukte. Jedenfalls kann man es, ohne sich direkt in Widersprüche oder Unsinn zu verwickeln. Ob man es allerdings kann, ohne äußerst unglaubwürdig zu werden – ohne ein Bild von den

Dingen zu akzeptieren, an das niemand wirklich glaubt –, ist eine andere Sache.

Die Menschen denken jedoch nicht nur über objektive Tatbestände nach, sie fällen auch moralische Urteile: «Ich sollte das tun», «Ich sollte das nicht tun», «Das ist gut», «Das ist schlecht.» Über das Fällen moralischer Urteile gibt es zweierlei Ansichten. Manche Leute meinen, wir benutzten dabei nicht unsere Vernunft, sondern irgendeine andere Kraft. Andere meinen, wir benutzten dabei gerade unsere Vernunft.

Ich bin letzterer Ansicht. Das heißt, ich glaube, dass die ursprünglichen Moralprinzipien, von denen alle anderen abhängen, rational wahrgenommen werden. Wir «sehen einfach ein», dass kein Grund vorliegt, weshalb das Glück meines Nachbarn meinem eigenen geopfert werden sollte; genauso, wie wir «einfach einsehen», dass zwei Dinge, die einem dritten gleich sind, auch untereinander gleich sind.

Dass wir keines der beiden Axiome beweisen können, liegt nicht daran, dass sie irrational wären, sondern daran, dass sie von selbst einleuchten und alle Beweise von ihnen abhängen. Die ihnen innewohnende Vernünftigkeit leuchtet aus sich selbst heraus. Eben weil alle Moral auf solch selbstverständlichen Prinzipien beruht, sagen wir zu einem Menschen, den wir auffordern wollen, sich richtig zu benehmen: «Sei vernünftig!»

Doch dies nur nebenbei. Für unseren gegenwärtigen Zweck ist es gleichgültig, welcher von beiden Ansichten wir uns anschließen. Wichtig ist festzuhalten, dass das Fällen moralischer Urteile dem Naturalismus dieselben Schwierigkeiten bereitet wie jedes andere Denken. Es ist stets so, dass wir in einer Diskussion über Moral – wie auch in allen andern Diskussionen – die Ansicht des Gegners für wertlos erachten, wenn diese völlig auf einer nicht-moralischen und nicht-rationalen Ursache basiert.

Diese Grundregel zeigt sich immer dann sehr schnell, wenn zwei Menschen über Gut und Böse verschiedener Meinung sind. «Er ist für die Unantastbarkeit des Eigentums, weil er Millionär ist», «Er ist Pazifist, weil er ein Feigling ist», «Er billigt körperliche Züchtigungen, weil er ein Sadist ist.» Solche Sticheleien mögen oft unberechtigt sein: Doch die bloße Tatsache, dass sie von der einen Seite vorgebracht und von der andern heftig zurückgewiesen werden, zeigt deutlich, welcher Grundsatz hier verfolgt wird.

Keine Seite zweifelt daran, dass diese stichelnden Vorwürfe, wenn sie wahr wären, auch entscheidend wären. Niemand schenkt (im wirklichen Leben) einem moralischen Urteil Beachtung, dem nachgewiesen werden kann, dass es nicht-moralischen und nicht-rationalen Ursachen entspricht. Genau von dieser Grundlage ausgehend, attackieren die Freudianer und Marxisten die traditionelle Moral – und das mit großem Erfolg. Jeder Mensch akzeptiert diesen Grundsatz.

Natürlich aber muss das, was moralische Urteile im Einzelnen unglaubwürdig macht, sie auch insgesamt unglaubwürdig machen. Wenn die Tatsache, dass der Mensch überhaupt Ansprüche wie «man sollte» und «man sollte nicht» stellt, völlig aus irrationalen und nicht-moralischen Ursachen heraus erklärt werden kann, dann sind diese Ansprüche Illusionen.

Der Naturalist erklärt bereitwillig, wie die Illusion entstanden ist. Chemische Voraussetzungen erzeugen Leben. Leben erzeugt unter dem Einfluss der natürlichen Auslese Bewusstsein. Bewusste Organismen mit einer bestimmten Verhaltensweise leben länger als solche mit einer andern. Sie leben länger und werden umso sicherer Nachkommen haben. Ihre Lebensweise wird durch Vererbung oder auch durch Belehrung auf ihre Nachkommen übertragen. So wird in jeder Gattung ein Verhaltensmuster aufgebaut.

In der Gattung Mensch spielt das bewusste Lehren beim Aufbau des Musters eine größere Rolle, und die Sippe stärkt es noch zusätzlich, indem sie unfügsame Individuen tötet. Außerdem erfinden die Menschen Götter, die Abweichungen von der Norm angeblich bestrafen. Und so entsteht mit der Zeit der starke menschliche Impuls, sich anzupassen. Da dieser Impuls jedoch häufig mit den andern Impulsen in Widerspruch gerät, kommt es zu geistigen Konflikten, und der Mensch drückt dieses aus, indem er sagt: «Ich möchte A tun, doch ich sollte B tun.»

Diese Darstellung erklärt vielleicht (vielleicht aber auch nicht), warum der Mensch moralische Urteile fällt. Sie erklärt aber nicht, inwieweit er damit recht haben könnte. Tatsächlich schließt sie die Möglichkeit aus, dass er recht hat. Denn wenn der Mensch sagt: «Ich sollte», glaubt er gewiss, damit eine Aussage, und zwar eine wahre Aussage, über das Wesen der beabsichtigten Handlung zu machen und nicht bloß über seine Gefühle. Wenn der Naturalismus aber stimmt, dann ist «Ich sollte» eine ebensolche Feststellung wie «Mich juckt es» oder «Mir wird übel».

Sagt ein Mensch im wirklichen Leben «Ich sollte», dann antworten wir vielleicht: «Ja, du hast recht! Genau das solltest du tun!», oder wir antworten: «Nein, ich glaube, du irrst dich.» Doch in einer Welt von Naturalisten (wenn sich die Naturalisten auch außerhalb der Schule ihrer Philosophie erinnerten) wäre die einzig vernünftige Antwort: «Ach, solltest du?» Alle moralischen Urteile wären Aussagen über die Gefühle des Sprechenden, von ihm fälschlicherweise für Aussagen über etwas (nämlich die wirkliche moralische Qualität einer Handlung) gehalten, das es gar nicht gibt.

Wie ich bereits eingeräumt habe, ist eine solche Lehre kein direkter Widerspruch in sich selbst. Mit einer gewissen Dreistigkeit kann sich der Naturalist herausreden – wenn er will. Er kann sagen: «Ja, ich bin auch der Meinung, dass es so etwas wie Richtig und Falsch nicht gibt. Ich gebe zu, dass ein moralisches Urteil niemals richtig oder ‹korrekt› sein kann und folglich auch kein Moralsystem besser oder schlechter als ein anderes. Sämtliche Vorstellungen von Gut und Böse sind Halluzinationen – Schatten, geworfen auf die Außenwelt mittels der Impulse, die zu fühlen wir befähigt worden sind.» Es gibt sogar Naturalisten, die das ausgesprochen gern sagen.

Aber dann müssen sie sich auch daran halten; und glücklicherweise (wenn auch inkonsequenterweise) tun das die meisten echten Naturalisten nicht. Einen Augenblick später schon, nachdem sie Gut und Böse als Illusion abgetan haben, hört man sie uns ermahnen, doch für die Nachwelt zu arbeiten: zu erziehen, zu revolutionieren, zu liquidieren, zu leben und zu sterben für das Wohl des Menschengeschlechts.

Der Naturalist H. G. Wells hat sein ganzes Leben damit zugebracht, dieses mit leidenschaftlicher Beredsamkeit und größtem Eifer zu tun. Ist das aber nicht ziemlich sonderbar? All die Bücher über Spiralnebel, Atome und Höhlenmenschen haben uns eigentlich den Eindruck vermittelt, die Naturalisten meinen, etwas wissen zu können.

Ebenso könnten uns ihre Bücher, in denen sie uns sagen, was wir zu tun haben, auch glauben machen, sie zögen gewisse Vorstellungen vom Guten (ihre eigenen zum Beispiel) anderen vor. Denn voller Empörung schreiben sie wie Leute, die das an sich Gute verkünden und das an sich Schlechte brandmarken; sie schreiben aber keinesfalls wie Leute, die lediglich feststellen, dass sie persönlich mildes Bier gern trinken, wohingegen andere bitteres Bier vorziehen.

Wenn aber die «Du solltest»-Aufforderungen des Herrn Wells und jene Francos (als Beispiel) beide gleichermaßen die Impulse wiedergeben, mit denen die Natur sie ausgestattet hat, und beide nichts über ein objektives Recht oder Unrecht aussagen – warum dann die ganze Aufregung? Erinnern sich die Herren bei der Abfassung ihres Mahnrufes, wir «sollten eine bessere Welt schaffen», dass sich die Worte «sollten» und «bessere» ihrer eigenen Aussage nach auf einen irrational bedingten Impuls beziehen, der ebensowenig richtig oder falsch sein kann wie ein Erbrechen oder Gähnen?

Ich habe die Vermutung, dass sie es zuweilen vergessen. Und das ehrt sie. Im Banne einer Philosophie, die die Menschlichkeit ausschließt, bleiben sie doch menschlich. Angesichts von Ungerechtigkeit schlagen sie all ihren Naturalismus in den Wind und reden wie Menschen, und zwar wie Menschen mit Geist. Sie wissen es viel besser, als sie zu wissen glauben. Ich habe aber den Verdacht, dass sie zu andern Zeiten auf einen Ausweg aus ihren Schwierigkeiten bauen, der nur auf Mutmaßungen beruht.

Die Sache funktioniert – oder scheint zu funktionieren – wie folgt: Die Leute sagen sich: «Ja natürlich! Moral» – oder «bürgerliche Moral», «konventionelle Moral», «traditionelle Moral», oder wie sie sie auch bezeichnen mögen – «Moral ist eine Illusion. Aber wir haben herausgefunden, welche Verhaltensweisen die menschliche Rasse tatsächlich am Leben erhalten. Und eben dieses Verhalten anzunehmen, legen wir Ihnen nahe. Bitte, halten Sie uns nicht für Moralisten! Wir stehen gewissermaßen unter einer völlig neuen Betriebsleitung» ... als ob das hilft!

Helfen würde es nur, wenn wir erstens zugestehen, dass Leben besser ist als Tod, und zweitens, dass wir uns um das Leben unserer Nachkommen ebenso oder noch mehr kümmern sollten als um unser eigenes. Beides aber wären moralische Urteile, die wie alle andern von den Naturalisten «wegerklärt» worden sind.

Da wir nun einmal von der Natur auf bestimmte Weise ausgestattet sind, ist es natürlich, dass wir so über Leben und

Nachkommen empfinden. Aber die Naturalisten haben uns von dem Irrtum geheilt, diese Gefühle für Einsichten in das zu halten, was wir einst als «echte Werte» bezeichneten. Doch jetzt, da ich weiß, dass mein Impuls, der Nachwelt zu dienen, von der gleichen Art ist wie meine Vorliebe für Käse – jetzt, da sein Anspruch auf Transzendenz als Täuschung entlarvt ist –, soll ich ihm da jetzt noch viel Beachtung schenken?

Ist er gerade einmal stark, werde ich ihm vermutlich gehorchen (er ist nur leider beträchtlich schwächer geworden, seitdem man mir seine wahre Natur erklärt hat). Ist er schwach, werde ich mein Geld in Käse investieren. Es kann keinen Grund dafür geben, den einen Impuls mehr zu fördern als den andern – jetzt, da ich weiß, was diese Impulse in Wirklichkeit sind! Der Naturalist darf nicht am Montag all meine Achtung vor dem Gewissen zerstören und dann am Dienstag erwarten, dass ich es immer noch achte.

Es gibt hier keinen Ausweg. Wenn wir weiterhin moralische Urteile fällen sollen (und wir werden sie weiterhin fällen, was immer wir auch sagen), dann müssen wir daran glauben, dass das Gewissen des Menschen nicht ein Produkt der Natur ist. Es kann nur folgerichtig sein als Abkömmling einer absoluten moralischen Weisheit; einer moralischen Weisheit, die vollständig unabhängig existiert und nicht das Produkt einer nicht-moralischen, nicht-rationalen Natur ist. So, wie uns das letzte Kapitel dahin geführt hat, einen übernatürlichen Ursprung des rationalen Denkens anzuerkennen, führt uns dieses Kapitel dahin, auch unseren Vorstellungen von Gut und Böse eine übernatürliche Quelle zuzuerkennen.

Mit andern Worten, wir wissen jetzt etwas mehr über Gott. Wer da meint, moralisches Urteilen unterscheide sich vom Denken, der wird dieses neue Wissen folgendermaßen ausdrücken: «Wir wissen jetzt, dass Gott neben der Rationalität mindestens noch eine Eigenschaft hat.» Wer aber, wie ich, der

Meinung ist, dass moralisches Urteilen eine Art des Denkens ist, der wird sagen: «Wir wissen jetzt mehr über die göttliche Vernunft.»

Und damit sind wir fast so weit, dass wir unser Hauptanliegen entfalten können. Doch vorher wird es nützlich sein, eine Pause einzulegen, um Bedenken oder Missverständnisse zu erörtern, die möglicherweise bereits entstanden sind.

VI
Einwände – und was wir darauf erwidern

> Wie sich die Augen der Fledermaus bei Tageslicht verhalten, so verhält sich das Auge unseres Intellekts gegenüber jenen Tatsachen, die ihrer Beschaffenheit nach die eindeutigsten von allen sind.
>
> *Aristoteles, Metaphysik, I [Brevior]*

Mit aller Deutlichkeit muss darauf hingewiesen werden, dass die Argumentation uns bisher nicht zu Begriffen wie «Seelen» und «Geister» (Worte, die ich vermieden habe) hingeführt hat, die im Reich der Natur umherschweben ohne Beziehung zu ihrer Umgebung. Daher wollen wir gewisse Überlegungen, die oftmals als Beweise für den Naturalismus betrachtet werden, nicht ableugnen – ja, wir heißen sie sogar willkommen.

Wir können zugeben – und bestehen sogar darauf –, dass das rationale Denken in seiner Ausübung von einem natürlichen Faktor, dem Gehirn, beeinflusst werden kann. Letzteres ist zeitweilig beeinträchtigt durch Alkohol oder einen Schlag auf den Kopf. Mit seinem Verfall wird das Denken schwächer, und es verschwindet schließlich ganz, wenn das Gehirn seine Funktion aufgibt.

In ähnlicher Weise ist der moralische Standpunkt einer Gesellschaft abhängig von deren Geschichte, deren geografischer Umgebung, Wirtschaftsstruktur usw. Und auch die Moralvorstellungen des Einzelnen sind in dieser Weise mit seiner allgemeinen Situation verbunden: Es ist kein Zufall, dass Eltern und Lehrer so häufig erklären, sie könnten jeden

Fehler ertragen, nur nicht das Lügen – ist das doch die einzige Verteidigungswaffe des Kindes. Doch all das bereitet uns eigentlich keine Schwierigkeiten. Es ist genau das, was wir erwarten sollten.

Das rationale und moralische Element in jedem menschlichen Geist stellt eine Kraft dar, die sich vom Übernatürlichen her ihren Weg in die Natur bahnt, wobei sie stets die von der Natur gebotenen Bedingungen ausnützt – sie wird zurückgeworfen, wo diese hoffnungslos sind, und behindert, wenn sie sich als ungünstig erweisen. Das rationale Denken eines Menschen ist *in eben dem Maße* an der ewigen Vernunft beteiligt, wie es der Zustand seines Gehirns zulässt: Es stellt gewissermaßen den Handelsabschluss oder den Grenzverlauf zwischen Vernunft und Natur an diesem bestimmten Punkt dar.

Die Moralauffassung eines Volkes ist in eben dem Maße an der ewigen moralischen Weisheit beteiligt, wie es seine Geschichte, seine Wirtschaft usw. zulassen, wie auch die Stimme eines Radiosprechers gerade so viel von einer menschlichen Stimme an sich hat, wie das Empfangsgerät durchlässt. Natürlich ändert sich das je nach Zustand des Gerätes und verschlechtert sich, wenn es abgenutzt ist. Und wenn ich einen Stein auf den Apparat werfe, verschwindet die Stimme ganz und gar.

Ihr Zustand ist durch den Apparat bedingt, aber sie wird nicht von ihm hervorgebracht. Wenn das der Fall wäre – wenn wir wüssten, dass da kein menschliches Wesen vor dem Mikrofon steht –, würden wir den Nachrichten gar nicht zuhören.

Die verschiedenartigen und komplizierten Bedingungen, unter denen Vernunft und Moral in Erscheinung treten, sind die Krümmungen und Windungen der Grenzlinie zwischen Natur und Übernatur. Deshalb kann man, wenn man will, die

Übernatur stets ignorieren und alle Erscheinungen rein von der Natur her angehen; genauso wie der Mann, der sich auf der Landkarte die Grenze zwischen Cornwall und Devonshire ansieht, stets sagen kann: «Was du eine Ausbuchtung von Devonshire nennst, ist in Wirklichkeit eine Einbuchtung in Cornwall.»

In einer Hinsicht kann man ihm das nicht widerlegen. Was wir eine Ausbuchtung von Devonshire nennen, ist immer eine Einbuchtung in Cornwall. Was wir in einem Menschen als rationales Denken bezeichnen, schließt stets einen Zustand des Gehirns in sich ein und letztlich das Verhältnis von Atomen zueinander. Aber nichtsdestoweniger ist Devonshire etwas mehr als «wo Cornwall aufhört», und die Vernunft ist mehr als nur Biochemie des Gehirns.

Und nun zu einem weiteren möglichen Einwand! Für manche Leute liegt die große Schwierigkeit bei jeder Beweisführung für das Übernatürliche einfach darin, dass man überhaupt einen Beweis braucht. Wenn eine so ungeheure Sache wirklich existiert, müsste sie dann nicht so offensichtlich sein wie die Sonne am Himmel?

Ist es nicht unerträglich, ja, eigentlich unglaubhaft, dass das Wissen von der grundlegendsten aller Tatsachen nur durch an den Haaren herbeigezogene Gedankengänge erreichbar sein soll, zu denen die meisten Menschen weder die Muße noch die Fähigkeit mitbringen? Ich kann diesen Standpunkt gut verstehen. Aber dabei muss man zwei Dinge beachten.

Schaut man von einem Zimmer im zweiten Stock auf einen Garten hinaus, so geschieht das ganz bestimmt (wenn man nur einmal darüber nachdächte) durch ein Fenster hindurch. Wenn einen der Garten interessiert, kann es sein, dass man ihn recht lange anschaut, ohne dabei an das Fenster zu denken. Ebenso eindeutig ist es, dass man beim Lesen eines Buches seine Augen benutzt (wenn man das nur einmal beachtete); aber solange die Augen nicht schmerzen oder das Buch nicht gerade das Thema Optik behandelt, kann man den ganzen Abend lesen, ohne einmal an die Augen zu denken.

Wenn wir sprechen, bedienen wir uns eindeutig der Sprache und der Grammatik: Wenn wir versuchen, eine Fremdsprache zu sprechen, kann uns diese Tatsache mit einem Mal peinlich bewusst werden. Wenn wir aber in unserer eigenen Sprache sprechen, merken wir das gar nicht. Wenn man vom Treppenabsatz hinunterruft: «Ich komme gleich!», ist man sich meist nicht bewusst, dass man das Verb so konjugiert hat, dass es mit der ersten Person Singular, also mit *ich* übereinstimmt.

Es gibt da eine Geschichte über einen Indianer, der verschiedene Sprachen erlernt hatte und dann aufgefordert wurde, die Grammatik seiner eigenen Stammessprache zu schreiben. Nach einigem Überlegen erwiderte er, sie habe keine Grammatik. Die Grammatik, die er sein ganzes Leben lang benutzt hatte, war ihm nicht einmal bewusst geworden. Er kannte sie (in einer Hinsicht) so gut, dass er (in anderer Hinsicht) von ihrer Existenz gar nichts wusste.

All diese Beispiele zeigen, dass die Tatsache, die in gewissem Sinne die primäre und offensichtlichste ist, durch die allein wir Zugang zu allen anderen Tatsachen haben, genau diejenige ist, die am ehesten vergessen wird – nicht weil sie so fern oder verborgen wäre, sondern weil sie so naheliegend und so offensichtlich ist. Und genauso hat man das Übernatürliche vergessen. Die Naturalisten waren damit beschäftigt, über die Natur nachzudenken. Sie haben ganz die Tatsache außer Acht gelassen, dass sie ja *denken*. Doch in dem Augenblick, da man ihr Beachtung schenkt, wird eindeutig klar, dass das eigene Denken nicht bloß ein natürliches Geschehen sein kann und dass deshalb noch etwas anderes als nur die Natur existieren muss.

Das Übernatürliche ist weder fern noch verborgen: Es ist eine Sache der täglichen und stündlichen Erfahrung, so vertraut wie das Atmen. Seine Verleugnung hängt von einer gewissen Geistesabwesenheit ab, die allerdings keineswegs überraschend ist. Beim Anschauen eines Gartens muss – ja, will – man gar nicht ständig an das Fenster denken, genauso wenig wie man beim Lesen ständig an die Augen denken will.

Ebenso ist es klar, dass man bei jeder auf eine spezielle Sache gerichteten Überlegung die Tatsache des eigenen Denkens ignoriert und sich ganz auf den Gegenstand konzentriert. Nur wenn man von der Einzelüberlegung absieht, um eine vollständige Philosophie aufzustellen, muss man die Tatsache des eigenen Denkens berücksichtigen. Denn eine Philosophie muss *alle* Fakten einbeziehen. In ihr wendet man sich vom speziellen und teilbezogenen Denken ab und dem totalen Denken zu. Und eine der Tatsachen, mit der sich das totale Denken befassen muss, ist das Denken selbst.

Das Studium der Natur trägt also die Tendenz in sich, uns die offensichtlichste aller Tatsachen vergessen zu lassen. Seit dem sechzehnten Jahrhundert, in dem die Naturwissenschaften geboren wurden, hat sich der menschliche Geist immer mehr der Welt außerhalb seiner selbst zugewandt, um die Natur zu ergründen und zu beherrschen. Er hat sich in zunehmendem Maße mit Spezialuntersuchungen beschäftigt, bei denen teilbezogenes Denken angebracht ist. Es ist daher überhaupt nicht verwunderlich, dass er darüber die Offenkundigkeit des Übernatürlichen vergessen hat.

Die tief verwurzelte Gewohnheit des teilbezogenen Denkens – auch «wissenschaftliches» Denken genannt – musste einfach zum Naturalismus führen, solange diese Tendenz nicht ständig aus anderer Quelle korrigiert wurde. Doch eine andere Quelle war nicht zur Hand, denn in der gleichen Zeit nahm die metaphysische und theologische Bildung der Männer der Wissenschaft merklich ab.

Das führt mich zu meiner zweiten Erwägung. Der Zustand, in dem der gewöhnliche Mensch das Übernatürliche nur mittels verworrener Gedankengänge entdecken kann, ist jüngeren Datums und nach historischen Maßstäben unnormal. Bis in die modernen Zeiten hinein war es in der ganzen Welt so, dass die unmittelbaren Einsichten der Mystiker und die Gedankengänge der Philosophen mithilfe von Tradition und Autorität zur Masse des Volkes durchdrangen; auch der, der selbst kein großer Denker war, konnte sie in der konkreten Form des Mythos, Ritus und der gesamten Lebensweise annehmen.

Unter den Bedingungen, die ein Jahrhundert des Naturalismus geschaffen hat, wurde der einfache Mann gezwungen, Lasten zu tragen, die er niemals vorher hatte tragen müssen. Wir müssen die Wahrheit selbst herausfinden oder ohne sie auskommen. Dafür könnte es zwei Erklärungen geben. Es könnte sein, dass die Menschheit mit der Auflehnung gegen Tradition und Autorität einen schrecklichen Fehler begangen hat; einen Fehler, der nicht dadurch weniger verhängnisvoll wird, dass die Korruptheit der Autoritätsträger ihn entschuldbar macht.

Andererseits ist es möglich, dass die Macht, die unser Menschengeschlecht lenkt, in diesem Augenblick ein gewagtes Experiment durchführt. Könnte etwa die Absicht bestehen, dass nunmehr die Masse des Volkes vorwärtsschreiten soll, um die Höhen zu besetzen, die einstmals nur den Weisen vorbehalten waren? Soll der Unterschied zwischen weise und primitiv verschwinden, weil nun von jedem erwartet wird, dass er weise wird? Wenn ja, dann wären unsere jetzigen Tölpeleien nur Wachstumsbeschwerden.

Aber wie auch immer: Wir dürfen keine Fehler machen im Blick auf das, was uns nötig ist. Wenn wir damit zufrieden sind, uns wieder nach rückwärts zu begeben und schlichte, demütige Menschen zu werden, die der Tradition gehorchen, dann ist es gut. Wenn wir bereit sind, uns vorwärts zu kämpfen und zu klettern, bis wir zu Weisen werden, dann ist es noch besser. Aber ein Mann, der weder der Weisheit anderer folgen will, noch für sich selbst etwas wagt, ist ein Verhängnis. Eine Gesellschaft, in der die vielen Einfachen den wenigen Sehern gehorchen, kann leben; eine Gesellschaft, in der alle Seher wären, könnte ein noch reicheres, volleres Leben führen.

Aber eine Gesellschaft, in der die Masse nach wie vor primitiv ist und den Sehern keine Beachtung mehr schenkt, kann nichts anderes erreichen als Oberflächlichkeit, Gemeinheit, Hässlichkeit und schließlich den Untergang. Wir müssen vorwärtsschreiten oder uns zurückwenden; dort stehen zu bleiben, wo wir sind, wäre der Tod.

Wir sollten uns noch mit einer weiteren Sache beschäftigen, die Grund für Zweifel und Schwierigkeiten sein könnte. Ich habe vorhin die Auffassung begründet, dass in jedem rationalen Menschen ein übernatürliches Element gegenwärtig ist. Folglich ist das Vorhandensein menschlicher Rationalität in dieser Welt nach der in Kapitel II gegebenen Definition ein Wunder. Wenn sich der Leser das klar macht, mag er sagen – und es wäre ihm zu verzeihen: «Also, wenn das alles ist, was er mit Wunder meint …!», und damit das Buch in die Ecke werfen.

Aber ich bitte ihn um Geduld. Menschliche Vernunft und Moral sind nicht als Beispiele für Wunder erwähnt worden (jedenfalls nicht für die Art von Wundern, von der Sie hören wollten), sondern als Beweise für das Übernatürliche: nicht, um damit zu zeigen, dass die Natur ständig eine Invasion erduldet, sondern dass es einen möglichen Eindringling gibt.

Ob man das regelmäßige und vertraute Eindringen der menschlichen Vernunft in die Natur als Wunder bezeichnet oder nicht, ist eine Frage der Wortwahl. Seine Regelmäßigkeit – die Tatsache seines regelmäßigen Eindringens durch dieselbe Tür, nämlich den menschlichen Geschlechtsverkehr – könnte einen davon abhalten. Es sieht so aus, als gehöre es zum ureigenen Wesen der Natur, *diese* Invasion zu erdulden. Aber wir könnten dann später entdecken, dass es das ureigene Wesen der Natur ist, Wunder im Allgemeinen zu erdulden.

Glücklicherweise erlaubt uns aber der Gang unserer Beweisführung, die Frage der Terminologie beiseite zu lassen. Wir werden uns mit anderen Einfällen in die Natur beschäftigen – mit solchen, die jeder Wunder nennen würde. Wenn Sie so wollen, könnte unsere Frage folgendermaßen formuliert werden: «Bewirkt die Supranatur besondere Ergebnisse in Raum und Zeit jemals durch etwas *anderes* als durch das Mittel der Einwirkung des menschlichen Gehirns auf menschliche Nerven und Muskeln?»

Ich sagte «*besondere* Ergebnisse», weil nach unserer Ansicht die Natur insgesamt ein riesiges Ergebnis der Supranatur ist: Gott hat sie erschaffen. Gott dringt überall dort in sie ein, wo es einen menschlichen Geist gibt. Gott erhält sie vermutlich in ihrer Existenz.

Die Frage ist, ob er ihr darüber hinaus noch jemals etwas anderes antut. Ob er neben all diesem jemals Geschehnisse in sie einbringt, von denen es falsch wäre zu behaupten: «Das ist nur eine Auswirkung des allgemeinen Charakters der Natur, den Gott ihr bei ihrer Erschaffung gegeben hat.» Solche Ereignisse sind das, was man gemeinhin Wunder nennt: Und nur in diesem Sinne wird das Wort Wunder in den noch folgenden Kapiteln gebraucht werden.

VII
Ein Kapitel über Ablenkungsmanöver

> Von dort kam *Maul* hervor, ein Riese. Dieser *Maul* pflegte junge Pilger durch Sophistereien vom rechten Weg abzubringen.
>
> *Bunyan*

Aus dem Zugeständnis, dass Gott existiert und der Schöpfer der Natur ist, ergibt sich keineswegs, dass Wunder vorkommen müssen oder auch nur können. Gott selbst könnte so geartet sein, dass es seinem Charakter widerspräche, Wunder zu wirken. Oder aber er könnte die Natur als eine Sache geschaffen haben, der man weder etwas hinzufügen noch abziehen und an der man auch nichts ändern kann.

Dementsprechend stützt sich die Beweisführung gegen die Wunder auf zwei verschiedene Argumente. Man meint entweder, das Wesen Gottes schließe Wunder aus, oder aber, das Wesen der Natur schließe sie aus. Wir wollen mit Letzterem beginnen, da es das beliebtere Argument von beiden ist. In diesem Kapitel möchte ich mich mit Formen dieses Arguments auseinandersetzen, die meiner Meinung nach große Oberflächlichkeit aufweisen – sie könnten sogar als Missverständnisse oder Ablenkungsmanöver bezeichnet werden.

Das erste Ablenkungsmanöver ist Folgendes. Man kann jeden Tag hören, wie sich jemand (und nicht unbedingt ein Gottesleugner) zu einem angeblichen Wunder so äußert: «Nein, natürlich glaube ich das nicht. Wir wissen, dass es den Gesetzen der Natur widerspricht. In alten Zeiten konnten die Leute das glauben, weil sie die Naturgesetze nicht kannten.

Wir wissen jetzt, dass es naturwissenschaftlich gesehen unmöglich ist.»

Mit «Naturgesetzen» meint jener Mann – so glaube ich – den beobachteten Ablauf der Natur. Wenn er auch nur ein bisschen mehr als das meint, dann ist er nicht der einfache Mann, für den ich ihn halte, sondern ein philosophischer Naturalist, und mit dem befasse ich mich im nächsten Kapitel. Der Mann, den ich im Auge habe, glaubt, dass die bloße Erfahrung (und besonders jene künstlich herbeigeführten Erfahrungen, die wir als Experimente bezeichnen) uns darüber Auskunft geben kann, was sich in der Natur regelmäßig ereignet. Und er glaubt, dass die Entdeckungen, die wir gemacht haben, die Möglichkeit von Wundern ausschließen. Darin offenbart sich jedoch eine gewisse Geistesverwirrung.

Wenn wir zugeben, dass sich Wunder ereignen *können*, dann ist es selbstverständlich Aufgabe der Erfahrung, uns zu sagen, ob sich bei irgendeiner Gelegenheit eines zugetragen hat. Doch bloße Erfahrung, selbst wenn sie sich über Millionen von Jahren erstreckt, kann uns niemals sagen, ob das Ganze überhaupt möglich ist. Das Experiment findet heraus, was in der Natur regelmäßig geschieht: die Norm oder die Regel, nach der sie arbeitet. Derjenige, der an Wunder glaubt, leugnet ja nicht, dass eine solche Norm oder Regel existiert; er sagt nur, dass sie auch aufgehoben werden kann.

Ein Wunder ist seiner Definition nach eine Ausnahme. Wie kann uns die Entdeckung einer Regel darüber Auskunft geben, ob diese Regel – einen ausreichenden Grund vorausgesetzt – aufgehoben werden kann? Wenn wir sagen, A sei die Regel, dann könnte uns die Erfahrung widerlegen, indem sie herausfindet, dass B die Regel ist. Wenn wir sagen, dass es keine Regel gibt, dann kann die Erfahrung uns widerlegen, indem sie feststellt, dass es doch eine gibt. Doch wir behaupten nichts dergleichen. Wir stimmen zu, dass es eine Regel gibt, und dass sie B ist.

Was hat das mit der Frage zu tun, ob die Regel aufgehoben werden kann? Sie erwidern: «Aber die Erfahrung zeigt doch, dass sie nie aufgehoben wurde.» Darauf entgegnen wir: «Selbst wenn dem so wäre, würde das nicht beweisen, dass sie es nie werden könnte. Zeigt uns denn die Erfahrung, dass die Regel nie aufgehoben wurde? Die Welt ist voller Erzählungen von Leuten, die behaupten, Wunder erlebt zu haben. Vielleicht sind die Erzählungen falsch; vielleicht stimmen sie aber auch. Aber bevor Sie diese historische Frage entscheiden können, müssen Sie (wie Kapitel I schon zeigte) herausfinden, ob die Sache möglich ist, und wenn ja, wie wahrscheinlich sie ist.»

Die Vorstellung, dass der Fortschritt der Wissenschaft diese Frage irgendwie beeinflusst habe, ist eng verbunden mit der Vorstellung, die Menschen «in alten Zeiten» hätten daran geglaubt, «weil sie die Naturgesetze nicht kannten». So kann man Leute sagen hören: «Die ersten Christen glaubten, Christus sei der Sohn einer Jungfrau gewesen; aber wir wissen, dass das naturwissenschaftlich gesehen unmöglich ist.» Sie scheinen die Vorstellung zu haben, dass der Glaube an Wunder in einer Zeit aufkam, in der die Menschen über den Ablauf der Natur derart im Ungewissen waren, dass sie die Wunder nicht einmal als Widerspruch dazu wahrnahmen.

Ein Augenblick des Nachdenkens zeigt uns, wie unsinnig das ist (die Geschichte von der Jungfrauengeburt ist ein besonders treffendes Beispiel): Als Joseph entdeckte, dass seine Verlobte ein Kind bekam, beschloss er, verständlicherweise, sie zu verstoßen. Warum? Weil er genauso gut wie jeder moderne Gynäkologe wusste, dass eine Frau nach den üblichen Regeln der Natur nur dann ein Kind bekommt, wenn sie mit einem Mann geschlafen hat. Der moderne Gynäkologe weiß zweifellos einiges über Geburt und Empfängnis, was Joseph nicht wusste. Aber diese Dinge haben nichts mit der Hauptsache zu tun – nämlich dass eine Jungfrauengeburt dem Lauf der Natur widerspricht. Und es liegt auf der Hand, dass Joseph *das* wusste.

In welchem Sinne auch immer heute die Aussage zutreffen mag: «Das ist naturwissenschaftlich betrachtet nicht möglich», er hätte dasselbe gesagt: Das war immer schon unmöglich und war auch immer schon als unmöglich bekannt, *es sei denn,* der übliche Ablauf der Natur wurde in diesem besonderen Fall durch irgendeine Kraft außerhalb der Natur aufgehoben oder ergänzt. Als Joseph schließlich akzeptierte, dass die Schwangerschaft seiner Braut nicht durch Unkeuschheit, sondern durch ein Wunder verursacht worden war, akzeptierte er dieses Wunder als etwas, das der bekannten Ordnung der Natur widersprach.

Sämtliche Wunderberichte lehren uns das. In all diesen Geschichten erregen die Wunder Furcht und Verwunderung (eben das ist in dem Wort Wunder enthalten) unter den Zuschauern und werden als Beweise für eine übernatürliche Kraft angesehen. Wenn sie nicht als den Naturgesetzen widersprechend erkannt worden wären, wie hätten sie dann die Ahnung von der Gegenwart des Übernatürlichen aufkommen lassen können? Wenn sie nicht als Ausnahmen von der Regel erkannt worden wären, wie hätten sie dann überraschen können? Und wie kann irgendetwas als Ausnahme von der Regel angesehen werden, bevor die Regel überhaupt bekannt ist?

Wenn es jemals Menschen gegeben hätte ohne die mindeste Ahnung von den Naturgesetzen, dann hätten diese keinerlei Vorstellung von Wundern gehabt und wären auch nie besonders daran interessiert gewesen, selbst wenn eines vor ihren Augen geschehen wäre. Solange man nicht entdeckt hat, was das Normale ist, kann einem nichts als unnormal erscheinen.

Der Glaube an Wunder ist nicht nur weit davon entfernt, auf der Unkenntnis der Naturgesetze zu beruhen, er ist überhaupt nur in dem Maße möglich, wie diese Gesetze bekannt sind. Wenn man davon ausgeht, dass man das Übernatürliche ausschließt, wird man keine Wunder wahrnehmen; das haben wir schon gesehen. Nun müssen wir noch hinzufügen, dass man auch dann keine Wunder wahrnehmen wird, wenn man nicht daran glaubt, dass die Natur nach bestimmten Regeln abläuft. Wenn man noch nicht bemerkt hat, dass die Sonne stets im Osten aufgeht, wird man auch nichts Wunderbares daran finden, wenn sie eines Morgens im Westen aufgeht.

Wenn uns Wunder als Normalgeschehnisse dargeboten würden, dann würde der wissenschaftliche Fortschritt, dessen Aufgabe es ja ist, uns zu sagen, was normalerweise geschieht, den Glauben an sie immer schwerer und schließlich unmöglich machen. Nun hat dieser Fortschritt auf eben diese Weise (und sehr zu unserem Nutzen) die verschiedensten Dinge unglaubhaft gemacht, an die unsere Vorfahren noch geglaubt haben: menschenfressende Ameisen und Vogel-Greife in Skythien, Menschen mit einem einzigen Riesenfuß, Magnetberge, die alle Schiffe zu sich hinziehen, Meerjungfrauen und feuerspeiende Drachen.

Aber diese Dinge wurden nie als übernatürliche Einbrüche in den Lauf der Natur dargestellt. Sie wurden als zu ihrem ordnungsgemäßen Ablauf dazugehörig bezeichnet – ja, als «Naturwissenschaft». Die spätere und besser informierte Naturwissenschaft hat sie darum mit Recht abgeschafft. Wunder nehmen eine völlig andere Stellung ein. Wenn es feuerspeiende Drachen gäbe, würden unsere Großwildjäger sie finden. Es hat uns aber noch nie jemand vormachen wollen, man könne mit einer Wiederholung der Jungfrauengeburt oder des Seewandels Jesu rechnen.

Gibt sich eine Sache von Anfang an als einzigartige Invasion einer außernatürlichen Kraft in der Natur zu erkennen, kann auch ein fortgeschrittenes Wissen über die Natur sie niemals glaubwürdiger oder unglaubwürdiger machen, als sie es von Anfang an war. In diesem Sinne ist es reine Gedankenverwirrung, wenn man annimmt, der wissenschaftliche Fortschritt habe es uns schwerer gemacht, Wunder zu akzeptieren. Wir wussten immer schon, dass sie dem natürlichen Lauf der Dinge widersprechen; wir wissen immer noch, dass sie möglich sind, wenn es außerhalb der Natur etwas gibt.

So also sieht das nackte Gerüst der Frage aus; Zeit, Fortschritt, Wissenschaft und Zivilisation haben daran nicht das Geringste geändert. Die Gründe für Glauben und Unglauben sind heute noch dieselben wie vor zwei- oder zehntausend Jahren. Hätte Joseph nicht genug Glauben gehabt, um Gott zu vertrauen, oder Feingefühl, um die Reinheit seiner Braut wahrzunehmen, hätte er den wunderbaren Ursprung ihres Sohnes ebenso leicht anzweifeln können wie jeder moderne Mensch; und jeder moderne Mensch, der an Gott glaubt, kann das Wunder ebenso leicht akzeptieren, wie Joseph es getan hat.

Sie und ich können noch bis zum Ende des Buches verschiedener Meinung darüber sein, ob Wunder nun geschehen oder nicht. Aber wir wollen wenigstens keinen Unsinn reden. Wir wollen uns von keiner vagen Rhetorik über den Fortschritt der Wissenschaft zu der Annahme verleiten lassen, ein noch so komplizierter Geburtsbericht voller Begriffe wie Gene und Spermatozoen könne uns mehr von der Unmöglichkeit überzeugen, dass die *Natur* einer jungen Frau, «die von keinem Manne weiß», ein Baby schickt, als wir es vorher schon gewesen sind.

Das zweite Ablenkungsmanöver ist Folgendes: Viele Leute sagen: «Die Menschen in alten Zeiten konnten an Wunder glauben, weil sie eine falsche Vorstellung vom Universum hatten. Sie hielten die Erde für das Größte, das in ihm enthalten war, und den Menschen für das wichtigste Geschöpf. Deshalb schien die Annahme vernünftig, der Schöpfer sei besonders am Menschen interessiert und könne zu seinem Nutzen sogar den Naturablauf unterbrechen.

Doch jetzt, da wir wissen, wie unermesslich das Universum wirklich ist – jetzt, da wir unseren eigenen Planeten und sogar das ganze Sonnensystem als winziges Stäubchen erkannt haben –, jetzt ist es einfach lächerlich, noch länger an Wunder zu glauben. Wir haben unsere Bedeutungslosigkeit entdeckt und können nicht länger daran glauben, dass sich Gott für unsere unwichtigen Angelegenheiten so handgreiflich interessiert.»

Welchen Wert dieses Argument auch haben mag, eines steht von vornherein fest: Den Tatsachen entspricht es jedenfalls nicht. Die Unermesslichkeit des Universums ist keine Entdeckung der modernen Zeit. Vor mehr als siebzehnhundert Jahren lehrte bereits Ptolemäus, dass die Erde im Verhältnis zu der Entfernung der Fixsterne als ein Punkt ohne Größe zu betrachten sei. Sein astronomisches System war im Mittelalter allgemein anerkannt. Die Kleinheit der Erde war für Boethius, König Alfred, Dante und Chaucer ein ebensolcher Gemeinplatz wie für H. G. Wells oder Professor Haldane. Dem widersprechende Behauptungen in der modernen Literatur beruhen auf Unwissenheit.

Die wirkliche Frage lautet ganz anders, als wir gemeinhin annehmen, nämlich so: Warum wurde die größenmäßige Bedeutungslosigkeit der Erde, nachdem sie vor fast fünfzehnhundert Jahren von christlichen Philosophen verkündet, von christlichen Dichtern besungen und von christlichen Moralisten kommentiert worden ist, ohne dass diese den geringsten Verdacht gehabt hätten, dies könne mit ihrer Theologie kollidieren – warum wurde diese Bedeutungslosigkeit in neuerer Zeit mit einem Mal zu einem Hauptargument gegen den christlichen Glauben aufgebaut, und warum machte sie in dieser Eigenschaft eine so glänzende Karriere?

Bevor ich versuche, eine Antwort auf diese Frage zu geben, wollen wir erst einmal über die Stärke des Argumentes nachdenken.

Wenn der Arzt bei einer Leichenschau die Organe eines Toten untersucht und eine Vergiftung diagnostiziert, hat er eine klare Vorstellung davon, wie die Organe ausgesehen hätten, wenn der Mann eines natürlichen Todes gestorben wäre. Wenn wir aufgrund der Größe des Universums und der Kleinheit der Erde diagnostizieren, dass der christliche Glaube falsch ist, sollten wir eine klare Vorstellung davon haben, wie das Universum unserer Erwartung nach aussehen müsste, wenn der Glaube recht hätte. Aber haben wir die?

Wie immer der Raum wirklich beschaffen sein mag, sicher ist, dass er in unserer Wahrnehmung dreidimensional erscheint; und für einen dreidimensionalen Raum sind Grenzen nicht vorstellbar. Daher müssen uns gerade unsere Wahrnehmungsformen das Gefühl vermitteln, wir lebten irgendwo im unendlichen Raum: Und wie groß die Erde auch sein mag, im Verhältnis zur Unendlichkeit muss sie einfach winzig sein.

Dieser unendliche Raum aber muss entweder leer sein oder Körper enthalten. Wäre er leer, das heißt, enthielte er nichts anderes als unsere eigene Sonne, würde diese riesige Leere sicher als Argument gegen die Existenz Gottes verwendet werden. Warum, so würde man fragen, sollte er ein Staubkorn erschaffen und den ganzen übrigen Raum dem Nichts überlassen? Fänden wir hingegen (wie es tatsächlich der Fall ist) zahllose Körper im Raum, müssten diese entweder bewohnbar oder unbewohnbar sein.

Das Seltsame daran ist nun, dass *beide* Alternativen gleichermaßen als Einwände gegen den christlichen Glauben verwendet werden. Wenn das Weltall von anderem Leben als dem unseren durchpulst würde, dann, so wird uns gesagt, wäre es ja lächerlich zu glauben, Gott kümmere sich so um das Menschengeschlecht, dass er vom «Himmel herabkomme» und zu dessen Erlösung selbst Mensch würde. Wenn andererseits unser Planet tatsächlich einmalig wäre im Blick auf die Beherbergung organischen Lebens, würde das als Beweis dafür genommen, dass das Leben nur ein zufälliges Nebenprodukt im Weltall sei, und das wäre wiederum ein Beweis gegen unsere Religion.

Wir behandeln Gott so, wie der Polizist in der Geschichte den Verdächtigten behandelte: Was er auch tut, «es wird alles gegen ihn verwendet werden». Ein solcher Einwand gegen den christlichen Glauben stützt sich in Wirklichkeit überhaupt nicht auf die Beobachtung des tatsächlichen Universums und seiner Natur. Man kann ihn erheben, ohne vorher herauszufinden, wie das Universum aussieht, denn er passt zu jeglichem Universum, das wir uns vorzustellen geneigt sind. *Dieser* Arzt kann eine Vergiftung diagnostizieren, ohne sich den Leichnam anzuschauen, denn er hat eine Vergiftungstheorie, an der er festhält, *wie auch immer* der Zustand der Organe sein mag.

Der Grund, weshalb wir uns ein Universum, dessen Struktur solche Einwände von vornherein verbietet, nicht einmal vorstellen können, ist möglicherweise folgender: Der Mensch ist ein endliches Geschöpf, das genug Verstand hat, um von seiner Endlichkeit zu wissen. Deshalb erkennt es sich angesichts der Gesamtheit der Wirklichkeit in jeder nur möglichen Hinsicht als Zwerg. Zudem ist es ein von anderen abstammendes Wesen: Die Ursache seiner Existenz liegt nicht in ihm selbst, sondern (unmittelbar) in seinen Eltern und (letztlich) *entweder* im Wesen der Natur *oder* (wenn es ihn gibt) in Gott.

Es muss da aber etwas geben, sei es nun Gott oder die Natur, das aus sich selbst heraus existiert oder selbstständig fortbesteht; nicht als das Produkt von Ursachen außerhalb seiner selbst, sondern einfach, weil es existiert. Angesichts dieses Etwas – als was es sich auch herausstellen mag – muss der Mensch sein eigenes abgeleitetes Dasein als unwichtig, bedeutungslos, ja, fast als zufällig empfinden.

Es geht hier nicht um religiöse Menschen, die sich einbilden, alles existiere nur um des Menschen willen, und um wissenschaftliche, die entdecken, dass dem nicht so ist. Ob das letzte und unerklärbare Wesen – jenes, das einfach *ist* – sich nun als Gott oder als «das Ganze» herausstellt – es existiert jedenfalls nicht um unseretwillen.

In beiden Fällen stehen wir vor einer Sache, die bereits existierte, bevor die Gattung Mensch auftrat, und die auch dann noch existieren wird, wenn die Erde unbewohnbar geworden ist; die völlig unabhängig von uns ist, obgleich wir völlig abhängig von ihr sind; die über weite Bereiche ihres Seins hin für unsere Hoffnungen und Ängste ohne Belang ist. Denn ich glaube, kein Mensch ist jemals so verrückt gewesen zu meinen, der Mensch oder die ganze Schöpfung *fülle* den göttlichen Geist *aus;* sind wir schon eine Winzigkeit für Raum und Zeit, so sind Raum und Zeit für Gott noch viel winziger.

Es ist ein tiefgreifender Irrtum, sich einzubilden, der christliche Glaube habe jemals die Absicht gehabt, die Bestürzung oder gar das Entsetzen und das Empfinden für die eigene Nichtigkeit zu zerstreuen, das uns immer dann überfällt, wenn wir über die Natur der Dinge nachdenken. Im Gegenteil, er intensiviert diese Empfindungen. Ohne sie gibt es keine Religion.

So mancher im zungenfertigen Bekenntnis eines oberflächlichen christlichen Glaubens aufgewachsene Mensch, der durch das Studium der Astronomie zum ersten Mal gewahr wird, wie majestätisch gleichgültig sich der größte Teil der Wirklichkeit dem Menschen gegenüber verhält, und der vielleicht deshalb seine Religion aufgibt, macht möglicherweise in eben diesem Augenblick seine erste echte religiöse Erfahrung.

Der christliche Glaube schließt nicht den Glauben in sich ein, dass alle Dinge für den Menschen geschaffen seien. Er sagt, dass Gott den Menschen liebt und um seinetwillen Mensch wurde und starb. Bis jetzt habe ich nicht entdecken können, inwieweit das, was wir über die Größe des Universums wissen (und seit Ptolemäus gewusst haben), die Glaubwürdigkeit dieser Lehre beeinträchtigt.

Der Skeptiker fragt, wie wir nur daran glauben können, dass Gott auf diesen einen winzigen Planeten «herabkam». Die Frage würde uns in Verlegenheit bringen, wenn wir wüssten, 1., dass es auf irgendeinem anderen im Raum schwebenden Körper rationale Wesen gibt; 2., dass sie, gleich uns, gefallen und erlösungsbedürftig sind; 3., dass ihre Erlösung von derselben Art sein muss wie unsere; 4., dass eine Erlösung dieser Art ihnen versagt worden ist.

Aber wir wissen nichts von alledem. Vielleicht ist das Universum voll von glücklichen Lebewesen, die nie einer Erlösung bedurften. Vielleicht ist es aber auch voll von Lebewesen, die entsprechend ihren ureigenen Lebensbedingungen erlöst worden sind, wovon wir uns jedoch keine Vorstellung machen können. Vielleicht aber ist es auch voll von Lebewesen, die auf genau dieselbe Art erlöst worden sind wie wir. Oder es ist voller Dinge, die nichts mit Leben zu tun haben, für die zwar Gott ein Interesse hat, wir aber nicht.

Wenn darauf bestanden wird, dass etwas so Kleines wie

die Erde in jedem Fall zu unbedeutend sein muss, um die Liebe des Schöpfers zu verdienen, so entgegnen wir, dass kein Christ jemals geglaubt hat, wir verdienten sie. Christus starb nicht für die Menschen, weil sie es wert gewesen wären, dass für sie gestorben wurde, sondern weil er Liebe ist und deshalb unendlich liebt. Und was sagt letztlich die *Größe* einer Welt oder eines Geschöpfes über dessen «Bedeutung» oder Wert aus?

Wir alle *spüren* zweifellos das Unangemessene einer Vermutung wie etwa der, dass der Planet Erde wichtiger sein könnte als der große Andromedanebel. Andererseits sind wir uns ebenso sicher, dass nur ein Verrückter einen Mann von 1,80 m Größe zwangsläufig für bedeutender hält als einen von 1,70 m Größe oder ein Pferd für bedeutender als einen Menschen oder das Bein eines Menschen für wichtiger als dessen Gehirn. Mit andern Worten, dieses angebliche Verhältnis von Größe zu Bedeutung wird nur dann als glaubhaft empfunden, wenn eine der genannten Größen sehr groß ist. Und das entlarvt die wahre Grundlage eines solchen Denkens.

Nimmt unsere Vernunft ein Verhältnis wahr, so nimmt sie auch wahr, dass dieses allgemein gilt. Wenn unsere Vernunft uns sagte, dass die Größe proportional zur Wichtigkeit stehe, dann gehörten zu kleinen Größenunterschieden ebenso sicher kleine Bedeutungsunterschiede wie zu großen Größenunterschieden große Bedeutungsunterschiede. Unser 1,80 m großer Mann müsste etwas wertvoller sein als der 1,70 m große und unser Bein etwas wichtiger als unser Gehirn – dass das Unsinn ist, weiß jeder.

Die Schlussfolgerung ist unvermeidlich: Die Bedeutung, die wir starken Größenunterschieden beimessen, ist nicht eine Sache der Vernunft, sondern des Gefühls, und zwar jenes seltsamen Gefühls, das erst dann durch größenmäßige Überlegenheit in uns erzeugt wird, wenn ein gewisser Grad absoluter Größe erreicht worden ist.

Tief in unserm Innern sind wir alle Dichter. Wenn eine Quantität sehr groß ist, hören wir auf, sie als bloße Quantität zu betrachten. Unsere Fantasie erwacht. Statt bloßer Quantität haben wir nun eine Qualität – das Erhabene. Ohne diesen Vorgang wäre die lediglich arithmetische Größe der Milchstraße nicht eindrucksvoller als die Zahlen in einem Kontobuch. Für einen Geist, der unsere Vorstellungskraft nicht besitzt und unsere Gefühle nicht teilt, ist ein auf der Größe des Universums beruhendes Argument gegen den christlichen Glauben einfach unbegreiflich.

Also sind wir selbst die Quelle, aus der das materielle Universum die Macht bezieht, uns zu überwältigen. Feinfühlige Menschen blicken mit Ehrfurcht zum Nachthimmel empor: Ein roher und dummer Mensch tut das nicht. Wenn das Schweigen der unendlichen Räume Pascal erschreckte, dann war es Pascals eigene Größe, die sie dazu befähigte; sich vor der Größe der Sternennebel zu fürchten, ist buchstäblich fast so, als fürchte man sich vor dem eigenen Schatten. Denn Lichtjahre und geologische Perioden sind so lange bloße Arithmetik, bis der Schatten des Menschen, des Dichters, des Mythenschöpfers auf sie fällt.

Als Christ sage ich nicht, dass es falsch ist, vor diesem Schatten zu zittern, denn ich halte ihn für den Schatten eines Bildes von Gott. Aber wenn die Unermesslichkeit der Natur unsere Lebensgeister zu überwältigen droht, müssen wir uns daran erinnern, dass es nur die von der menschlichen Fantasie vergeistigte Natur ist, die solches vollbringt.

Vielleicht finden wir hierin eine Antwort auf die Frage, die einige Seiten vorher gestellt wurde – nämlich, warum die Größe des Universums, die seit Jahrhunderten bekannt ist, erst in jüngster Zeit zu einem Argument gegen den christlichen Glauben erhoben worden ist. Liegt es vielleicht daran, dass unsere Vorstellungskraft in jüngerer Zeit für räumliche Größe empfänglicher geworden ist? So gesehen könnte das Argument von der Größe als Nebenprodukt der Romantik betrachtet werden.

Die ungeheure Beflügelung der Fantasie in Bezug auf dieses Thema hat zweifelsohne ein nachlassendes Interesse an anderem mit sich gebracht. Jeder Leser alter Dichtung kann erkennen, dass der antike und mittelalterliche Mensch vom Glanz weit mehr angesprochen war, als wir es heute sind. Mittelalterliche Denker glaubten, die Sterne müssten der Erde überlegen sein, weil sie so hell glänzen, was die Erde nicht tut. Der moderne Mensch meint, die Milchstraße müsse wichtiger sein als die Erde, weil sie größer ist als diese.

Sowohl der eine als auch der andere Bewusstseinsstand kann gute Dichtung hervorbringen. Beide können geistige Bilder erzeugen, die höchst achtenswerte Gefühle wachrufen – Gefühle der Ehrfurcht, der Demut oder der Heiterkeit. Doch als ernsthafte philosophische Argumente wirken sie lächerlich.

Das Größenargument des Atheisten ist in Wirklichkeit ein Beispiel für jenes bildhafte Denken, dem der Christ nicht unterworfen ist. Es ist die besondere Form, in der sich das bildhafte Denken des zwanzigsten Jahrhunderts ausdrückt: Denn das, was wir so gerne als «primitive» Irrtümer bezeichnen, hat nicht aufgehört. Es wechselt nur die Form.

VIII
Das Wunder und die Naturgesetze

It's a very odd thing –	('s ist ein tolles Ding –
As odd as can be –	So toll wie nur je –,
That whatever Miss T. eats	Dass alles, was Miss T. isst,
Turns into Miss T.	Dann wird zu Miss T.)

W. de la Mare

Nachdem wir nun alle die Einwände aus dem Weg geräumt haben, die sich auf die beliebte, wenn auch konfuse Vorstellung gründen, der «wissenschaftliche Fortschritt» habe die Welt irgendwie gegen Wunder abgesichert, müssen wir unser Thema von einer anderen, tiefer greifenden Seite aus betrachten.

Die Frage ist, ob man die Natur als so beschaffen erkennen kann, dass übernatürliche Eingriffe in sie unmöglich sind. Wir wissen bereits, dass sie, im Allgemeinen, festen Regeln folgt. Sie verhält sich nach feststehenden Gesetzen, von denen viele entdeckt worden sind und die untereinander verknüpft sind. Es geht in unserer Diskussion nicht um ein bloßes Fehlverhalten der Natur oder um Ungenauigkeiten in der Art, in der sie diese Gesetze einhält, es geht auch nicht um zufällige oder spontane Veränderungen.[2]

[2] Wenn irgendein Bereich der Wirklichkeit von Zufall und Gesetzlosigkeit geprägt wäre, würde er es uns nicht etwa besonders leicht machen, ein Wunder anzuerkennen, sondern ganz im Gegenteil: Er würde dem Wort «Wunder» innerhalb seiner Grenzen jede Bedeutung nehmen.

Es geht allein darum, ob die Vorstellung in sich abwegig ist, dass eine Macht außerhalb der Natur, deren Existenz wir zugestehen, in diese eingreift und Geschehnisse in ihr erzeugt, die der reguläre Ablauf des gesamten Natursystems niemals hervorbringen würde.

Es gibt drei Auffassungen von den «Gesetzen» der Natur:

1. Sie sind nichts als nackte Tatsachen, uns nur aufgrund von Beobachtung bekannt und ohne ersichtlichen Sinn und Verstand. Wir wissen, dass die Natur sich so und so verhält; warum sie das tut, wissen wir nicht und können auch keinen Grund erkennen, warum sie nicht das Gegenteil tun sollte.

2. Sie folgen der Wahrscheinlichkeitsregel. Die Grundlagen der Natur liegen im Gesetzlosen und Zufälligen. Aber die Zahl der Einheiten, mit denen wir es zu tun haben, ist so enorm groß, dass das Verhalten dieser Massen (gleich dem Verhalten großer Menschenmassen) praktisch mit Genauigkeit vorausberechnet werden kann. Das, was wir «unmögliche Ereignisse» nennen, sind Geschehnisse von so überwältigender Unwahrscheinlichkeit – statistisch gesehen –, dass wir sie nicht in Betracht zu ziehen brauchen.

3. Die Gesetze der Physik sind in Wirklichkeit das, was wir «zwingende Tatsachen» nennen, wie die Tatsachen der Mathematik – mit andern Worten: Wenn wir das von uns Gesagte eindeutig verstehen, werden wir erkennen, dass das Gegenteil davon völliger Unsinn wäre. Daher ist es ein «Gesetz», dass beim Anprall einer Billardkugel auf eine zweite die Schwungkraft, die die erste Kugel dabei verliert, genauso groß sein muss wie die, welche die zweite dabei gewinnt.

Wer die Naturgesetze für zwingende Tatsachen hält, würde sagen, dass wir lediglich die einzelnen Ereignisse in zwei Hälften aufgeteilt (die Abenteuer der Kugel A und die Abenteuer der Kugel B) und dann entdeckt hätten, dass «sich beide Seiten der Berechnung die Waage halten». Wenn wir das verstehen, erkennen wir, dass sie sich selbstverständlich die Waage halten *müssen.* Die Grundgesetze sind letztlich nichts anderes als die Feststellung, dass jedes Geschehnis es selbst ist und nicht irgendein anderes.

Beim Lesen dieser drei Theorien wird sofort klar, dass die erste keine Absicherung gegen Wunder bietet; ja, noch nicht einmal eine Versicherung dafür, dass – von den Wundern einmal ganz abgesehen – die «Gesetze», die wir bisher beobachtet haben, auch morgen befolgt werden. Wenn wir keine Ahnung haben, warum eine Sache geschieht, kennen wir selbstverständlich keinen Grund, weshalb sie sich nicht anders verhalten sollte, und haben auch keine Gewissheit darüber, dass sie sich nicht eines Tages einmal anders verhalten wird.

Mit der zweiten Theorie, die auf der Wahrscheinlichkeitsberechnung beruht, verhält es sich ebenso. Die Versicherung, die sie uns bietet, ist genauso allgemein wie die Versicherung, dass eine tausendmal in die Luft geworfene Münze nicht, sagen wir, neunhundertmal Kopf zeigen wird; und dass man dem Ergebnis, Häufigkeit von Kopf gleich Häufigkeit von Zahl, umso näher kommt, je öfter man sie hochwirft.

Aber das stimmt nur unter der Voraussetzung, dass die Münze eine «ehrliche» Münze ist. Wäre sie irgendwie beschwert, könnten unsere Erwartungen enttäuscht werden. Aber wer an Wunder glaubt, behauptet ja gerade, dass die Münze beschwert ist. Die auf die Wahrscheinlichkeitsberechnung gegründeten Erwartungen treffen nur auf eine *unbehandelte* Natur zu. Und die Frage, ob Wunder geschehen, ist ja die Frage danach, ob die Natur jemals behandelt wird.

Die dritte Auffassung (dass Naturgesetze zwingende Tatsachen seien) scheint auf den ersten Blick ein unüberwindbares Hindernis für Wunder darzustellen. In diesem Fall wäre das Brechen der Gesetze ein Widerspruch in sich, und nicht einmal die Allmacht kann tun, was sich selbst widerspricht. Deshalb können die Gesetze nicht gebrochen werden. Und deshalb, so schließen wir, kann es Wunder einfach nicht geben?

Wir sind zu schnell vorgegangen. Es ist gewiss, dass sich die Billardkugeln auf eine bestimmte Weise verhalten, wie es auch gewiss ist, dass bei ungleicher Teilung eines Geldbetrags zwischen zwei Personen der Anteil von A die Hälfte um genau die Menge überschreitet, die dem Anteil von B an ihr fehlt. Vorausgesetzt natürlich, dass A nicht durch einen Taschenspielertrick im Augenblick der Transaktion einige Münzen von B beiseitebringt. Ebenso weiß man, was mit den zwei Billardkugeln geschieht – vorausgesetzt, dass nichts dazwischenkommt.

Wenn die eine Kugel auf eine Unebenheit im Tuch stößt und die andere nicht, dann werden ihre Bewegungen das Gesetz nicht in der erwarteten Weise widerspiegeln. Natürlich gibt das, was aufgrund der Unebenheit im Tuch geschieht, das Gesetz auf irgendeine andere Weise wieder, aber unsere ursprüngliche Voraussage wird sich als falsch erweisen. Oder noch anders, wenn ich ein Queue ergreife und einer der Kugeln einen kleinen Schubs versetze, so haben wir ein drittes Resultat: Und dieses dritte Resultat wird ebenso die Gesetze der Physik widerspiegeln und unsere Voraussage Lügen strafen. Ich hätte damit «das Experiment verdorben».

Keine dieser Einmischungen ändert auch nur das Geringste an der Richtigkeit der Gesetze. Aber jede Voraussage darüber, was sich in einem bestimmten Moment ereignen wird, erfolgt nur unter dem Vorbehalt, dass «alles andere gleich bleibt» oder dass «nichts dazwischenkommt». Ob in einem gegebenen Fall das andere *gleich bleibt* oder ob etwas dazwischenkommt, ist eine andere Sache.

Der Arithmetiker weiß als Arithmetiker nicht, wie wahrscheinlich es ist, dass A beim Teilen des Geldbetrags B ein paar Münzen stiehlt; das fragt man besser einen Kriminologen. Der Physiker weiß als Physiker nicht, wie wahrscheinlich es ist, dass ich ein Queue ergreife und sein Experiment mit den Billardkugeln «verderbe»; das fragt man besser jemanden, der *mich* kennt. Ebenso wenig weiß er als Physiker, wie wahrscheinlich es ist, dass sich dabei eine übernatürliche Kraft einmischt; das fragt man besser einen Metaphysiker.

Aber der Physiker weiß, eben weil er Physiker ist, dass das Verhalten der Billardkugeln von dem, was er erwartet hat, abweichen wird, wenn irgendetwas anderes, Natürliches oder Übernatürliches, von ihm nicht Einkalkuliertes, auf sie Einfluss nimmt; es weicht nicht deshalb ab, weil das Gesetz falsch ist, sondern weil es stimmt. Je sicherer wir uns des Gesetzes sind, desto klarer wissen wir, dass das Ergebnis durch die Einführung neuer Faktoren entsprechend anders ausfallen wird. Was wir als Physiker nicht wissen, ist die Antwort darauf, ob einer der neuen Faktoren eine übernatürliche Kraft sein kann.

Wenn die Naturgesetze zwingende Tatsachen sind, vermag kein Wunder sie zu brechen; doch dann braucht sie auch kein Wunder zu brechen. Es verhält sich mit ihnen genauso wie mit den Gesetzen der Arithmetik. Lege ich am Montag sechs Münzen in die Schublade und am Dienstag noch sechs dazu, dann fordern es die Regeln, dass ich dort am Mittwoch – *wenn alles andere gleich bleibt* – zwölf Münzen vorfinde.

Aber wenn die Schublade ausgeraubt wird, kann es sein, dass ich in Wirklichkeit nur zwei vorfinde. Irgendetwas wird dann gebrochen worden sein (das Schloss der Schublade oder die Gesetze unseres Landes), aber die Naturgesetze nicht. Die neue, von dem Dieb verursachte Situation gibt die Gesetze der Arithmetik genauso wieder wie die ursprüngliche Situation.

Wenn Gott sich anschickt, ein Wunder zu wirken, dann kommt er «wie ein Dieb in der Nacht». Vom Standpunkt des Wissenschaftlers aus sind Wunder so etwas wie «Behandlung», Hineinpfuscherei oder (wenn man so will) Betrug. Sie führen einen neuen Faktor in die Situation ein, mit dem der Wissenschaftler nicht gerechnet hat – nämlich die übernatürliche Kraft.

Der Wissenschaftler berechnet das, was geschehen wird oder was bei einer früheren Gelegenheit geschehen sein muss, aufgrund der Annahme, dass die Situation an diesem besonderen Punkt in Raum und Zeit gleich A ist oder war. Wenn jedoch eine übernatürliche Kraft hinzukommt oder gekommen ist, dann ist oder war die Situation in Wirklichkeit gleich AB. Und niemand weiß besser als der Wissenschaftler, dass AB nicht die gleichen Ergebnisse erbringen *kann* wie A.

Der zwingende Tatbestand der Gesetze ist nicht nur weit davon entfernt, das Geschehen von Wundern zu verunmöglichen, er gibt uns sogar die Gewissheit, dass Wunder, sobald das Übernatürliche in Kraft tritt, geschehen müssen. Denn wenn die natürliche Situation *plus* Zusatz lediglich dasselbe Ergebnis erbrächte wie die natürliche Situation *ohne* Zusatz, ständen wir einem gesetzlosen und unsystematischen Universum gegenüber. Je genauer man weiß, dass zwei und zwei vier ist, desto genauer weiß man auch, dass zwei und drei es nicht ist.

Vielleicht hat dies ein wenig zur Klärung dessen beigetragen, was die Naturgesetze eigentlich sind. Wir haben die Gewohnheit, so zu reden, als verursachten sie das Geschehen von Ereignissen; aber sie haben noch nie irgendein Geschehen verursacht. Nicht die Gesetze der Bewegung haben die Billardkugeln ins Rollen gebracht: Sie analysieren diese

Bewegung bloß, nachdem irgendetwas anderes (z. B. ein Mann mit einem Queue oder ein Schlingern des Dampfers oder vielleicht eine übernatürliche Kraft) für die Bewegung gesorgt hat.

Die Gesetze erzeugen keine Ereignisse: Sie formulieren lediglich das Verhaltensmuster, mit dem jedes Ereignis übereinstimmen muss – vorausgesetzt, es kann dazu gebracht werden, dass es sich ereignet; genauso wie die Regeln der Arithmetik nur eine Formulierung des Schemas sind, nach dem jede Geldtransaktion ablaufen muss – vorausgesetzt, man bekommt Geld in die Hand.

So decken in einer Hinsicht die Naturgesetze den gesamten Bereich von Raum und Zeit ab; in anderer Hinsicht ist gerade das, was sie auslassen, das ganze, das wirkliche Universum – jener unaufhörliche Strom tatsächlicher Ereignisse, aus denen sich die wahre Geschichte zusammensetzt. Er muss woanders entspringen. Die Vorstellung, dass die Gesetze ihn erzeugen könnten, kommt der Vorstellung gleich, man könne durch einfaches Rechnen wirkliches Geld schaffen. Denn jedes Gesetz sagt letztlich: «Wenn du A hast, wirst du B bekommen.» Aber beschaffe dir erst einmal das A: Die Gesetze werden das nicht für dich tun.

Darum ist es falsch, das Wunder als etwas zu definieren, das die Naturgesetze bricht. Das tut es nämlich nicht. Wenn ich meine Pfeife ausklopfe, verändere ich die Lage sehr vieler Atome: letztlich und in unermesslich kleinem Maße die Lage sämtlicher vorhandener Atome. Die Natur verdaut oder assimiliert diese Ereignisse mit allergrößter Leichtigkeit und bringt sie im Bruchteil eines Augenblicks mit allen andern Ereignissen in Einklang.

Für die Gesetze ist das nur ein weiteres Stück Rohmaterial, auf das sie sich anwenden lassen müssen, und sie lassen sich darauf anwenden. Ich habe nur ein Ereignis in den allgemeinen Strudel der Ereignisse hineingeworfen, und es findet sich darin zurecht und passt sich allen anderen Ereignissen an.

Wenn Gott ein Teilchen der Materie vernichtet oder schafft oder verbiegt, so hat er an diesem Punkt eine neue Situation geschaffen. Und sofort gliedert die gesamte Natur diese in sich ein, lässt sie in ihrem Reich zu Hause sein und passt ihr alle andern Ereignisse an. Sie findet sich in Übereinstimmung mit allen Gesetzen.

Wenn Gott im Körper einer Jungfrau ein wundersames Spermatozoon schafft, dann macht sich das nicht daran, irgendwelche Gesetze zu brechen. Die Gesetze übernehmen es sogleich. Die Natur ist bereit. Allen normalen Gesetzen entsprechend folgt eine Schwangerschaft, und neun Monate später wird ein Kind geboren.

Wir erleben jeden Tag, dass sich die physikalische Natur in keinster Weise von dem Ansturm der Ereignisse – seien sie nun biologischer oder psychologischer Art – stören lässt. Und sollte es jemals Geschehnisse geben, die von außerhalb der Natur kommen, wird sie sich auch durch die nicht stärker stören lassen. Natürlich wird sie zu der Stelle eilen, an der sie eingedrungen sind, genauso wie die Polizei unseres Körpers zu einer Schnittwunde im Finger eilt, um dort schnellstens den Neuankömmling zu versorgen.

In dem Augenblick, da dieser in ihr Reich eintritt, gehorcht er all ihren Gesetzen. Wundersamer Wein wird berauschen, eine wundersame Empfängnis wird zur Schwangerschaft führen, inspirierte Bücher werden alle die üblichen Vorgänge der Textverstümmelung mitmachen und wundersames Brot wird verdaut werden.

Die göttliche Kunst des Wunderwirkens ist nicht eine Kunst, die das Verhaltensmuster aufhebt, dem die Ereignisse entsprechen, sondern eine Kunst, die dieses Muster um neue

Ereignisse erweitert. Sie verletzt nicht den Gesetzesvorbehalt: «Wenn A, dann B.» Sie sagt: «Aber statt A diesmal A2.» Und die Natur, durch all ihre Gesetze redend, erwidert: «Dann B2», und bürgert den Einwanderer ein, denn das versteht sie gut. Sie ist eine vollendete Gastgeberin.

Ein Wunder ist mit Entschiedenheit kein Ereignis, das weder Ursache noch Wirkung hat. Seine Ursache ist das Tun Gottes; seine Wirkungen erfolgen gemäß den Naturgesetzen. In der Vorwärts-Richtung (das heißt in der Zeit, die seinem Auftreten folgt) ist es wie jedes andere Ereignis mit der gesamten Natur verknüpft. Seine Besonderheit besteht darin, dass es nicht auch in der Rückwärts-Richtung verknüpft ist, mit der vorangegangenen Geschichte der Natur.

Und gerade das finden manche Leute unerträglich, weil sie nämlich davon ausgehen, dass die Natur die gesamte Wirklichkeit ausmacht. Sie sind davon überzeugt, dass die gesamte Wirklichkeit in sich wechselseitig verwoben und beständig ist. Ich stimme ihnen zu. Aber ich glaube, sie halten ein Teilsystem innerhalb der Wirklichkeit, nämlich die Natur, fälschlicherweise für das Ganze. Unabhängig davon könnte das Wunder vielleicht doch noch mit der vorangegangenen Geschichte der Natur verknüpft sein, aber nicht in der Art, wie der Naturalist es erwartet, sondern auf weitläufigere Weise.

Das große, vielschichtige Geschehen, genannt Natur, und das neue, durch ein Wunder in sie eingeführte Sondergeschehen sind verbunden miteinander durch ihren gemeinsamen Ursprung in Gott. Und zweifellos würden wir bei ausreichendem Wissen – das wir nicht haben – sehen, dass sie in seiner Absicht und seinem Plan höchst kunstvoll verknüpft sind, sodass eine Natur, die eine andere Geschichte gehabt hätte und deshalb eine andere Natur gewesen wäre, von anderen Wundern durchdrungen worden wäre oder aber von gar keinen.

So gesehen sind die Wunder und der frühere Lauf der Natur genauso miteinander verbunden wie nur irgend zwei andere Realitäten, aber man muss sie bis zu ihrem gemeinsamen Schöpfer zurückverfolgen, um die Verknüpfung zu finden. *Innerhalb* der Natur wird man sie nicht finden.

Das trifft auf jedes Teilsystem zu. Das Verhalten von Fischen, die man zu Studienzwecken in einem Becken hält, stellt ein ziemlich geschlossenes System dar. Nehmen wir einmal an, das Becken würde von einer Bombenexplosion in der Nähe des Labors erschüttert. Das darauf folgende Verhalten der Fische könnte nicht mehr vollständig aus den Bedingungen erklärt werden, die vor der Explosion in dem Becken herrschten: Die Rückwärtsverknüpfung gelänge nicht mehr.

Das würde nicht bedeuten, dass es zwischen der Bombe und der vorangegangenen Geschichte der Ereignisse innerhalb des Beckens absolut keine Verbindung gegeben hätte. Es würde vielmehr bedeuten, dass man sie, um ihre Verbindung aufzuspüren, bis zu einer viel größeren Realität zurückverfolgen müsste, die sowohl das Becken als auch die Bombe in sich einschließt – nämlich der Wirklichkeit des Krieges, in dem Bomben fallen, aber einige Laboratorien noch intakt sind. Diese Verbindung würde man niemals innerhalb der Welt des Beckens finden.

Ebenso ist auch das Wunder in der Rückwärts-Richtung nicht *natürlich* verknüpft. Um herauszufinden, in welcher Weise es mit der vorausgegangenen Geschichte der Natur verwoben ist, muss man sowohl die Natur als auch das Wunder in einen größeren Zusammenhang stellen. Alle Dinge *sind* miteinander verbunden: Aber nicht alle Dinge sind in der knappen und geradlinigen Weise miteinander verbunden, die wir erwarten.

Die berechtigte Forderung, dass die gesamte Wirklichkeit beständig und systematisch sei, schließt deshalb Wunder nicht aus: Sie hat vielmehr einen sehr wertvollen Beitrag zu unserer Vorstellung von den Wundern zu leisten. Sie gemahnt uns daran, dass Wunder, wenn es sie gibt, ebenso wie alle anderen Ereignisse, Offenbarungen der totalen Harmonie zwischen allem Existierenden sein müssen. Nichts Willkürliches, nichts bloß «Aufgepfropftes» und mit der Beschaffenheit der Gesamtwirklichkeit Unversöhntes kann zugelassen werden.

Laut Definition müssen Wunder den üblichen Ablauf der Natur unterbrechen; aber wenn sie echt sind, sollten sie mit dieser Unterbrechung nur umso stärker die Einheit und Beständigkeit der Gesamtwirklichkeit betonen, und zwar auf tiefgreifendere Weise. Sie werden nicht Prosa-Einschüben gleichen, die die Einheit eines Gedichtes zerstören, weil ihnen das Versmaß fehlt; sie werden vielmehr jener alles krönenden metrischen Kühnheit gleichen, die, wenn auch vielleicht ohne sonstige Entsprechung im Gedicht, dennoch gerade dort, wo sie vorkommt, und gerade das bewirkend, was sie bewirkt, für den Kenner die höchste Offenbarung der Einheit der dichterischen Konzeption ist.

Wenn das, was wir Natur nennen, durch eine übernatürliche Kraft verändert werden kann, dann dürfen wir sicher sein, dass die Fähigkeit, sich so verändern zu lassen, zum ureigenen Wesen der Natur gehört – dass das Gesamtgeschehen, wenn wir es begreifen könnten, sich als ein Geschehen erweisen würde, das gerade aufgrund seiner Beschaffenheit die Möglichkeit der Veränderung beinhaltet.

Falls die Natur Wunder hervorbringt, ist das für sie, wenn sie von der männlichen Kraft außerhalb ihrer selbst durchdrungen ist, sicherlich genauso «natürlich», wie es für eine

Frau natürlich ist, einem Manne Kinder zu gebären. Indem wir sie Wunder nennen, meinen wir nicht, dass sie Widersprüche oder Exzesse seien; wir meinen vielmehr, dass die Natur, auf ihre eigenen Mittel angewiesen, sie nie hätte hervorbringen können.

IX
Ein nicht unbedingt notwendiges Kapitel

> Wir sahen dort auch Riesen, Enaks Söhne aus dem Geschlecht der Riesen, und wir waren in unsern Augen wie Heuschrecken und waren es auch in ihren Augen.
>
> *(4. Mose 13,33)*

Die letzten beiden Kapitel beschäftigten sich mit den Einwänden gegen Wunder, die gewissermaßen vonseiten der Natur erhoben werden; erhoben aufgrund der Auffassung, dass die Natur ein System sei, das Wunder nicht zulassen kann. Wenn wir streng geordnet vorgehen würden, müssten wir als Nächstes die Einwände der Gegenseite betrachten – ja, wir müssten erkunden, ob man von diesem sich außerhalb der Natur befindlichen Sein vernünftigerweise annehmen kann, dass es Wunder wirken könnte oder würde.

Doch ich fühle den starken Drang in mir, vom Weg abzubiegen und mich zunächst mit einem ganz anders gearteten Einwand zu befassen. Er ist rein emotionaler Natur; besonders kritische Leser mögen dieses Kapitel übergehen. Ich weiß aber, dass dieser Einwand in einer bestimmten Phase meines Lebens für mich ein ganz besonderes Gewicht hatte, und wenn andere dieselbe Erfahrung durchgemacht haben, könnte es für sie von Interesse sein, darüber etwas zu lesen.

Einer der Gründe, die mich vom Supranaturalismus abgehalten haben, war eine tiefe Abscheu gegen einen Aspekt der Natur, den mir der Supranaturalismus zu enthalten schien. Ich wünschte mir leidenschaftlich, dass die Natur «aus sich selbst heraus» existiere. Die Vorstellung, dass sie von Gott geschaffen worden sei und von ihm verändert werden könne, schien sie mir all jener Spontaneität zu berauben, die ich so erfrischend fand. Um frei atmen zu können, wollte ich das Gefühl haben, dass ich wenigstens in der Natur an etwas rührte, das einfach *war;* der Gedanke, dass sie gemacht und «dort hingestellt» worden sei, und zwar mit einer bestimmten Absicht, war erstickend.

Ich schrieb in jenen Tagen, wie ich mich erinnere, ein Gedicht über einen Sonnenaufgang, in dem ich nach der Beschreibung des Vorgangs hinzufügte, dass manche Leute gerne glaubten, hinter all dem stände ein Geist und dieser Geist teile sich ihnen mit. Doch – so sagte ich – das sei genau das, was ich nicht wolle. Das Gedicht war nicht allzu gut, und das meiste davon habe ich vergessen; aber ich weiß noch, dass es damit endete, wie viel lieber ich spüren wollte,

> That in their own right earth and sky
> Continually do dance
> For their own sakes – and here crept I
> To watch the world by chance.
>
> (Dass Himmel und Erde aus eigenstem Trieb
> Tanzen in endlosem Reigen.
> Um ihretwillen – unbedeutend ich blieb,
> der Zufall nur macht mich zum Zeugen.)

«Der Zufall!» – unerträglich war das Gefühl, der Sonnenaufgang könne irgendwie «arrangiert» worden sein und habe etwas mit mir selbst zu tun. Die Entdeckung, dass er nicht einfach so geschah, sondern irgendwie veranstaltet wurde, wäre genauso schlimm gewesen wie etwa die, dass die Feldmaus,

die ich neben einer einsamen Hecke erblickte, in Wirklichkeit eine aufgezogene Spielmaus war, die dort zur Belustigung hingesetzt worden war oder (schlimmer noch), um mir eine moralische Lektion zu erteilen.

Der griechische Dichter stellt die Frage: «Wenn Wasser in deiner Kehle stecken bleibt – womit willst du es hinunterspülen?» Ich stellte eine ähnliche Frage: «Wenn die Natur selbst sich als künstlich erweist, wo willst du dann Wildnis finden? Wo ist dann das wirkliche Draußen?» Wenn man entdecken würde, dass alle Wälder und alle Bäche inmitten dieser Wälder und jedes verwinkelte Bergtal und alles Gras und aller Wind nur eine Art *Szenerie* sind, eine gemalte Kulisse für irgendein Stück und möglichst noch ein Stück mit moralischer Aussage – wie fade wäre das, welch ein Antiklimax, welch eine unerträgliche Langeweile!

Die Heilung von dieser Gemütsstimmung begann vor etlichen Jahren: Doch ich muss auch berichten, dass sie erst abgeschlossen wurde, als ich anfing, mich mit dem Problem der Wunder zu beschäftigen. Ich habe erlebt, wie meine Vorstellung von der Natur mit jedem Abschnitt dieses Buches lebhafter und konkreter wurde. Ich hatte mich zwar an eine Arbeit gemacht, die allen Erwartungen nach die Stellung der Natur schwächen und ihre Mauern untergraben musste, aber es geschah etwas Paradoxes: Mehr und mehr habe ich das Gefühl, dass die Natur, wenn ich nicht sehr vorsichtig bin, zur Heldin dieses Buches wird. Nie ist sie mir großartiger oder wirklicher vorgekommen als in diesem Augenblick.

Nach dem Grund dafür braucht man nicht lange zu suchen. Solange man Naturalist ist, versteht man unter dem Wort Natur eine Bezeichnung für «alles». Und «alles» ist nicht gerade ein Thema, über das viel Interessantes (außer mithilfe von Illusionen) zu sagen oder zu empfinden wäre. *Ein* Aspekt der Dinge fällt uns auf, und wir reden vom «Frieden» der Natur; ein anderer fällt uns auf, und wir reden von ihrer Grausamkeit.

Und weil wir sie fälschlicherweise für die letzte und selbstexistente Tatsache halten und wir unsern hehren Instinkt, das Selbstexistente anzubeten, kaum unterdrücken können, geraten wir ins Schwimmen: Unsere Stimmungen schwanken, und die Natur bedeutet uns schließlich das, was uns gerade gefällt, je nachdem, was die Stimmungen auswählen oder verdrängen.

Doch alles wird anders, sobald wir erkennen, dass die Natur eine *Schöpfung* ist, etwas Geschaffenes, mit ureigenem Geschmack und Aroma. Nun besteht keine Notwendigkeit mehr, auszuwählen oder zu verdrängen. Nicht in der Natur, sondern in einem Etwas weit außerhalb ihrer selbst treffen sich alle Linien und werden alle Kontraste erklärt.

Dass die Schöpfung, genannt Natur, zugleich freundlich und grausam sein soll, ist nicht verwirrender, als dass ein Mensch, dem man im Zug begegnet, sowohl ein unehrlicher Händler als auch ein zärtlicher Gatte sein soll. Denn sie ist nicht das Absolute: Sie ist ein Geschöpf von vielen, mit seinen guten und seinen schlechten Seiten und seinem unverkennbaren Aroma, das jede dieser Seiten durchdringt.

Wenn wir sagen, dass Gott die Natur geschaffen hat, dann sagen wir damit nicht, dass sie unwirklich sei, sondern ganz im Gegenteil, dass sie wirklich ist. Wollen wir Gott weniger Kreativität zugestehen als Shakespeare oder Dickens? Was er erschafft, ist rundum erschaffen: Es ist viel konkreter als Falstaff oder Sam Weller.

Gewiss, die Theologen sagen uns, dass er die Natur in völliger Freiheit erschaffen habe. Damit meinen sie, dass er durch keinerlei äußere Notwendigkeiten dazu gezwungen worden sei. Aber wir dürfen die Freiheit hier nicht negativ deuten, so, als sei die Natur nur eine Konstruktion aus willkürlich zusammengesetzten Einzelteilen. Gottes schöpferische Freiheit ist die Freiheit eines Dichters: die Freiheit, eine beständige, wirkliche Sache mit ureigenem, unnachahmlichem Aroma zu schaffen.

Shakespeare muss Falstaff nicht erschaffen; aber wenn er es tut, *muss* Falstaff dick sein. Gott muss diese Natur nicht erschaffen. Er hätte andere erschaffen können; er hat vielleicht andere erschaffen. Aber für *diese* Natur gilt – wenn wir sie akzeptieren –, dass zweifellos auch ihr winzigster Bestandteil deshalb da ist, weil er das Wesen ausdrückt, das Gott der Natur zu geben beschloss.

Es wäre ein trauriger Irrtum, würde man annehmen, dass die Dimensionen von Raum und Zeit, dass das Sterben und die Wiedergeburt der Vegetation, die Einheit in der Mannigfaltigkeit der Organismen, die Vereinigung im Gegensatz der Geschlechter oder die Farbe jedes einzelnen Herbstapfels einer Landschaft – dass sie alle bloß eine Sammlung nützlicher Vorrichtungen seien, die man gewaltsam zusammengeschweißt habe.

Sie sind das ureigene Idiom, fast der Gesichtsausdruck, der Geruch oder Geschmack einer individuellen Sache. Die *Qualität* der Natur ist in ihnen allen gegenwärtig, genauso wie das Lateinische des Latein in jeder Wortbeugung gegenwärtig ist oder das «Rembrandtsche» Rembrandts in jedem seiner Pinselstriche.

Die Natur ist nach menschlichen (und wahrscheinlich auch göttlichen) Maßstäben teils gut und teils böse. Wir Christen glauben, dass sie verdorben worden ist. Doch sowohl ihre Verderbnis als auch ihre Vorzüge werden von demselben Geschmack, demselben Aroma durchdrungen. Alles entspricht ihrem Wesen. Falstaff sündigt nicht auf die gleiche Weise wie Othello. Othellos Untergang steht in enger Beziehung zu seinen Tugenden. Wenn Perdita schuldig geworden wäre, wäre sie nicht in der gleichen Weise schlecht gewesen wie Lady Macbeth; wenn Lady Macbeth gut geblieben wäre, wäre ihr Gutsein ein ganz anderes gewesen als das Perditas.

Die Übel, die wir in der Natur sehen, sind sozusagen die Übel, die *dieser* Natur eigen sind. Aus ihrem ureigenen Wesen musste es sich ergeben, dass ihre Verderbnis, wenn sie verdorben würde, diese und keine andere Form annehmen würde. Die Schrecken des Parasitentums und die Freuden der Mutterschaft sind Gutes und Böses, herausentwickelt aus demselben Grundthema, derselben Grundvorstellung.

Ich sprach soeben über das Lateinische des Latein. Für uns ist es erkennbarer, als es für die Römer sein konnte. Das typisch Englische des Englischen ist nur für den hörbar, der eine andere Sprache ebenso gut spricht. In gleicher Weise und aus gleichem Grund sehen nur Supranaturalisten die Natur wirklich. Man muss sich ein wenig von ihr entfernen, sich dann umdrehen und zurückblicken. Erst dann wird die Landschaft richtig sichtbar. Man muss zuerst, für wie kurz auch immer, das reine Wasser von jenseits der Natur geschmeckt haben, bevor man sich deutlich bewusst werden kann, wie salzig und heiß der Strom der Natur schmeckt.

Sie als Gott zu behandeln oder als «alles», heißt ihren ganzen Kern und die Freude, die man an ihr hat, zu verlieren. Komm heraus, schau zurück und du siehst ... diesen unglaublichen Strudel von Bären, Babys und Bananen; diese unmäßige Flut von Atomen, Orchideen, Orangen, Krebsgeschwulsten, Kanarienvögeln, Flöhen, Gasen, Tornados und Kröten. Wie konntest du je denken, dies sei die letzte, endgültige Wirklichkeit? Wie konntest du je denken, dies sei nur das Bühnenbild für das moralische Drama der Männer und Frauen?

Sie ist sie selbst. Schenke ihr weder Anbetung noch Verachtung. Begegne ihr und erkenne sie! Sind wir unsterblich, und ist sie (wie die Wissenschaftler uns sagen) dazu verurteilt, abzulaufen und zu sterben, so werden wir dieses halbscheue und halbschillernde Geschöpf vermissen; dieses weibliche Ungeheuer, diesen Wildfang, diese unverbesserliche Elfe, diese stumme Hexe.

Doch die Theologen sagen uns, dass sie, wie wir, erlöst werden soll. Die «Eitelkeit», der sie erlag, ist ihre Krankheit und nicht ihr Wesen. Sie wird geheilt werden, und zwar charakterlich: nicht gezähmt (bloß das nicht!) und nicht sterilisiert. Wir werden immer noch unseren alten Feind in ihr erkennen können, unseren Freund, unseren Spielgefährten, unsere Pflegemutter; doch sie wird so vervollkommnet sein, dass sie nicht weniger sie selbst, sondern mehr sie selbst ist. Und das wird ein fröhliches Zusammentreffen geben.

X
«Scheußliche rote Dinge»

> Man kann den Versuch, den Theismus zu widerlegen, indem man den Zusammenhang zwischen Gottesglauben und primitivem Wahn aufzeigt, eine Methode anthropologischer Einschüchterung nennen.
>
> *Edwin Bevan, Symbolism and Belief, Kap. II*

Ich habe nachgewiesen, dass das Studium der Natur keine Absicherung gegen Wunder bietet. Die Natur ist nicht die ganze Wirklichkeit, sondern nur ein Teil von ihr; und trotz all unseres Wissens vielleicht nur ein kleiner Teil. Einem Eindringling von außen hat sie, soweit wir das ersehen können, keinerlei Verteidigungswaffen entgegenzusetzen.

Natürlich würden viele, die nicht an Wunder glauben, das bisher Gesagte noch zugestehen. Ihr Einwand kommt von einer anderen Seite. Sie glauben, dass das Supranatürliche gar nicht eindringen will; und sie beschuldigen diejenigen, die behaupten, das sei geschehen, einer kindischen und unwürdigen Vorstellung vom Übernatürlichen. Darum lehnen sie jede Form des Supranaturalismus ab, die ein solches Eindringen oder Einmischen bestätigt: ganz besonders aber jene Form, die man den christlichen Glauben nennt, denn in ihm sind die Wunder, oder zumindest einige Wunder, inniger mit dem Gebäude des ganzen Glaubens verbunden als in jedem anderen.

Alle wesentlichen Bestandteile des Hinduismus blieben, so glaube ich, unangefochten, wenn man das Wunderbare davon abzöge, und das gilt fast ebenso für den Islam. Doch mit dem christlichen Glauben kann man das nicht machen. Er ist ja gerade die Geschichte eines großen Wunders. Ein naturalistischer christlicher Glaube schließt alles das aus, was spezifisch christlich ist.

Die Schwierigkeiten des Ungläubigen fangen nicht bei der Frage nach diesem oder jenem Wunder an; sie beginnen schon lange vorher. Wenn ein Mensch mit einer durchschnittlichen modernen Erziehung eine der autoritativen Aussagen der christlichen Lehre näher betrachtet, findet er sich mit einem Bild vom Universum konfrontiert, das ihm als total «barbarisch» oder «primitiv» erscheint.

Er entdeckt, dass Gott einen «Sohn» gehabt haben soll, so, als sei Gott eine mythologische Gottheit gleich Jupiter oder Odin. Er entdeckt, dass dieser «Sohn» «vom Himmel herabgekommen» sein soll, gerade so, als habe Gott einen Palast in den Wolken, von dem er seinen Sohn wie einen Fallschirmspringer hinuntergeschickt habe. Er entdeckt weiter, dass dieser «Sohn» dann «hinabgestiegen» sei, in die «Hölle» – in irgendein Land unterhalb der Oberfläche einer (wie vermutet wird) flachen Erde –, und von dort aufgestiegen sei, wie in einem Ballon, zurück in den Wolkenpalast seines Vaters, wo er schließlich zur Rechten seines Vaters auf einem geschmückten Sessel Platz genommen habe.

Jede dieser Aussagen scheint eine Vorstellung von der Wirklichkeit vorauszusetzen, die durch die Zunahme unseres Wissens während der letzten zweitausend Jahre Schritt für Schritt widerlegt worden ist und zu der kein aufrichtiger Mensch im Vollbesitz seines Verstandes zurückkehren kann.

Dieser Eindruck ist es, der die Verachtung und sogar die Abscheu erklärt, die viele Menschen gegenüber dem modernen christlichen Schrifttum empfinden. Ist ein Mensch erst einmal davon überzeugt, dass der christliche Glaube *allgemein* einen lokalen «Himmel», eine flache Erde und einen

Gott, der Kinder haben kann, voraussetzt, hört er sich unsere Lösungen für Sonderprobleme und unsere Verteidigungsargumente gegen Spezialeinwände selbstverständlich nur noch mit Ungeduld an. Und je erfinderischer wir hinsichtlich solcher Lösungen und Argumente sind, desto perverser kommen wir ihm vor.

«Natürlich», so sagt er, «wenn eine solche Lehre erst einmal besteht, können kluge Leute auch kluge Argumente erfinden, um sie zu verteidigen; genauso wie ein Historiker, der einmal einen Schnitzer gemacht hat, immer neuere und ausgeklügeltere Theorien erfindet, um den Schnitzer zu verstecken.

Aber der springende Punkt ist doch der, dass keine dieser Theorien ihm jemals in den Sinn gekommen wäre, wenn er seine Quellen von Anfang an richtig gelesen hätte. Und ist es nicht eindeutig, dass es sich mit der christlichen Theologie genauso verhält? Sie wäre gar nicht erst entstanden, wenn die Schreiber des Neuen Testaments auch nur die leiseste Ahnung von der wirklichen Beschaffenheit des Universums gehabt hätten.»

So jedenfalls habe ich früher selbst gedacht. Der Mann, der mich denken lehrte – ein harter, satirischer Atheist (Ex-Presbyterianer), der für Frazers *Goldenen Zweig* schwärmte und seine Wohnung mit Produkten der *Rationalist Press Association* füllte –, dachte genauso; und doch war er ein Mann, so ehrlich wie das Tageslicht, dem ich ungeheuer viel verdanke – was ich hier bereitwillig zugebe. Seine Einstellung zum christlichen Glauben war für mich der Ausgangspunkt zum erwachsenen Denken; sie ist mir gewissermaßen in Fleisch und Blut übergegangen. Und trotzdem bin ich inzwischen zu der Einsicht gelangt, dass diese Einstellung ein totales Missverständnis ist.

Da ich aus eigener Erfahrung weiß, was der ungeduldige

Skeptiker jetzt denkt und fühlt, kann ich mir sehr gut vorstellen, wie er sich gegen alles, was ich in diesem Kapitel sagen werde, im Voraus wappnet. «Ich weiß genau, wie dieser Mann vorgehen wird», murmelt er. «Er beginnt damit, sämtliche mythologischen Aussagen wegzuerklären. Das ist die unvermeidliche Methode dieser Christen. Über jedes Gebiet, über das die Wissenschaft noch keine Aussagen gemacht hat und auf dem man nichts nachweisen kann, erzählen sie einem die haarsträubendsten Märchen.

Aber sobald die Wissenschaft weiter vorgedrungen ist und ihre Aussagen als falsch entlarvt (wie das stets der Fall ist), machen sie plötzlich eine Kehrtwendung und erklären, so hätten sie es nicht gemeint, sondern lediglich ein dichterisches Bild benutzt oder eine Allegorie aufgebaut und in Wirklichkeit nur eine harmlose moralische Plattitüde im Sinn gehabt. Diese theologischen Taschenspielertricks hängen uns zum Hals heraus.»

Für diesen Überdruss habe ich allerdings viel Verständnis und gebe auch offen zu, dass das «modernistische» Christentum genau das Spiel, das ihm der ungeduldige Skeptiker vorwirft, beständig spielt. Aber ich meine auch, dass es eine Art von Erklärung gibt, die nicht einem Wegerklären gleichkommt. In *einer* Beziehung werde ich genau die Erwartung erfüllen, die der Skeptiker an mich stellt: Ich werde nämlich unterscheiden zwischen dem, was ich als «Kern» oder «eigentliche Bedeutung» der christlichen Lehre betrachte, und dem, was ich – um mit ihren Worten zu sprechen – für unwesentlich und, ohne dass es dadurch Schaden nimmt, für veränderbar halte.

Nun wird aber das, was unter meiner Behandlung von der «eigentlichen Bedeutung» abfällt, gerade *nicht* das Wunderbare sein. Denn das ist der eigentliche Kern; der Kern, so gründlich wie nur möglich von allem Unwesentlichen saubergekratzt – für mich in jeder Beziehung wunderbar bleibend –, übernatürlich, ja, wenn man so will, «primitiv» oder gar «magisch».

Um das zu erklären, muss ich jetzt auf ein Thema zu sprechen kommen, das unabhängig von unserer eigentlichen Zielsetzung wichtig ist und von jedem, der klar zu denken wünscht, so schnell wie möglich beherrscht werden sollte. Den Anfang dazu sollte er mit der Lektüre von Owen Barfields *Poetic Diction* und Edwyn Bevans *Symbolism and Belief* machen. Für unsere Beweisführung wird es allerdings genügen, die tieferschürfende Problematik beiseitezulassen und auf «populäre» und weniger anspruchsvolle Weise vorzugehen – wie es im Folgenden geschehen soll.

Wenn ich an London denke, sehe ich meist das Bild des Bahnhofs *Euston Station* im Geist vor mir. Denke ich nun daran (wie ich es gerade tue), dass London mehrere Millionen Einwohner hat, heißt das aber nicht, dass meine Vorstellung von der Euston Station mehrere Millionen Menschen umfasst. Auch meine ich nicht, dass mehrere Millionen wirklicher Menschen in der wirklichen Euston Station leben.

Ja, obgleich ich beim Gedanken an London dieses Bild vor Augen habe, ist es doch nicht der Gegenstand meines Denkens, und es wäre ausgemachter Unsinn, wenn es so wäre. Nun ist mein Denken aber deshalb kein Unsinn, weil es nicht meine eigenen geistigen Bilder betrifft, sondern das wirkliche, jenseits meiner Fantasie liegende London, von dem überhaupt niemand ein angemessenes geistiges Bild haben kann.

Oder anders: Wenn wir sagen, dass die Sonne ungefähr 145 Millionen Kilometer von uns entfernt ist, dann ist uns vollkommen klar, was wir mit dieser Zahl meinen; wir können sie durch andere Zahlen dividieren und mit anderen multiplizieren, und wir können ausrechnen, wie lange es bei dieser oder jener Geschwindigkeit dauern würde, eine solche Entfernung zurückzulegen. Aber dieses klare *Denken* ist von *Vorstellungen* begleitet, die im Verhältnis zu dem, wie unserem Wissen nach die Wirklichkeit sein muss, lächerlich falsch sind.

Denken ist also eine Sache, und sich etwas vorstellen eine andere. Das, was wir denken und sagen, kann etwas ganz anderes sein (und ist es gewöhnlich auch) als das, was wir uns vorstellen und ausmalen; und das, was wir meinen, kann völlig richtig sein, während die Bilder, die wir dabei gleichzeitig im Geiste vor uns sehen, völlig falsch sind. Es ist sogar zu bezweifeln, dass überhaupt jemals ein Mensch geistige Bilder vor sich sieht, die den Dingen, über die er gerade nachdenkt, besonders ähnlich sind – es sei denn, er ist ein ausgeprägt visueller Typ und ein geübter Künstler.

Die geistigen Bilder in den erwähnten Beispielen sind der Wirklichkeit nicht nur unähnlich, man ist sich dieser Unähnlichkeit auch bewusst, wenigstens nach einem kurzen Moment des Überlegens. Ich weiß, dass London nicht nur aus der Euston Station besteht.

Wenden wir uns jetzt einem etwas anderen Fall von bildhaftem Denken zu. Ich hörte einmal, wie eine Mutter zu ihrer Tochter sagte, sie würde sterben, wenn sie zu viele Aspirintabletten äße. «Aber warum?», fragte das Kind, «die sind doch nicht giftig.»«Woher weißt du, dass die nicht giftig sind?», erwiderte die Mutter. «Weil man keine scheußlichen roten Dinge in der Aspirintablette findet, wenn man sie zerkrümelt», antwortete das Kind.

Offensichtlich sah dieses Kind bei dem Gedanken an Gift scheußliche rote Dinge vor seinem geistigen Auge, genauso wie ich Euston vor mir sehe, wenn ich an London denke. Der Unterschied zwischen uns ist der, dass das Kind glaubte, Gift sei wirklich rot, wohingegen ich weiß, dass mein Bild dem wirklichen London sehr wenig nahekommt. In dieser Hinsicht hatte sich das Kind geirrt. Das bedeutet aber nicht, dass alles, was es über Gift sagte oder dachte, zwangsläufig unsinnig war.

Es wusste sehr richtig, dass Gift etwas ist, das einen töten oder krank machen kann, wenn man es schluckt; und es wusste bis zu einem gewissen Grad, welche der Substanzen im Hause seiner Mutter giftig waren. Wenn ein Besucher des Hauses von dem Kind gewarnt worden wäre: «Trink das nicht! Mutter sagt, es ist giftig», wäre er schlecht beraten gewesen, die Warnung deshalb zu übergehen, weil «das Kind die primitive Vorstellung hat, Gift sei ‹etwas scheußliches Rotes› – eine Vorstellung, die ich mit meinem wissenschaftlich geprägten Erwachsenenwissen längst widerlegt habe.»

Wir können unserer vorherigen Behauptung (dass das Denken richtig sein kann, wenn auch die Begleitvorstellungen falsch sind) nun eine weitere hinzufügen: Das Denken kann selbst in solchen Fällen richtig sein, in denen die Begleitvorstellungen nicht nur falsch sind, sondern auch noch für wahr gehalten werden.

Es gibt noch einen dritten Fall, mit dem wir uns beschäftigen müssen. In den beiden vorhergehenden haben wir uns mit Gedanken und Vorstellungen befasst, aber nicht mit der Sprache. Ich musste mir die Euston Station bildlich vorstellen, aber ich brauchte sie nicht zu *erwähnen;* das Kind dachte, Gift sei etwas scheußliches Rotes, aber es konnte über Gift reden, ohne dieses zu sagen.

Wenn wir über irgendetwas reden, das für unsere fünf Sinne nicht wahrnehmbar ist, benutzen wir dazu sehr häufig Worte, die sich auf wahrnehmbare Dinge oder Handlungen beziehen. Wenn jemand sagt, er habe ein Problem erfasst, benutzt er ein Verb, das wörtlich bedeutet, «etwas in die Hand nehmen»; dabei ist er sicherlich nicht der Meinung, dass sein Geist Hände hat.

Um das Wort «erfassen» zu vermeiden, kann er seine

Ausdrucksweise ändern und sagen: «Ich sehe deinen Standpunkt»; damit will er aber nicht sagen, dass ein Punkt in seinem Blickfeld erscheint. Er macht vielleicht einen dritten Versuch und sagt: «Ja, ich kann dir folgen», doch auch damit will er nicht sagen, dass er auf der Straße hinter dem andern herläuft.

Jeder von uns ist mit diesem sprachlichen Phänomen vertraut. Die Sprachwissenschaftler nennen es Metapher. Wir begehen einen schweren Fehler, wenn wir meinen, die Metapher stände nur den Dichtern oder Rhetorikern zur Ausschmückung ihres Werkes zur Verfügung, der einfache Mann aber könne ohne sie auskommen. Tatsache ist, dass wir, wenn wir überhaupt über sinnlich nicht wahrnehmbare Dinge sprechen wollen, gezwungen sind, eine metaphorische Sprache zu benutzen. Bücher über Psychologie, Volkswirtschaft oder Politik sind durchgängig ebenso metaphorisch wie Gedicht- und Andachtsbücher.

Es gibt keine andere Möglichkeit des Redens; dessen ist sich jeder Philologe bewusst. Wer sich darüber eingehend informieren will, der lese die bereits erwähnten Bücher und auch jene, auf die er durch sie gestoßen wird. Die Beschäftigung mit diesem Problem kann ein ganzes Leben dauern; ich muss mich hier mit folgender Feststellung begnügen: Alles Reden von Übersinnlichem ist und muss im höchsten Grade metaphorisch sein.

Wir haben es also vornehmlich mit drei Prinzipien zu tun:

1. Der Gedanke unterscheidet sich von der ihn begleitenden Vorstellung. 2. Der Gedanke kann weitgehend richtig sein, auch wenn die falschen Bilder, die ihn begleiten, vom Denkenden fälschlicherweise für richtig gehalten werden. 3. Jeder, der über Dinge spricht, die nicht gesehen, berührt, gehört usw. werden können, muss zwangsläufig so reden, *als könnten* sie gesehen, berührt oder gehört werden (er muss z. B.

von «Komplexen» [zu deutsch *Gesamtheit, Zusammenfassung, Verknüpfung*] und «Verdrängungen» reden, *als ob* Begierden wirklich zusammengebündelt oder zurückgeschoben werden könnten; er muss von «Wachstum» und «Entwicklung» reden, *als ob* Institutionen tatsächlich wie Bäume wachsen oder sich wie Blumen entfalten könnten; er muss davon reden, dass Energie «freigesetzt» wird, *als wäre* sie ein Tier, das aus einem Käfig herausgelassen wird).

Wir wollen die genannten Prinzipien nun auf die «barbarischen» oder «primitiven» Bereiche der christlichen Lehre anwenden. Dabei wollen wir zugeben, dass viele Christen (wenn auch bei Weitem nicht alle), sobald sie sich zu diesem Thema äußern, gerade jene grellen Bilder vor Augen haben, die den Skeptiker so entsetzen. Wenn sie sagen, Christus sei «vom Himmel herabgekommen», haben sie die vage Vorstellung, dass irgendetwas aus den Wolken herabschießt oder -schwebt. Wenn sie sagen, Christus sei der «Sohn» des «Vaters», haben sie vielleicht das Bild zweier menschlicher Gestalten vor sich, von denen die eine erheblich älter aussieht als die andere.

Doch inzwischen wissen wir, dass das bloße Vorhandensein solcher Vorstellungen noch nichts über die Vernünftigkeit oder auch Abwegigkeit der Gedanken aussagt, die sie begleiten. Wenn abwegige Bilder abwegige Gedanken bedeuteten, würden wir alle ununterbrochen Unsinn denken. Die Christen selbst stellen jedoch klar, dass die Bilder nicht mit dem Gegenstand des Glaubens identifiziert werden dürfen.

Sie mögen sich den Vater zwar als menschliche Gestalt vorstellen, doch sie betonen auch, dass er körperlos sei. Sie mögen sich ihn älter vorstellen als den Sohn, doch sie betonen auch, dass der eine nicht vor dem andern existiert habe, sondern beide von Ewigkeit her existieren. Ich spreche natürlich von erwachsenen Christen. Der christliche Glaube darf genausowenig nach kindlichen Fantasien beurteilt werden wie die Medizin nach den Vorstellungen des kleinen Mädchens, das an scheußliche rote Dinge glaubte.

An diesem Punkt muss ich abschweifen, um mich mit einer ziemlich einfältigen Illusion auseinanderzusetzen. Wenn wir betonen, dass der Inhalt des christlichen Glaubens nicht gleichzusetzen sei mit den geistigen Bildern der Christen, antworten uns einige Leute: «Wäre es dann nicht besser, sich gänzlich von diesen Bildern und der sie mitverursachenden Sprache zu befreien?» Das aber ist unmöglich. Wer solches empfiehlt, hat nicht bemerkt, dass er mit dem Versuch, sich von den menschlichen – oder wie er sie nennt – anthropomorphen Bildern zu befreien, nur eines erreicht, nämlich dass er die alten Bilder durch irgendwelche neue ersetzt.

«Ich glaube nicht an einen persönlichen Gott», sagt der eine, «aber ich glaube an eine große geistige Kraft.» Dabei übersieht er, dass das Wort «Kraft» alle möglichen Vorstellungen von Winden und Gezeiten, von Elektrizität und Gravitation aufkommen lässt.

«Ich glaube nicht an einen persönlichen Gott», sagt der andere, «aber ich glaube, dass wir alle Teile eines großen Wesens sind, das durch uns wirkt und sich durch uns bewegt» – und übersieht dabei, dass er lediglich das Bild vom väterlichen und königlich aussehenden Mann durch das Bild von einer sich weit ausdehnenden Gaswolke oder Flüssigkeit ersetzt hat.

Ein mir bekanntes Mädchen war durch ihre «höher denkenden» Eltern dazu erzogen worden, Gott als eine vollkommene «Substanz» zu betrachten. In späteren Jahren wurde ihr bewusst, dass dies sie tatsächlich dazu veranlasst hatte, sich unter Gott so eine Art riesigen Grießpudding vorzustellen. (Wobei sie zu allem Überfluss Grießpudding nicht mochte.)

Vielleicht meinen wir gegen ein solches Ausmaß an Unsinnigkeit gefeit zu sein, doch da täuschen wir uns. Wer sich selbst und seine Denkprozesse beobachtet, wird – so glaube ich – entdecken, wie das, was er für eine besonders fortschrittliche oder philosophische Gottesvorstellung hält, in seinem Denken stets von vagen Bildern begleitet wird, die bei näherer Betrachtung noch abwegiger sind als die anthropomorphen Bilder der christlichen Theologie.

Schließlich ist doch der Mensch das höchste aller Dinge, die wir mit unseren Sinnen erfahren können. Schließlich hat er doch den Erdball bezwungen, die Tugend geehrt (wenn er ihr auch nicht gefolgt ist), Wissen erworben, Dichtung, Musik und Kunst geschaffen. Wenn es Gott überhaupt gibt, dann ist es nicht unvernünftig zu vermuten, dass wir ihm weniger unähnlich sind als alles, was wir sonst noch kennen.

Zweifellos unterscheiden wir uns unsäglich von ihm; so gesehen sind alle menschenähnlichen Bilder falsch. Doch die Bilder von gestaltlosen Nebeln und irrationalen Kräften, die unsern Geist (uneingestandenermaßen) immer dann verfolgen, wenn wir uns zu der Vorstellung von einem unpersönlichen und absoluten Wesen aufschwingen, müssen das in noch viel stärkerem Maße sein. Auftauchen werden die Bilder immer, seien sie nun so oder so geartet; wir können nicht über unseren eigenen Schatten springen.

Für den modernen, erwachsenen Christen gilt also, dass die Abwegigkeit der Bilder keineswegs die Abwegigkeit der Lehre bedeutet; man darf sich allerdings fragen, ob der frühe Christ in derselben Lage war. Vielleicht hielt er die Bilder für richtig und glaubte tatsächlich an einen Wolkenpalast oder einen geschmückten Sessel. Das aber würde, wie wir aus dem Beispiel von den scheußlichen roten Dingen ersehen haben, noch nicht zwangsläufig all seine Überlegungen zu diesen Themen entwerten. Das Kind in unserem Beispiel hat möglicherweise viel Wahres über Gift gewusst und unter Umständen sogar Dinge, die nicht einmal ein Erwachsener wusste.

Stellen wir uns einen galiläischen Bauern vor, der glaubte, Christus habe sich buchstäblich und körperlich «zur Rechten des Vaters» niedergesetzt. Dieser Mann geht nun nach Alexandria, um sich dort philosophisch weiterzubilden. Dabei findet er heraus, dass der Vater keine rechte Hand hat und auch nicht auf einem Thron sitzt.

Ist es denkbar, dass er darin eine Erkenntnis sieht, die an der eigentlichen Absicht des Glaubens, dem er in den Tagen seiner naiven Unwissenheit angehangen hat, und an seiner Wertschätzung diesem gegenüber etwas ändert? Physikalische Details über einen angeblichen Thronsaal würden ihn wohl kaum interessieren, es sei denn, wir halten ihn nicht nur für einen Bauern, sondern auch für einen Narren (wobei das eine mit dem andern nichts zu tun hat).

Für ihn wäre nur die Überzeugung wichtig, dass ein Mensch, den er persönlich in Palästina gekannt hat, als Mensch den Tod überlebte und nun als höchster Bevollmächtigter jenes übernatürlichen Wesens wirkt, das den gesamten Bereich der Wirklichkeit beherrscht und erhält. Und diese Überzeugung, dieser Glaube bliebe in seiner Substanz unverändert, auch nachdem das Falsche an den alten Vorstellungen erkannt worden ist.

Selbst wenn also nachgewiesen werden könnte, dass die frühen Christen ihre Bilder wörtlich nahmen, hieße das noch nicht, dass wir berechtigt wären, ihre gesamte Lehre auf den Müll zu werfen. Ob sie es tatsächlich getan haben, ist eine andere Sache. Die Schwierigkeit liegt darin, dass sie nicht als Philosophen schrieben, die ihre spekulative Neugier über das Wesen Gottes und des Universums befriedigen wollten. Sie *glaubten* an Gott; und sobald ein Mensch das tut, steht niemals philosophische Genauigkeit an erster Stelle seiner Erwartungen.

Ein Ertrinkender untersucht nicht das Seil, das ihm zugeworfen wird, und ein leidenschaftlich Liebender denkt nicht über die chemische Beschaffenheit des Teints seiner Liebsten nach. Genauso wenig ist die Frage, mit der wir uns hier beschäftigen, jemals von den Schreibern des Neuen Testaments erhoben worden. Sobald sie allerdings erhoben wurde, kam die Christenheit eindeutig zu dem Schluss, dass die naiven Bilder falsch sind.

Jene Sekte in der ägyptischen Wüste, die glaubte, Gott sei wie ein Mensch, wurde verurteilt: Der Wüstenmensch, der meinte, durch diese Korrektur etwas verloren zu haben, wurde als Wirrkopf bezeichnet. Alle Personen der Dreieinigkeit wurden für «unbegreifbar» erklärt. Gott wurde als «für alle Geschöpfe unaussprechlich, undenkbar und unsichtbar» bezeichnet. Die zweite Person der Dreieinigkeit sei nicht nur körperlos, sondern auch dem Menschen so unähnlich, dass sie nicht die Inkarnation in Menschengestalt gewählt hätte, wenn Selbstoffenbarung ihre einzige Absicht gewesen wäre.

Im Neuen Testament finden wir darüber keine Aussagen, denn das Problem hatte sich damals noch nicht herausgeschält: Aber wir stoßen auf Hinweise, die keinen Zweifel daran lassen, wie dieses Problem zu lösen sei, wenn es sich erst einmal gestellt hätte.

Die Bezeichnung «Sohn» mag «primitiv» oder «naiv» klingen. Doch bereits im Neuen Testament wird der «Sohn» mit der Vernunft, der Predigt oder dem Wort identifiziert, das in Ewigkeit «bei Gott» und dennoch zugleich auch Gott ist. Er ist das alles durchdringende Prinzip der Konkretion oder Kohäsion, durch welches das Universum zusammengehalten wird. Alle Dinge und besonders das Leben entstehen *in* ihm, und in ihm werden alle Dinge ihren Abschluss finden – die endgültige Formulierung dessen, was sie auszudrücken versucht haben.

Natürlich ist es jederzeit möglich, sich eine frühe Christenheit vorzustellen, der solche Bilder fehlten; genauso wie man jederzeit sagen kann, dass irgendetwas, das einem an Shakespeare missfällt, von einem «Bearbeiter» nachträglich hineingebracht worden sei. Doch was haben solche Vermutungen mit einer ernsthaften Untersuchung zu tun? An dieser Stelle sind sie sogar besonders abwegig, weil wir, selbst wenn wir über die Anfänge des Christentums hinaus ins Judentum zurückblicken, den eindeutigen Anthropomorphismus (oder die Menschen-Ähnlichkeit), den wir suchen, nicht entdecken werden.

Ebenso wenig werden wir – was ich zugebe – auf seine Verneinung stoßen. Dafür wird uns einerseits Gott als droben «in der Höhe und im Heiligtum» wohnend dargestellt, und andererseits wird uns gesagt: «Bin ich es nicht, der Himmel und Erde erfüllt?, spricht der Herr.»

Wir werden entdecken, dass in der Vision Hesekiels Gott erscheint als «einer, der aussah wie ein Mensch» (man beachte die zurückhaltenden Worte). Doch ebenso werden wir auf die Warnung stoßen: «So hütet euch nun wohl – denn ihr habt keine Gestalt gesehen an dem Tage, da der Herr mit euch redete aus dem Feuer auf dem Berge Horeb –, dass ihr euch nicht versündigt und euch irgendein Bildnis macht ...»

Der Gott, der lokalisierbar im Himmel zu leben scheint, hat diesen auch *geschaffen* – das ist für einen modernen Menschen, der die Dinge wörtlich nehmen will, fürchterlich verwirrend. Schuld daran ist die Tatsache, dass er aus den alten Schriften etwas herauszulesen versucht, das gar nicht darin steht. Ausgehend von einer klaren modernen Unterscheidung zwischen Materiellem und Immateriellem versucht er herauszufinden, wohin die alte hebräische Vorstellung gehört. Dabei vergisst er, dass die Unterscheidung so klar erst von späteren Denkern getroffen worden ist.

Uns wird oft gesagt, der primitive Mensch könne sich keinen reinen Geist vorstellen; doch dann wäre er auch nicht imstande gewesen, sich reine Materie vorzustellen. Ein Thron und eine lokalisierbare Wohnung werden Gott nur in dem Stadium zugeschrieben, in dem es noch nicht möglich ist, in dem Thron oder dem Palast – und sei es nur der eines irdischen Königs – rein physikalische Gegenstände zu sehen. Es war die geistige Bedeutung – die Atmosphäre, wie wir heute sagen würden –, die dem antiken Geist an den irdischen Thronen und Palästen wichtig war. Sobald ihm der Gegensatz zwischen «geistig» und «materiell» bewusst geworden war, erkannte er Gott als «geistig» und merkte, dass das schon immer in seiner Religion enthalten gewesen war.

In einem früheren Stadium hatte es diesen Gegensatz noch nicht gegeben. Es deshalb als ungeistiges Stadium zu bezeichnen, nur weil wir in ihm keine klare Bestätigung des körperlosen Geistes finden, wäre ein echtes Missverständnis. Genauso gut könnten wir es als geistig bezeichnen, weil wir in ihm kein klares Bewusstsein für die reine Materie finden.

Hinsichtlich der Geschichte der Sprache hat Barfield nachgewiesen, dass die Worte sich keineswegs anfänglich nur auf physikalische Gegenstände bezogen haben, um sich dann mithilfe von Metaphern auf Emotionen, Geisteszustände und dergleichen auszuweiten. Im Gegenteil: Das, was wir heute die «wörtliche und die metaphorische» Bedeutung nennen, ist mittels Analyse aus einer im Altertum bestehenden Sinneinheit herausgelöst worden – einer Einheit, die weder wörtlich noch metaphorisch war.

Ebenso falsch ist die Auffassung, der Mensch habe mit einem materiellen Gott und einem materiellen Himmel begonnen und sie dann allmählich vergeistigt. Er konnte gar nicht mit etwas «Materiellem» beginnen, weil man sich des «Materiellen», so wie wir es verstehen, erst durch den Gegensatz zum «Immateriellen» bewusst wird und weil beide Seiten in gleichem Maße wachsen. Er hat also mit etwas begonnen, das weder das eine noch das andere war.

Solange wir versuchen, in die alte Einheit einen der beiden Gegensätze hineinzudeuten, die im Laufe der Zeit aus ihr herausgelöst worden sind, werden wir alle frühe Literatur falsch deuten und viele Bewusstseinszustände, die wir selbst noch von Zeit zu Zeit erleben, ignorieren. Diese Erkenntnis ist nicht nur für die vorliegende Erörterung entscheidend, sondern für jede gesunde Literaturkritik oder Philosophie.

Die christlichen Lehrgrundsätze und sogar die jüdischen, die ihnen vorausgingen, sind stets Aussagen über eine geistige Wirklichkeit und nicht Proben einer primitiven physikalischen Wissenschaft gewesen. Jegliches Positive an der Vorstellung vom Geistigen ist stets in ihnen enthalten gewesen: lediglich sein negativer Aspekt (das Immaterielle) musste so lange auf die Anerkennung warten, bis das abstrakte Denken voll entwickelt war. Die gegenständliche Darstellung ist noch von niemandem wörtlich genommen worden, der das Stadium erreicht hatte, in dem er verstehen konnte, was «wörtlich nehmen» bedeutet.

Und damit kommen wir zum Unterschied zwischen «erklären» und «wegerklären». Er zeigt sich auf zweierlei Weise:

1. Wenn Leute sagen, etwas sei «metaphorisch» gemeint, schließen sie manchmal daraus, dass es eigentlich *gar nicht* gemeint sei. Sie glauben ganz richtig, dass Christus metaphorisch gesprochen hat, als er uns aufforderte, das Kreuz zu tragen: Sie schließen aber falsch, wenn sie meinen, das Kreuz zu tragen bedeute nichts anderes, als ein anständiges Leben zu führen und hin und wieder für wohltätige Zwecke zu spenden. Sie meinen ganz richtig, dass das höllische «Feuer» eine Metapher sei – und kommen zu dem unklugen Schluss, dass damit nichts Schlimmeres als Gewissensbisse gemeint seien.

Sie sagen, dass die Geschichte vom Sündenfall nicht wörtlich zu nehmen sei, und fahren dann fort (ich habe es selbst gehört), dass er in Wirklichkeit ein Fall nach oben gewesen sei – was dasselbe ist, wie wenn man sagte: «Da die Redensart ‹Mein Herz ist gebrochen› eine Metapher enthält, bedeutet sie ‹Ich bin sehr fröhlich›.» Diese Interpretationsweise betrachte ich offen gestanden als Unsinn.

Für mich sind die «metaphorischen» christlichen Aussagen – oder die mit zunehmend abstraktem Denken metaphorisch gewordenen – nach der Abschaffung der alten Bilder noch genauso «übernatürlich» oder erschütternd, wie sie es vorher gewesen sind.

Sie bedeuten, dass es zusätzlich zu dem physikalischen oder psychisch-physikalischen Universum, das der Wissenschaft bekannt ist, noch eine nicht geschaffene und nicht bedingte Wirklichkeit gibt, die die Existenz des Universums verursacht; sie bedeuten, dass diese Wirklichkeit eine bestimmte Struktur oder Konstitution besitzt, die in der Lehre von der Dreieinigkeit, wenn auch durchaus nicht vollständig, so doch zweckmäßig dargestellt ist; und sie bedeuten, dass diese Wirklichkeit zu einem bestimmten Zeitpunkt in das uns bekannte Universum eintrat, indem sie eines von dessen Geschöpfen wurde und auf historischer Ebene Wirkungen erzeugte, die der normale Ablauf des natürlichen Universums nicht erzeugt; und sie bedeuten, dass dies eine Veränderung in unserer Beziehung zu der nicht bedingten Wirklichkeit herbeigeführt hat.

Dabei fällt auf, dass unser farbloses «in das Universum eintrat» um nichts weniger metaphorisch ist als das bildhaftere «kam vom Himmel herab». Wir haben lediglich das Bild einer vertikalen Bewegung durch das Bild einer horizontalen oder nicht näher bezeichneten Bewegung ersetzt. Und jeder Versuch, die alte Sprache zu verbessern, wird das gleiche Ergebnis zeigen. Es ist nicht nur unmöglich, diese Dinge ohne

Metapher zu formulieren, sie können ohne sie noch nicht einmal zur Diskussion gestellt werden. Wir können unsere Sprache wohl veröden, aber wir können sie nicht wörtlicher machen.

2. Die gemachten Aussagen betreffen zweierlei – die übernatürliche, nicht bedingte Wirklichkeit und jene Ereignisse auf historischer Ebene, die ihr Eindringen in das natürliche Universum bewirkt haben soll. Das erste ist mit der «wörtlichen» Sprache nicht zu beschreiben, und deshalb deuten wir zu Recht alles, was darüber gesagt wird, als metaphorisch.

Das zweite ist jedoch völlig anders gelagert. Ereignisse auf historischer Ebene sind die Dinge, über die wir wörtlich sprechen können. Falls sie geschehen sind, wurden sie mit den Sinnen der Menschen wahrgenommen. Sobald wir auf diese Ereignisse die metaphorische Deutung anwenden, die wir zu Recht auf die Aussagen über Gott angewendet haben, wird legitimes Erklären zu einem wirren oder unehrlichen Wegerklären.

Die Aussage, dass Gott einen Sohn habe, sollte niemals bedeuten, dass er ein Wesen sei, das sich durch Geschlechtsverkehr fortpflanzt und vermehrt: Darum verändern wir nichts am christlichen Glauben, wenn wir klarstellen, dass das Wort «Sohnschaft» in Verbindung mit Christus nicht genau dieselbe Bedeutung hat wie in Verbindung mit den Menschen. Aber die Behauptung, Jesus habe Wasser in Wein verwandelt, ist vollkommen wörtlich gemeint, denn sie bezieht sich auf ein Ereignis, das, wenn es geschehen ist, sehr wohl im Bereich unserer sinnlichen Wahrnehmung und unserer Sprache lag.

Wenn ich sage: «Mein Herz ist gebrochen», weiß der andere sehr genau, dass ich damit nicht etwas meine, das man durch eine Obduktion bestätigen könnte. Aber wenn ich sage: «Mein Schuhriemen ist zerrissen», und ein Blick darauf sagt dem andern, dass er noch ganz ist, habe ich entweder gelogen oder mich geirrt.

Die Berichte über die «Wunder» in Palästina des ersten Jahrhunderts sind entweder Lügen oder Legenden oder aber Geschichte. Und wenn sie alle, oder die wichtigsten, Lügen oder Legenden sind, dann ist der Anspruch, den der christliche Glaube während der letzten zweitausend Jahre erhoben hat, schlicht und einfach falsch. Freilich könnte er trotzdem edle Gefühle und moralische Wahrheiten enthalten. Das tut die griechische Mythologie auch, und die nordische ebenso. Aber das ist eine völlig andere Sache.

Nichts in diesem Kapitel ermöglicht uns die Entscheidung darüber, wie wahrscheinlich oder unwahrscheinlich der christliche Anspruch ist. Wir haben lediglich ein Missverständnis aus dem Weg geräumt, um eine faire Behandlung dieser Frage sicherzustellen.

XI
Christlicher Glaube und «Religion»

> Wer die Religion zu seinem Gott macht, hat nicht Gott in seiner Religion.
>
> *Thomas Erskine von Linlathen*

Nachdem wir nun die Verwirrung beseitigt haben, die entsteht, wenn man die Zusammenhänge zwischen Gedanke, Vorstellung und Sprache unbeachtet lässt, können wir uns wieder unserer Frage zuwenden. Die Christen sagen, Gott habe Wunder getan. Die moderne Welt sagt das nicht, auch wenn sie an Gott glaubt und auch wenn sie die Schutzlosigkeit der Natur erkannt hat. Sie ist der Meinung, dass Gott so etwas nicht tut.

Haben wir irgendeinen Grund zu der Annahme, dass die moderne Welt recht hat? Ich bin auch der Auffassung, dass ein Gott, wie ihn sich die Volks-«Religion» unserer Zeit vorstellt, mit ziemlicher Sicherheit keine Wunder wirkt. Die Frage ist nur, ob an dieser Volksreligion überhaupt etwas Wahres dran ist.

Ich nenne sie mit Bedacht «Religion». Wir, die wir den christlichen Glauben verteidigen, sehen uns ständig bekämpft, aber nicht von der Areligiosität unserer Zuhörer, sondern von ihrer tatsächlichen Religion. Sprich von der Schönheit, der Wahrheit, dem Guten oder sprich von dem Gott, der allen diesen dreien lediglich als Prinzip innewohnt, sprich von einer gewaltigen geistigen Kraft, die alle Dinge durchdringt, von einem gemeinsamen Geist, von dem jeder ein Teil ist, sprich von einem Sammelbecken verallgemeinerter Geistigkeit, zu dem wir alle hinfließen können – und man wird dir freundliches Interesse entgegenbringen.

Sprich aber von einem Gott, der Absichten verfolgt und bestimmte Taten ausführt, der das eine tut und das andere nicht, von einem Gott, der konkret und auswählend ist, der befiehlt und verbietet – und die Temperatur sinkt spürbar. Die Leute werden verlegen oder böse. Eine solche Vorstellung erscheint ihnen als primitiv und roh, ja sogar als ehrfurchtslos.

Die Volks-«Religion» schließt Wunder aus, weil sie den «lebendigen Gott» des christlichen Glaubens ausschließt und stattdessen an einen Gott glaubt, der eindeutig keine Wunder tut; ja, der tatsächlich überhaupt nichts tut. Diese Volks-«Religion» könnte, allgemein gefasst, Pantheismus genannt werden. Und was uns diesen als glaubwürdig empfiehlt, sollten wir nun untersuchen.

Zunächst muss gesagt werden, dass der Pantheismus allgemein auf einer recht fantasievollen Vorstellung von der Entwicklung der Religion beruht. Ihr zufolge erfindet der Mensch am Anfang Geister, um damit die Naturphänomene zu erklären; zunächst stellt er sich diese Geister als seine genauen Ebenbilder vor. Je aufgeklärter er wird, desto weniger menschenähnlich – desto weniger «anthropomorph», wie die Gelehrten sagen – werden sie. Ihre anthropomorphen Eigenschaften fallen eine nach der anderen von ihnen ab – zuerst die menschliche Gestalt, dann die menschlichen Leidenschaften, die Personalität, der Wille, die Aktivität – und schließlich jedwede konkrete Eigenschaft.

Am Ende bleibt eine reine Abstraktion übrig – reiner Geist und reine Geistigkeit. Statt eine bestimmte Wesenheit mit eigenem, wirklichem Charakter zu sein, wird Gott schlicht zu «dem Ganzen», das man auf bestimmte Weise betrachtet, oder zu dem theoretischen Punkt, in dem alles menschliche Streben, würde man es wie Geraden ins Unendliche verlängern, zusammenläuft. Und da, moderner Auffassung zufolge, das letzte, endgültige Stadium einer jeden Sache das geläutertste und kultivierteste ist, hält man diese «Religion» für einen tiefgründigeren, vergeistigteren und aufgeklärteren Glauben als den christlichen.

Nun ist aber diese Vorstellung von der Entwicklung der Religion nicht richtig. Es stimmt, dass der Pantheismus (wie seine Verfechter behaupten) dem modernen Geist verwandt ist: Aber die Tatsache, dass man leicht in einen Schuh hineinschlüpfen kann, beweist nicht, dass er neu ist – und beweist noch weniger, dass er den Fuß trocken halten wird. Der Pantheismus ist unserem Geist nicht deshalb verwandt, weil er das Endstadium eines langsamen Aufklärungsprozesses wäre, sondern weil er fast so alt ist wie die Menschheit. Er könnte sogar die primitivste aller Religionen sein.

Wird nicht das *Orenda* der Irokesen von manchen als der «alles durchdringende Geist» gedeutet? In Indien gibt es ihn seit undenklichen Zeiten. Die Griechen wuchsen nur in ihrer Blütezeit, im Denken Platons und Aristoteles', über ihn hinaus; ihre Nachfolger fielen wieder zurück in das große pantheistische System der Stoiker.

Das moderne Europa entging ihm nur so lange, wie es überwiegend christlich blieb; mit Giordano Bruno und Spinoza kehrte er zurück. Mit Hegel wurde er fast zu *der* Philosophie des gebildeten Mannes, während der volkstümlichere Pantheismus eines Wordsworth, Carlyle und Emerson dieselbe Lehre einer kulturell etwas niedriger stehenden Schicht übermittelte.

Weit davon entfernt, die letzte religiöse Läuterung zu sein, entspricht der Pantheismus in Wirklichkeit nur einem ständig vorhandenen natürlichen Hang des menschlichen Geistes; er ist das permanente Durchschnittsniveau, unter das der Mensch, beeinflusst von Pfaffentrug und Aberglauben, zuweilen sinkt, über das hinaus er sich aber ohne Hilfe und nur aus eigener Anstrengung niemals für lange erheben kann. Platonismus und Judaismus und auch das Christentum (in das von beidem hineingeflossen ist) haben sich als die Einzigen erwiesen, die ihm Widerstand leisten konnten.

Pantheismus ist die Haltung, in die der menschliche Geist automatisch verfällt, wenn er sich selbst überlassen bleibt. Kein Wunder, dass wir uns ihm geistig verwandt fühlen. Wenn Religion nur das ist, was der Mensch über Gott sagt, und nicht das, was Gott wegen des Menschen tut, dann *ist* der Pantheismus fast eine Religion. Und «Religion» in diesem Sinne hat letztlich nur einen wirklich ernst zu nehmenden Gegner – nämlich den christlichen Glauben.[3]

Die moderne Philosophie hat Hegel verworfen, und die moderne Wissenschaft zeigt keine religionsfreundliche Grundhaltung; und doch haben sie sich beide als vollkommen unfähig erwiesen, den menschlichen Drang zum Pantheismus zu zügeln. Er ist heute noch fast ebenso stark, wie er es im alten Indien oder im antiken Rom gewesen ist. Die Theosophie und die Verehrung der Lebenskraft sind beides Formen des Pantheismus: Selbst die Verehrung des Rassen-Denkens im nationalsozialistischen Deutschland ist nur ein für den Gebrauch von Barbaren verstümmelter und zurechtgestutzter Pantheismus. Und den-

---

[3] Wenn also ein Erziehungsminister behauptet, er halte viel von der Religion, und gleichzeitig Schritte unternimmt, um den christlichen Glauben zu unterdrücken, ist daraus nicht zwangsläufig zu schließen, dass er ein Heuchler oder gar (im ganz gewöhnlich irdischen Sinne des Wortes) ein Narr ist. Er mag sich aufrichtigerweise mehr «Religion» wünschen und doch zu Recht der Ansicht sein, dass die Unterdrückung des christlichen Glaubens eine notwendige Vorarbeit zu seinem Plan sei.

noch – welch seltsame Ironie – wird jeder neue Rückfall in diese uralte «Religion» als der letzte Schrei auf dem Gebiet der Neuerungen und der Emanzipation begrüßt.

Dieser angeborene Drang des menschlichen Geistes findet in einem ganz anderen Bereich des Denkens eine Parallele. Die Menschen glaubten bereits Jahrhunderte vor den ersten experimentellen Beweisen an die Existenz der Atome. Allem Anschein nach ist es natürlich, daran zu glauben. Die Atome, an die wir von Natur aus glauben, sind unserer Vorstellung zufolge harte kleine Kügelchen – ganz ähnlich den harten Substanzen, denen wir täglich begegnen, nur zu klein, um gesehen werden zu können.

Der naheliegende Vergleich mit Sand- oder Salzkörnern brachte uns auf diese Idee. Sie erklärt eine ganze Reihe von Phänomenen; außerdem kommen uns sogeartete Atome sehr vertraut vor – wir können sie uns bildlich vorstellen. Diese Atom-Sicht hätte noch ewig bestanden, wäre die spätere Naturwissenschaft nicht auf die lästige Idee verfallen, die *wirkliche* Beschaffenheit der Atome herauszufinden. Und in dem Augenblick, da ihr das gelingt, ist all unsere geistige Bequemlichkeit, all das unmittelbar Einleuchtende und Offensichtliche der alten Atomtheorie zerstört.

Die richtigen Atome erweisen sich als völlig unvereinbar mit unserer natürlichen Denkweise. Sie bestehen noch nicht einmal aus hartem «Stoff» oder harter «Materie» (was sich die Fantasie eben so unter Materie vorstellt!): Sie sind nicht einfach, sondern haben eine Struktur; sie sind nicht alle gleich; sie sind nicht bildlich vorstellbar. Die alte Atomtheorie ist in der Physik das, was der Pantheismus in der Religion ist – die normale, natürliche Vermutung des menschlichen Geistes, nicht total falsch, aber doch korrekturbedürftig.

Die christliche Theologie und die Quantenphysik sind beide im Vergleich zu dieser natürlichen Vermutung hart, kompliziert, trocken und abstoßend. Der erste Schock, den wir erleben, wenn wir durch die nackte Wirklichkeit aus unseren Wunschträumen über diese Wirklichkeit gerissen werden, zeigt stets die gleichen Merkmale. Man darf von Schrödinger nicht erwarten, dass er genauso einleuchtend sei wie Demokrit: Er weiß zu viel. Man darf von Athanasius nicht erwarten, dass er genauso einleuchtend sei wie George Bernhard Shaw: Er weiß ebenfalls zu viel.

Der tatsächliche Stand der Frage wird oft deshalb verkannt, weil die Leute ihr Erwachsenen-Wissen über den Pantheismus mit einem Wissen über den christlichen Glauben vergleichen, das sie in ihrer Kindheit erworben haben. Daher gewinnen sie den Eindruck, der christliche Glaube gebe den «einleuchtenden» Bericht über Gott, den Bericht, der viel zu leicht ist, um wahr zu sein, während der Pantheismus etwas Sublimes und Geheimnisvolles biete. In Wirklichkeit ist es umgekehrt. Die scheinbare Tiefgründigkeit des Pantheismus verschleiert nur mühsam eine Menge urwüchsig bildhaften Denkens; und dieser Tatsache verdankt er seine Überzeugungskraft.

Die Pantheisten und Christen stimmen darin überein, dass Gott überall gegenwärtig ist. Die Pantheisten schließen daraus, dass er in alle Dinge «ausgegossen» oder in allen Dingen «verborgen» und deshalb eher ein universales Medium als ein konkretes Wesen sei. Denn ihr Denken und Fühlen ist in Wirklichkeit bestimmt von dem Bild eines Gases, einer Flüssigkeit oder des Raumes selbst. Der Christ hingegen schließt solche Bilder bewusst aus, indem er sagt, dass Gott an jedem Punkt in Raum und Zeit total gegenwärtig, aber *lokalisierbar* an keinem gegenwärtig sei.

Wiederum stimmen Pantheist und Christ überein, indem sie beide sagen, dass wir von Gott abhängig sind und in einer engen Beziehung zu ihm stehen. Aber der Christ erläutert diese Beziehung mit den Begriffen vom Schöpfer und dem Geschaffenen, wohingegen der Pantheist (oder zumindest der Vertreter der volkstümlichen Form) behauptet, wir seien «Teile» Gottes oder in ihm enthalten. Wiederum schleicht sich das Bild von einem riesigen, ausgedehnten Etwas ein, das in einzelne Bereiche eingeteilt werden kann.

Aufgrund dieses verhängnisvollen Bildes kommt der Pantheismus zu dem Schluss, dass Gott in dem, was wir böse nennen, und in dem, was wir gut nennen, gleichermaßen gegenwärtig und deshalb beidem gegenüber indifferent sein müsse (so wie der Äther sowohl Kot als auch Marmor durchdringt). Der Christ muss darauf entgegnen, dass dies viel zu einfach ist; Gott ist auf sehr viele verschiedene Weisen gegenwärtig: in der Materie nicht auf dieselbe Weise wie im Menschen, in allen Menschen nicht auf dieselbe Weise wie in manchen und in keinem anderen so gegenwärtig wie in Jesus.

Pantheisten und Christen stimmen auch darin überein, dass Gott überpersonal ist. Der Christ meint damit, dass Gott von einer bestimmten Struktur ist, die wir niemals hätten vorausahnen können; wie uns auch eine bloße Kenntnis von Vierecken niemals auf einen Würfel hätte schließen lassen können. Er enthält «Personen» (nämlich drei), während er doch gleichzeitig ein Gott bleibt, genauso wie ein Würfel sechs Quadrate enthält, während er gleichzeitig ein fester Körper bleibt.

Wir können eine solche Struktur ebenso wenig begreifen, wie die «Flachländer» (aus dem zweidimensionalen Reich) einen Würfel begreifen könnten. Aber wir können wenigstens unsere Begriffsunfähigkeit begreifen und auch einsehen, dass, wenn es über die Personalität hinaus etwas gibt, dieses auf *solche* Weise unbegreiflich sein *sollte*. Der Pantheist hingegen – mag er auch das Wort überpersonal benutzen – stellt sich

Gott in Wirklichkeit in den Begriffen des Unterpersonalen vor – so, wie wenn die Flachländer meinten, ein Würfel existiere in weniger Dimensionen als ein Viereck.

Der christliche Glaube ist gezwungen, die natürlichen Erwartungen des Pantheisten in jedem Punkt zu korrigieren und ihm dafür etwas Komplizierteres anzubieten, ebenso wie Schrödinger den Philosophen Demokrit korrigieren muss. Jeden Augenblick muss er sorgfältig differenzieren und sicherstellen, dass es nicht zu falschen Analogien kommt. Er muss die unbestimmten Verallgemeinerungen, in denen sich der Pantheismus ergeht, durch die Pläne eines Wesens ersetzen, das einen bestimmten, konkreten und höchst ausgeprägten Charakter besitzt.

Es ist möglich, dass der Pantheist, nachdem die Diskussion bereits eine Weile im Gange ist, plötzlich die Stellung wechselt und uns nicht länger der kindlichen Naivität anklagt, sondern uns wegen der pedantischen Kompliziertheit unserer «kalten Christusse und verwickelten Dreieinigkeiten» beschimpft. Und wir können ihm das nicht verübeln. Konfrontiert mit der Volks-«Religion», fällt der christliche Glaube fortwährend lästig. Wieder und wieder fühlt er sich gezwungen, auf die weit-schweifigen, wohlmeinenden Aussagen der «Religion» zu erwidern: «Nun ja, ganz so ist es nicht», oder: «So würde ich es kaum formulieren.»

Natürlich ist diese Lästigkeit noch kein Beweis dafür, dass er recht hat; doch wenn er recht hätte, wäre das Unbequeme seiner Sicht wohl kaum zu vermeiden. Genauso fällt der echte Musiker dem Mann lästig, der sich ohne jede Vorbildung der «Musikwürdigung» hingeben will; und der echte Historiker wirkt störend, wenn wir von den «alten Zeiten» oder den «alten Griechen und Römern» schwärmen wollen. Unsere natürliche Fantasie empfindet es immer zuerst als störend, wenn die tatsächliche Beschaffenheit eines Objekts festgestellt wird – ein elendes, pedantisches, logisch zerhackendes Eindringen in eine Unterhaltung, die ohne das prächtig gedieh.

Nun behauptet aber auch die «Religion», auf Erfahrung zu beruhen. Die Erfahrungen der Mystiker (dieser schlecht definierten, aber beliebten Gruppierung) weisen, so meint man, darauf hin, dass Gott eher der Gott der «Religion» als des christlichen Glaubens sei; dass Er – oder Es – nicht ein konkretes Wesen, sondern ein «Wesen im Allgemeinen» sei, über das nichts mit Sicherheit ausgesagt werden könne.

Die Mystiker neigen dazu, auf alles, was wir über ihn aussagen versuchen, die Antwort zu geben: «Nicht so, nicht auf diese Weise!» Was sie mit all diesen Negationen wirklich meinen, darauf werde ich später zu sprechen kommen. Zunächst muss ich erläutern, warum ich es für unwahrscheinlich halte, dass diese Negationen, so wie sie volkstümlich verstanden werden, tatsächlich stimmen.

Es wird wohl niemand abstreiten, dass es heute konkrete, individuelle, bestimmte Dinge gibt – gleichgültig wie sie hierhergekommen sind: Dinge wie Flamingos, deutsche Generäle, Liebende, Butterbrote, Ananasfrüchte, Kometen und Känguruhs. Diese Dinge sind nicht bloße Prinzipien, Allgemeinheiten oder Lehrsätze, sondern Dinge – Fakten –, wirkliche, beständige Existenzen. Man könnte sogar sagen *undurchschaubare* Existenzen, und zwar insofern, als jede von ihnen etwas enthält, das unsere Intelligenz nicht voll verarbeiten kann.

Soweit sie allgemeine Gesetze veranschaulichen, kann unsere Intelligenz sie verarbeiten: Doch sie sind niemals nur Veranschaulichungen. Darüber hinaus steckt in jeder die «undurchschaubare», nackte Tatsache der Existenz, das Faktum, dass sie tatsächlich da ist und dass sie sie selbst ist. Nun wird diese undurchschaubare Tatsache, dieses Konkretsein weder durch die Naturgesetze noch durch die Gesetze des Denkens auch nur im Mindesten erklärt.

Jedes Gesetz kann auf die Formel «wenn A, dann B» reduziert werden. Gesetze geben uns nur ein Universum von «Wenns» und «Unds» – nicht das Universum, das tatsächlich existiert. Was wir durch Gesetze und allgemeine Prinzipien wissen, ist eine Serie von Verbindungen. Damit es aber ein wirkliches Universum gibt, müssen die Verbindungen etwas zu verbinden bekommen; ein Strom undurchschaubarer Fakten muss in das Schema hineingefüttert werden.

Wenn Gott die Welt erschaffen hat, dann ist gerade er die Quelle dieses Stroms, und das allein gibt unsern zutreffendsten Prinzipien überhaupt erst die Möglichkeit, auf irgendetwas zutreffend zu sein. Wenn Gott die Urquelle aller konkreten, individuellen Dinge und Ereignisse ist, muss Gott selbst im höchsten Maße konkret und individuell sein. Nur wenn der Ursprung aller Dinge selbst konkret und individuell ist, können auch die Dinge konkret oder individuell sein; denn es ist kein Mittel vorstellbar, durch welches das, was abstrakt oder allgemein ist, von sich aus konkrete Wirklichkeit erzeugen könnte.

Eine bis in alle Ewigkeit fortgeführte Buchhaltung könnte nie auch nur einen Groschen erzeugen. Das Versmaß könnte von sich aus nie ein Gedicht hervorbringen. Die Buchhaltung braucht noch etwas anderes (nämlich echtes, aufs Konto eingezahltes Geld), und das Versmaß braucht noch etwas anderes (nämlich richtige Worte, mit denen der Dichter es füllt), bevor ein Einkommen oder ein Gedicht zustande kommen kann.

Wenn überhaupt irgendetwas existieren soll, darf das ursprüngliche Ding weder ein Prinzip noch irgend etwas Allgemeines und noch viel weniger ein «Ideal» oder ein «Wert» sein, sondern es muss ein höchst konkretes Faktum sein.

Wahrscheinlich würde kein denkender Mensch mit so vielen Worten leugnen, dass Gott konkret und individuell ist. Aber nicht alle denkenden Menschen und gewiss nicht alle, die an die «Religion» glauben, halten sich diese Tatsache stets vor Augen. Wir müssen uns sehr davor hüten – wie Professor Whitehead sagt –, Gott unbesonnene «metaphysische Komplimente» zu machen.

Wir sagen, Gott sei «unendlich». Das ist richtig insofern, als sein Wissen und seine Macht sich nicht nur auf einige Dinge, sondern auf alle erstrecken. Wenn wir uns aber durch das Wort «unendlich» dazu ermutigt fühlen, ihn uns als formloses «Alles» vorzustellen, auf das nichts im Besonderen, aber alles im Allgemeinen zutrifft, wäre es besser, das Wort überhaupt nicht erst in den Mund zu nehmen.

Haben wir den Mut zu sagen, Gott sei etwas Bestimmtes! Einst war er das Einzige: Aber er ist schöpferisch, er machte andere Dinge und lässt sie existieren. Doch er ist nicht diese anderen Dinge. Er ist nicht ein «allgemeines Sein»: Wäre er das, gäbe es keine Geschöpfe, denn eine Allgemeinheit kann nichts schaffen. Er ist «absolutes Sein» – oder besser «*das* absolute Sein» – insofern, als er allein aus sich selbst heraus existiert.

Doch es gibt manches, das Gott nicht ist. In diesem Sinne hat er einen bestimmten Charakter. Er ist gerecht und nicht moralisch; schöpferisch und nicht träge. Die Schriften der Bibel zeigen diesbezüglich eine bewundernswerte Ausgewogenheit. Einmal sagt Gott einfach ICH BIN und verkündet damit das Mysterium seiner Existenz aus sich selbst. Doch ebenso sagt er unzählige Male «Ich bin der Herr» – ich, die letzte, endgültige Tatsache, habe *diesen* bestimmten Charakter und nicht *jenen*. Und die Menschen werden ermahnt, «Gott zu erkennen», diesen besonderen Charakter zu entdecken und zu erfahren.

Der Irrtum, den ich hier zu korrigieren versuche, ist einer der aufrichtigsten und achtbarsten Irrtümer der Welt; ich hege genug Sympathie für ihn, um von der Sprache schockiert zu sein, die ich benutzen musste, um die gegenteilige Ansicht, die ich für die richtige halte, darlegen zu können. Die Behauptung, Gott sei «etwas Bestimmtes», scheint nicht nur den unermesslichen Unterschied zwischen dem, was er ist, und dem, was alles andere ist, auszulöschen, sondern auch den Unterschied zwischen seiner ureigenen Existenz und der alles anderen.

Ich muss das Gleichgewicht sofort wieder herstellen, indem ich eindrücklichst betone, dass die Dinge, die sich von anderen ableiten – von Atomen bis zu Erzengeln –, im Vergleich zu ihrem Schöpfer fast überhaupt nicht zur Existenz gelangen. Das Prinzip ihrer Existenz liegt nicht in ihnen selbst. Das, *was* sie sind, lässt sich unterscheiden von der Tatsache, *dass* sie sind. Ohne überhaupt zu wissen, *ob* sie sind, kann man eine Beschreibung dieser Dinge verstehen und sich ein klares Bild von ihnen machen. Die Existenz ist ein «undurchschaubarer» Zusatz zu diesem Bild.

Mit Gott verhält es sich anders: Wenn wir vollkommen verständen, *was* Gott ist, würden wir einsehen, dass es die Frage, *ob* Gott ist, gar nicht gibt. Es wäre stets unmöglich gewesen, dass er nicht existierte. Er ist das undurchschaubare Zentrum aller Existenzen, das Ding, das einfach und völlig ist, der Quell der Tatsächlichkeit. Und dennoch, da er nun geschaffen hat, müssen wir ihn in einer Hinsicht als etwas Bestimmtes bezeichnen, ja, sogar als eines unter anderen.

Dieses zu behaupten, bedeutet nicht etwa eine Herabminderung des unermesslichen Unterschiedes zwischen ihm und den Dingen. Im Gegenteil, es bedeutet die Anerkennung der unbestreitbaren Perfektion, schöpferisch zu sein. Er ist so randvoll von Existenz, dass er Existenz abgeben kann, dass er das Sein von Dingen verursachen kann – und zwar ein tatsächliches Anderssein als er selbst –, dass er die Aussage, er sei alles, zur Falschaussage werden lassen kann.

Es ist eindeutig, dass es niemals eine Zeit gegeben hat, in der nichts existierte; sonst würde auch heute nichts existieren. Zu existieren aber bedeutet, ein feststellbares Etwas zu sein, eine (metaphorisch gesprochen) gewisse Form oder Struktur zu haben, dieses und nicht jenes zu sein. Die Sache, die immer schon existiert hat, nämlich Gott, hat deshalb immer schon ihren eigenen, bestimmten Charakter gehabt. Durch alle Ewigkeit hindurch werden gewisse Aussagen über ihn richtig und andere falsch sein.

Und aufgrund der bloßen Tatsache, dass wir und die Natur existieren, wissen wir bereits in einem gewissen Ausmaß, welche der Aussagen falsch und welche richtig sind. Wir wissen, dass er erfindet, handelt und erschafft. Nach alledem besteht kein Grund mehr für die vorgefasste Meinung, er tue keine Wunder.

Warum reden dann die Mystiker so über ihn, wie sie es tun, und warum sind dann so viele Leute von vornherein zu der Behauptung bereit, dass Gott, was er sonst auch sein mag, jedenfalls nicht der konkrete, lebendige, wollende und handelnde Gott der christlichen Theologie sei?

Der Grund liegt meiner Meinung nach in Folgendem: Stellen wir uns ein mystisches Muscheltier vor, einen Weisen unter den Muscheltieren, der (entrückt in einer Vision) eine Ahnung davon bekommt, was der Mensch ist. In dem Bericht, den er seinen Schülern darüber gibt, die selbst Visionen haben (wenn auch seltener als er), wird er viele Negationen gebrauchen müssen. Er wird ihnen sagen müssen, dass der Mensch keine Schale habe, dass er nicht an einem Felsen klebe und auch nicht von Wasser umgeben sei. Die Schüler nun, unterstützt von ihren eigenen Visionen, bekommen eine gewisse Vorstellung vom Menschen.

Doch da tauchen gelehrte Muscheltiere auf, Muscheltiere, die Arbeiten über die Geschichte der Philosophie schreiben und Vorlesungen über vergleichende Religionskunde halten, die aber niemals eigene Visionen gehabt haben. Das, was sie den Worten des prophetischen Muscheltieres entnehmen, sind ausschließlich die Negationen. Unkorrigiert durch jeden wirklichen Einblick, bauen sie sich daraus ein Bild vom Menschen als einer Art amorphen Gelees (hat er doch keine Schale), der an keinem bestimmbaren Ort existiert (klebt er doch nicht an einem Felsen) und niemals Nahrung zu sich nimmt (gibt es dort ja kein Wasser, das sie ihm zutreibt).

Da sie den Menschen nun auch noch traditionellerweise verehren, kommen sie zu dem Schluss, ein ausgehungerter Wackelpudding in einer dimensionslosen Leere sei die höchste Form der Existenz; und sie lehnen jede Lehre, die dem Menschen eine bestimmte Gestalt, eine Struktur und Organe zuweist, als rohen, materialistischen Aberglauben ab.

Unsere Situation kommt jener der gelehrten Muscheltiere ziemlich nahe. Große Propheten und Heilige haben Eingebungen von Gott, die im höchsten Maße bestimmt und konkret sind. Weil sie, gerade noch an den Saum seines Wesens rührend, geschaut haben, dass er die Fülle des Lebens, der Energie und der Freude ist, müssen sie (und aus keinem anderen Grunde sonst) verkünden, dass er jene Begrenzungen, die wir Personalität, Leidenschaft, Wechsel, Stofflichkeit usw. nennen, überschreitet: Und diese seine Eigenschaft – das Freisein von solchen Begrenzungen – ist der einzige Grund für all die Negationen.

Wenn wir nun hinterhergehinkt kommen und versuchen, eine intellektuelle und «aufgeklärte» Religion zu konstruieren, übernehmen wir die Negationen (wie z. B. unendlich, immateriell, leidenschaftslos, unveränderlich usw.) und benutzen sie, ohne dass sie durch irgendeine wirkliche Eingebung abgesichert wären. Mit jedem Schritt müssen wir von unserer Gottesvorstellung ein weiteres menschliches Attribut abstreichen.

Doch der einzige echte Grund für das Abstreichen menschlicher Attribute ist der, für ausdrücklich göttliche Attribute Raum schaffen zu wollen. Um mit dem Apostel Paulus zu reden, ist der Zweck all dieser Entäußerungen nicht der, unsere Vorstellung von Gott bis zur Nacktheit zu reduzieren, sondern der, sie neu zu bekleiden. Leider aber fehlen uns die Mittel für diese Wiederbekleidung. Wenn wir unsere Gottesvorstellung von irgendeiner kümmerlichen menschlichen Eigenschaft befreit haben, fehlen uns (als den lediglich intelligenten und gelehrten Forschern) die Quellen, aus denen wir jenes blendend wirkliche und konkrete Attribut der Gottheit schöpfen könnten, das sie ersetzen soll.

So kommt es, dass unsere Gottesvorstellung mit jedem Schritt dieses Läuterungsprozesses leerer wird, dass sich verhängnisvolle Bilder einschleichen (von einem endlosen, schweigenden Meer, einem leeren Himmel über allen Sternen, einem weißen Strahlendom), und dass wir schließlich bei Null ankommen und ein bloßes Nichts anbeten. Auf sich selbst angewiesen, kann der Verstand schwer anders, als diesem Pfad zu folgen.

Deshalb ist die christliche Aussage, dass nur, wer den Willen des Vaters tut, jemals die wahre Lehre erkennen wird, philosophisch so zutreffend. Die Fantasie mag ein wenig helfen; doch erst in unseren moralisch-ethischen Lebensbereichen und mehr noch in unserem Gebetsleben rühren wir an etwas Konkretes, das die wachsende Leere unserer Gottesvorstellung sogleich zu füllen beginnt. Selbst ein kurzer Augenblick schwacher Reue oder verschwommener Dankbarkeit wird uns, wenigstens bis zu einem gewissen Grad, vor dem Abgrund der Abstraktion bewahren.

Die Vernunft selbst lehrt uns ja, uns in dieser Sache nicht bloß auf die Vernunft zu verlassen. Denn sie weiß, dass sie ohne Stofflichkeit nicht arbeiten kann. Wenn sich herausstellt, dass man aufgrund vernünftiger Überlegungen nicht herausfinden kann, ob die Katze im Wäscheschrank sitzt, flüstert einem die Vernunft selbst ins Ohr: «Geh und schau nach! Das ist nicht meine Aufgabe: Das ist eine Aufgabe für die Sinne.»

So auch in diesem Fall. Das stoffliche Material zur Korrektur unserer abstrakten Gottesvorstellung kann nicht von der Vernunft geliefert werden: Sie wird die Erste sein, die uns rät, hinzugehen und es mit der Erfahrung zu versuchen («Oh, schmecket und sehet!»); denn natürlich wird sie uns bereits deutlich gemacht haben, dass unsere gegenwärtige Einstellung unsinnig ist.

Solange wir lediglich gelehrte Muscheltierchen bleiben, vergessen wir Folgendes: Hätte niemand jemals mehr von Gott gesehen als wir, hätten wir keinen Grund, auch nur anzunehmen, dass er unstofflich, unveränderlich, gefühllos und all das Übrige sei. Das negative Wissen, das uns so aufgeklärt vorkommt, ist lediglich ein Überbleibsel aus dem bestätigten Wissen besserer Menschen – lediglich das Muster, das jene himmlische Welle nach dem Abfließen des Wassers auf dem Sand zurückgelassen hat.

«Ein Geist und eine Vision», sagt Blake, «sind nicht, wie die moderne Philosophie meint, eine Dampfwolke oder ein Nichts. Sie sind so organisiert und so minutiös ausgeprägt, dass sie alles übersteigen, was die menschliche und vergängliche Natur erzeugen kann.» Er spricht hier zwar nur davon, wie man sich Erscheinungen vorzustellen habe, die genausogut Illusionen sein können, aber seine Worte treffen auch auf den metaphysischen Bereich zu.

Gott ist die Grundtatsache oder -wirklichkeit, der Quell aller sonstigen Tatsächlichkeit. Darum darf man sich ihn um keinen Preis als etwas gestaltloses Allgemeines vorstellen. Wenn er überhaupt existiert, ist er die konkreteste Sache, die es gibt, die individuellste, «organisiert und minutiös ausgeprägt». Er ist unaussprechlich, nicht weil er unbestimmt wäre, sondern weil er zu bestimmt ist für die unvermeidliche Ungenauigkeit der Sprache.

Die Worte *unkörperlich* und *unpersönlich* sind irreführend, denn sie legen die Vermutung nahe, ihm fehle eine Wirklichkeit, die wir besitzen. Es wäre sicherer, ihn *über-körperlich* und *über-personal* zu nennen. Körper und Personalität, wie wir sie kennen, sind die wirklichen Negationen – das, was vom positiven Sein übrig geblieben ist, nachdem es genügend verwässert worden war, um in zeitlich-endlicher Form aufzutreten. Selbst unsere Sexualität sollten wir als eine Transposition in Moll jener schöpferischen Freude betrachten, die in ihm so unaufhörlich und unaufhaltsam vorhanden ist.

Sprachlich gesehen ist das, was wir über ihn aussagen, «metaphorisch»: Doch in einem tieferen Sinne sind es unsere physischen und psychischen Energien, die lediglich «Metaphern» jenes wirklichen Lebens sind, das Gott ist. Gottessohnschaft ist gewissermaßen der feste Körper, von dem die biologische Sohnschaft bloß die schematische Darstellung auf dem Papier ist.

Das Problem des bildhaften Denkens, mit dem wir uns im vorigen Kapitel beschäftigt haben, kann hier nun in einem neuen Licht betrachtet werden. Denn es ist gerade die Anerkennung der konkreten und ausdrücklichen Wirklichkeit Gottes, die die religiösen Bilder bewahrt und erhält. Das gröbste der alttestamentlichen Bilder von Jahwe, dem zufolge er aus dichtem Rauch Blitz und Donner herausschleudert, Berge wie Ziegenböcke hüpfen lässt, verspricht, fleht und sogar seine Meinung ändert, vermittelt uns ein Gefühl für die *lebendige* Gottheit, das sich im abstrakten Denken verflüchtigt.

Selbst sub-christliche Bilder – selbst ein Hindugötze mit hundert Armen – enthalten *etwas*, das der bloßen «Religion» unserer Tage fehlt. Wir lehnen dieses Etwas freilich mit Recht ab, denn es würde von sich aus den gemeinsten aller Aberglauben ermutigen, die Anbetung der nackten Macht. Vielleicht können wir auch mit Recht viele der alttestamentlichen Bilder ablehnen. Doch wir müssen wissen, warum wir das tun: nicht, weil die Bilder zu stark, sondern weil sie zu schwach sind. Die endgültige, letzte geistige Wirklichkeit ist nicht unbestimmter, träger oder transparenter als diese Bilder, sondern bestimmter, dynamischer und undurchschaubarer als sie.

Die Verwechslung von Geist und Seele (oder «Gespenst») hat hier viel Unheil angerichtet. Gespenster muss man sich, wenn überhaupt, als schattenhaft und dürftig vorstellen, denn Gespenster sind Halbmenschen – ein Element, abstrahiert von einer Kreatur, die Fleisch haben sollte. Den Geist aber muss man sich, wenn man dies überhaupt will, als das genaue Gegenteil vorstellen. Nach überlieferter Vorstellung sind weder Gott noch selbst die Götter «schattenhaft»: Selbst die in Christus verherrlichten menschlichen Toten hören auf, «Gespenster» zu sein, und werden zu «Heiligen».

Der Unterschied der Atmosphären, von denen auch heute noch die Aussprüche «Ich sah ein Gespenst» und «Ich sah einen Heiligen» umgeben sind – ganz Blässe und Unstofflichkeit in dem einen, ganz Gold und Blau in dem andern Fall –, enthält mehr Weisheit als ganze Bibliotheken über die «Religion». Wenn wir uns schon, um den Geist symbolisieren zu können, ein Bild von ihm machen müssen, dann sollten wir ihn als *schwerer* darstellen denn die Materie.

Und wenn wir sagen, wir lehnten die alten Bilder ab, um

den ethisch-moralischen Eigenschaften Gottes größere Gerechtigkeit widerfahren zu lassen, müssen wir wiederum sorgfältig überlegen, was wir damit tatsächlich meinen. Wenn wir mithilfe von *Analogien* etwas über die Liebe und Güte Gottes lernen wollen – also mithilfe von Entsprechungen aus dem Bereich der menschlichen Beziehungen –, greifen wir natürlich auf die Gleichnisse Christi zurück. Wenn wir aber versuchen, uns die Realität so vorzustellen, wie sie sein könnte, müssen wir aufpassen, dass wir die «moralisch-ethischen Eigenschaften» nicht mit den Begriffen bloßer Gewissenhaftigkeit oder abstrakten Wohlwollens deuten.

In diesen Fehler verfallen wir deshalb so leicht, weil wir (zu Recht) Gott alle Leidenschaftlichkeit absprechen; für uns ist jedoch eine Liebe, die nicht leidenschaftlich ist, eine minderwertige Liebe. Gott aber hat deshalb keine Leidenschaften, weil Leidenschaften Passivität und Unterbrechungen in sich einschließen.

Die Leidenschaft der Liebe ist etwas, das uns widerfährt wie einem Körper das «Nasswerden»: Und Gott ist von der «Leidenschaft» ebenso ausgenommen wie das Wasser vom «Nasswerden». Er kann von der Liebe nicht ergriffen werden, weil er Liebe *ist*. Sich einzubilden, diese Liebe sei weniger ungestüm oder weniger durchdringend als unsere vorübergehenden und «abgeleiteten» Leidenschaften, ist eine verhängnisvolle Fehlleistung unserer Fantasie.

In den überlieferten Bildern entdecken wir möglicherweise auch eine Gewalttätigkeit, die die Gefahr der Verdunkelung in sich birgt, und zwar sowohl im Blick auf die Unveränderlichkeit Gottes als auch im Blick auf den Frieden, von dem fast alle, die sich ihm nähern, berichten – «das stille, sanfte Sausen». Und hier, meine ich, bieten uns die vorchristlichen Bilder die geringste Anregung.

Dennoch besteht auch hier die Gefahr, dass das halbbewusste Bild von einer riesigen ruhenden Sache – einem klaren stillen Ozean, einem weißen «Strahlendom» – die Vorstellung von Trägheit oder Leere einschmuggeln könnte. Die Stille, in der die Mystiker sich ihm nähern, ist spannungsvoll und wachsam – genau das Gegenteil von Schläfrigkeit oder Träumerei. Sie werden wie er. In der physikalischen Welt begegnet man der Stille an leeren Orten: Aber der endgültige Friede ist still vor lauter Fülle des Lebens.

Das Sagen wird aufgesogen vom Sein. Es gibt keine Bewegung, denn sein Handeln (das er selbst ist) ist zeitlos. Wenn man so will, könnte man es eine Bewegung von unbegrenzter Geschwindigkeit nennen, was dasselbe ist wie Ruhe, aber als Beschreibung weniger irreführt.

Die Menschen zögern, die Vorstellung von einer abstrakten und negativen Gottheit zugunsten der Vorstellung von einem lebendigen Gott aufzugeben. Das wundert mich nicht. Der Pantheismus und die Ablehnung der überlieferten Bilder haben darin ihre tiefsten Wurzeln. Im Grunde werden die Bilder nicht deshalb gehasst, weil sie Gott als Menschen, sondern weil sie ihn als König, ja, gar als Krieger darstellen.

Der Gott des Pantheisten tut nichts und verlangt nichts. Wenn man ihn wünscht, ist er da, so wie ein Buch auf dem Bücherbrett. Er verfolgt mich nicht. Es besteht auch nicht die Gefahr, dass Himmel und Erde irgendwann einmal vor seinem Angesicht fliehen. Wenn er der wahre Gott wäre, könnten wir mit Recht behaupten, dass alle christlichen Bilder von einer Königsherrschaft historische Zufälle seien, von denen unsere Religion unbedingt gereinigt werden sollte.

Mit Erschrecken stellen wir jedoch fest, dass sie unentbehrlich sind. Einen solchen Schrecken haben wir schon einmal erlebt, bei kleineren Anlässen – als sich die Schnur in unserer Hand spannte, als irgendetwas neben uns in der Dunkelheit atmete. So auch hier: Der Schock überfällt uns in dem Augenblick, da sich uns in der Schnur, an der entlang wir uns vorwärtstasten, die Spannung des Lebens mitteilt. Es ist immer erschreckend, dort *Leben* anzutreffen, wo wir allein zu sein glaubten. «Schaut her!», rufen wir aus, «es ist *lebendig!*»

Und deshalb ziehen sich gerade hier so viele zurück – ich selbst hätte es auch getan, wenn ich es gekonnt hätte – und dringen nicht weiter in den christlichen Glauben ein. Ein «unpersönlicher» Gott – schön und gut. Ein subjektiver Gott der Schönheit, Wahrheit und Güte in unsern eigenen Köpfen – noch besser. Eine gestaltlose Lebenskraft, die uns durchwallt, eine ungeheure Macht, die wir anzapfen können – am besten von allem. Aber Gott selbst, der lebendige, der am andern Ende der Schnur zieht, der sich vielleicht mit ungeheurer Geschwindigkeit nähert, der Jäger, König, Bräutigam – das ist eine völlig andere Sache.

Es kommt der Augenblick, da Kinder beim Räuberspielen plötzlich zusammenzucken: Waren das nicht *wirkliche* Schritte im Flur? Es kommt der Augenblick, da Menschen, die sich mit einem gewissen Interesse mit der Religion befasst haben («des Menschen Suche nach Gott!»), sich plötzlich zurückziehen. Angenommen, wir haben ihn wirklich gefunden! *Dazu* wollten wir es doch nicht kommen lassen! Schlimmer noch: Angenommen, *er* hat *uns* gefunden?

So stehen wir vor einer Art Rubikon. Man überschreitet ihn, oder man überschreitet ihn nicht. Tut man es aber, so gibt es keine wie auch immer geartete Absicherung gegen Wunder. Man muss sich auf *alles* gefasst machen.

XII
Die Angemessenheit von Wundern

In dem Augenblick, da das Prinzip die Regeln erklärt, hebt es sie auf.

Seeley, Ecce Homo, Kap. XVI

Wenn die letzte Tatsache doch keine Abstraktion ist, sondern der lebendige Gott – undurchschaubar gerade wegen der Fülle seiner blendenden Wirklichkeit –, könnte es sein, dass er Dinge tut. Er könnte Wunder tun. Aber tut er sie? Viele aufrichtig fromme Leute glauben, dass er sie nicht tut. Sie halten sie für seiner unwürdig. Es sind die kleinlichen, launischen Tyrannen, die ihre eigenen Gesetze brechen. Gute und weise Könige folgen ihnen. Nur der unfähige Handwerker stellt ein Werk her, das er nachträglich berichtigen muss.

Denen, die so denken, genügt die in Kapitel VIII gegebene Versicherung nicht, dass Wunder eben nicht die Naturgesetze brechen. Das mag ja nicht zu leugnen sein! Aber man hat immer noch das Gefühl (und zu Recht), dass Wunder den ordnungsgemäßen Ablauf der Ereignisse unterbrechen, die stetige, ihrem innewohnenden Genius oder Charakter entsprechende Entwicklung der Natur.

Dieser geregelte Ablauf ist für jene Kritiker, an die ich denke, eindrucksvoller als jedes Wunder. Zum nächtlichen Himmel aufschauend (wie Luzifer in Merediths Sonett) empfinden sie den Gedanken, dass Gott bisweilen das widerrufen sollte, was er einst mit solcher Erhabenheit ausgesprochen hat, geradezu als gottlos. Dieses Empfinden entspringt tiefen und edlen Quellen und sollte stets mit Achtung behandelt werden. Doch beruht es, glaube ich, auf einem Irrtum.

Wenn Schüler in der Schule zum ersten Mal lateinische Verse machen, wird ihnen zu Recht das verboten, was man in der Fachsprache «einen Spondeus im fünften Fuß» nennt. Das ist eine nützliche Regel für die Jungen, denn der normale Hexameter hat dort keinen Spondeus: Erlaubte man den Jungen den Gebrauch dieser unüblichen Form, würden sie diese aus Bequemlichkeit ständig anwenden und vermutlich niemals die typische Melodie des Hexameter ins Ohr bekommen. Wenn die Jungen dann aber anfangen, Virgil zu lesen, entdecken sie, dass dieser gerade das tut, was ihnen verboten worden war – zwar nicht sehr oft, aber auch nicht gerade selten.

Genauso kann es geschehen, dass junge Leute, die eben gelernt haben, Reime zu schreiben, bestürzt sind, wenn sie bei den großen Dichtern «schlechte» Reime (d. h. Halbreime) entdecken. Selbst in der Tischlerei oder beim Chauffieren oder in der Chirurgie gibt es, vermute ich, «Freiheiten» – unübliche Arbeitsweisen –, die der Meister mit Souveränität und Gewissenhaftigkeit anwendet, die er seine Schüler zu lehren aber für unweise hält.

Nun erlebt man freilich oft, dass der Anfänger, der eben gelernt hat, die strengen, formalen Regeln zu meistern, diese übergenau und pedantisch anwendet. Und derjenige, der nur kritisiert und sich niemals selbst an die Arbeit macht, ist unter Umständen noch viel pedantischer. Die klassischen Kritiker waren entsetzt über die «Unregelmäßigkeiten» und «Freiheiten» Shakespeares. Ein dummer Schuljunge könnte meinen, die unüblichen Hexameter Virgils und die Halbreime englischer Dichter seien das Ergebnis von Unfähigkeit.

In Wirklichkeit jedoch steht jeder unübliche Hexameter und jeder Halbreim mit einer bestimmten Absicht da. Er unterbricht die oberflächliche Regelmäßigkeit des Versmaßes, um einem höheren und subtileren Gesetz zu gehorchen: so wie die Unregelmäßigkeiten im *«Wintermärchen»* die innere geistige Einheit nicht verletzen, sondern verkörpern und vervollkommnen.

Mit andern Worten: Hinter den Regeln stehen andere Regeln und eine Einheit, die tiefer geht als Einförmigkeit. Der wirklich gute Handwerker oder Künstler wird nie, weder durch eine Silbe noch durch eine Note noch durch einen Pinselstrich, das lebendige innere Gesetz des von ihm geschaffenen Werkes unterbrechen. Er wird jedoch ohne jeden Skrupel beliebig viele oberflächliche Regeln und Gesetzlichkeiten durchbrechen, die von kleinen, fantasielosen Kritikern fälschlicherweise für Gesetze gehalten werden.

Das Ausmaß der Unterscheidungsfähigkeit zwischen einer echten «Freiheit» und einem bloßen Patzer oder dem Verfehlen der Einheit hängt davon ab, wie weit man die wirkliche innere Bedeutung des Werkes erfasst hat. Hätten wir den innersten Geist jenes «Werkes, das Gott wirkt vom Anfang bis zum Ende», und von dem die Natur nur ein Teil, möglicherweise nur ein kleiner Teil ist, als ein Ganzes erfasst, wären wir in der Lage zu entscheiden, ob wundersame Unterbrechungen des Naturablaufes lediglich Unschicklichkeiten sind, die des großen Werkmannes unwürdig, oder ob sie Ausdruck der echtesten und tiefsten Einheit seines gesamten Werkes sind.

Natürlich sind wir dazu nicht in der Lage. Die Kluft zwischen Gottes Geist und unserem muss in jeder Hinsicht unermesslich viel größer sein als die Kluft zwischen Shakespeares Geist und dem seiner kleinlichsten Kritiker der alten französischen Schule.

Denn wer würde wohl annehmen, dass sich Gottes sichtbare Tat, von innen betrachtet, als dieselbe komplizierte Verwicklung mathematischer Beziehungen erweist, die die Natur bei wissenschaftlicher Untersuchung offenbart? Das käme der Auffassung gleich, der Dichter baue seine Zeilen aus jenen Versfüßen auf, in die wir sie zerlegen; oder lebendiges Reden habe die Grammatik zum Ausgangspunkt.

Am anschaulichsten wird uns das von Bergson erklärt: Stellen wir uns eine Menschenrasse vor, deren seltsame geistige Beschränktheit sie dazu zwingt, ein Gemälde als etwas zu betrachten, das aus kleinen, mosaikförmig zusammengesetzten Farbflecken besteht. Während sie die Pinselarbeit des großen Meisterwerkes durch ihr Vergrößerungsglas betrachten, entdecken sie immer kompliziertere Verbindungen zwischen den einzelnen Flecken und versuchen, diese unter größter Mühe nach gewissen Regelmäßigkeiten zu ordnen. Ihre Arbeit wird nicht vergebens sein. Denn diese Regelmäßigkeiten werden tatsächlich «funktionieren»; sie werden die Mehrzahl der Erscheinungen erfassen.

Sollten die Leute aber im weiteren Verlauf zu dem Schluss kommen, dass jedes Abweichen von den Regeln des großen Malers unwürdig und ein willkürliches Brechen seiner eigenen Gesetze sei, hätten sie sich gewaltig geirrt. Die Regelmäßigkeiten, die sie beobachten, sind niemals die Gesetze, denen der Maler gefolgt ist. Was sie mühselig aus einer Million in qualvoller Vielfältigkeit angeordneter Flecken rekonstruieren, vollbrachte er in Wirklichkeit mit einer einzigen blitzschnellen Drehung des Handgelenks, während der sein Auge die Leinwand mit einem Blick in sich aufnahm und sein Geist kompositorischen Gesetzen gehorchte, die den fleckenzählenden Beobachtern überhaupt noch nicht vors Auge gekommen sind und vielleicht auch nie werden.

Ich behaupte nicht, dass die Normalitäten der Natur unwirklich seien. Der lebendige Quell göttlicher Energie, zu Zwecken dieser raum-zeitlichen Natur in Körpern verdichtet, die sich durch Raum und Zeit bewegen, und infolgedessen durch unser abstraktes Denken in mathematische Formeln verwandelt, zerfällt für uns tatsächlich in der Regel in dieses oder jenes Schema. Daher erwerben wir, indem wir diese Schemata herausfinden, wirkliches und oftmals nützliches Wissen.

Aber die Auffassung, eine Störung dieser Schemata stelle einen Bruch der lebendigen Regeln und der organischen Einheit dar, an die sich Gott bei all seinem Tun ja halte, ist falsch. Wenn Wunder geschehen, können wir sicher sein, dass die wirkliche Inkonsequenz darin läge, sie nicht geschehen zu lassen.

Warum ein Wunder keine Inkonsequenz, sondern die höchste Konsequenz sein kann, wird all denen klargeworden sein, die Dorothy Sayers' unentbehrliches Buch *The Mind of the Maker* (Der Geist des Schöpfers) gelesen haben. Dorothy Sayers' These gründet sich auf die Analogie zwischen der Beziehung Gottes zu dieser Welt und der Beziehung eines Autors zu seinem Buch.

Wenn man eine Geschichte schreibt, kann das Einflechten von Wundern oder unnormalen Ereignissen künstlerisch schlecht oder auch künstlerisch gut sein. Verfasst man zum Beispiel einen gewöhnlichen, realistischen Roman und verstrickt seine handelnden Personen in ein hoffnungsloses Durcheinander, wäre es völlig unerträglich, wenn man plötzlich den Knoten zerschlüge und ein Happy End herbeiführte, indem man dem Helden von unerwarteter Seite ein Vermögen zukommen ließe.

Es spricht aber nichts gegen solch ein Ende, wenn man sich von Anfang an die Abenteuer eines Mannes zum Thema macht, der unerwarteterweise ein Vermögen erbt. Das ungewöhnliche Ereignis ist vollkommen erlaubt, solange es das Thema ist, über das man schreibt: Zieht man es aber an den

Haaren herbei, um sich damit aus der Klemme zu helfen, ist es ein künstlerisches Verbrechen.

Die Gespenstergeschichte ist eine anerkannte Form der Literatur. In einen gewöhnlichen Roman ein Gespenst einzuführen, um mit seiner Hilfe eine schwierige Stelle im Handlungsablauf zu überwinden, ist aber nicht erlaubt.

Nun beruhen zweifellos viele moderne Einwände gegen Wunder auf dem Verdacht, dass sie Wunder von der «unerlaubten Sorte» seien: dass da in eine Geschichte von ganz bestimmtem Genre (in die Natur) willkürlich hineingepfuscht worden sei, um die handelnden Personen mithilfe von Ereignissen, die eigentlich nicht zu einer solchen Geschichte passen, aus Schwierigkeiten zu befreien. Manche Leute halten wahrscheinlich die Auferstehung für ein letztes, verzweifeltes Mittel, um den Helden aus einer Situation zu retten, die dem Verfasser über den Kopf gewachsen ist.

Doch der Leser mag sich beruhigen. Wenn ich die Wunder für dergleichen hielte, würde ich nicht an sie glauben. Wenn sie geschahen, dann geschahen sie deshalb, weil gerade sie das zentrale Thema dieser universalen Geschichte sind. Sie sind weder Ausnahmen (wie selten sie auch geschehen mögen) noch Belanglosigkeiten. Sie sind gerade jene Kapitel der großen Geschichte, die die Knotenpunkte der Handlung enthalten.

Tod und Auferstehung, das ist es, wovon diese Geschichte handelt; und hätten wir nur Augen, um zu sehen, so würden wir bemerken, dass auf jeder Seite darauf hingewiesen wird; dass es uns an jedem Wendepunkt in irgendeiner Verkleidung begegnet und sogar in der Unterhaltung zwischen so unbedeutenden Charakteren (wenn sie denn unbedeutend sind) wie den Gemüsesorten auftaucht.

Wenn Sie bisher nicht an Wunder geglaubt haben, lohnt es sich, ein wenig innezuhalten und nachzudenken: Ist nicht der

Haupthinderungsgrund der, dass Sie entdeckt zu haben glauben, wovon die Geschichte nun wirklich handelt – nämlich hauptsächlich von Atomen, Zeit und Raum, Wirtschaft und Politik? Und sind Sie sicher, dass Sie recht haben? In solchen Sachen irrt man sich leicht.

Einer meiner Freunde hat einmal ein Stück geschrieben, dessen Hauptgedanke darin bestand, dass der Held eine pathologische Angst vor Bäumen hatte und von der Manie besessen war, diese zu fällen. Natürlich kam auch anderes darin vor, zum Beispiel eine Liebesgeschichte. Am Ende töteten die Bäume den Mann. Mein Freund schickte das Stück einem älteren Bekannten zur Beurteilung zu. Es kam zurück mit der Bemerkung: «Nicht schlecht. Aber ich würde dieses *Geschreibsel* über die Bäume weglassen.»

Gewiss, man kann von Gott erwarten, dass er eine bessere Geschichte schreibt als mein Freund. Aber es ist eine sehr *lange* Geschichte mit einer komplizierten Handlung; und wir sind vielleicht nicht die aufmerksamsten Leser.

XIII
Über die Wahrscheinlichkeit

> Die Wahrscheinlichkeit gründet sich auf die Vermutung, dass zwischen den Dingen, über die wir Erfahrungen besitzen, und jenen, über die wir keine besitzen, eine Ähnlichkeit bestehe; und deshalb kann diese Vermutung unmöglich auf Wahrscheinlichkeit beruhen.
>
> *Hume, Treatise of Human Nature. I, III, VI*

Bis jetzt hat die Beweisführung gezeigt, dass Wunder möglich sind und dass die Erzählungen, denen zufolge Gott zuweilen Wunder getan hat, nicht von vornherein lächerlich sind.

Das bedeutet natürlich nicht, dass wir verpflichtet sind, sämtliche Wundergeschichten zu glauben. Die meisten Erzählungen über wunderhafte Ereignisse sind wahrscheinlich falsch: Aber was das betrifft, so sind auch die meisten Geschichten über natürliche Ereignisse falsch. Lügen, Übertreibungen, Missverständnisse und Gerüchte machen vermutlich die Hälfte all dessen aus, was in der Welt gesagt und geschrieben wird. Deshalb müssen wir ein Kriterium finden, nach dem jede einzelne Wundergeschichte beurteilt werden kann.

In einer Beziehung ist natürlich klar, welches unser Kriterium ist. Zu akzeptieren sind solche Geschichten, über die wir historisches Belegmaterial in ausreichender Qualität zur Verfügung haben. Wie wir aber bereits am Anfang gesehen haben, ist die Antwort auf die Frage: «Wie viel Belegmaterial brauchen wir für diese Geschichte?» abhängig von der Antwort auf die Frage: «Wie wahrscheinlich ist diese Geschichte?» Deshalb müssen wir ein Kriterium für die Wahrscheinlichkeit finden.

Ein moderner Historiker geht in der Regel folgendermaßen vor: Selbst wenn er die Möglichkeit von Wundern zugesteht, zögert er im Einzelfall mit diesem Zugeständnis so lange, bis jede Möglichkeit einer «natürlichen» Erklärung ausgeschlossen ist. Das heißt, er ist eher bereit, die unwahrscheinlichsten «natürlichen» Erklärungen zu akzeptieren, als zu sagen, ein Wunder sei geschehen.

Massenhalluzinationen, Hypnotisierungsversuche an nicht-willfährigen Zuschauern, plötzlich um sich greifende Lügenkomplotte, angezettelt von Leuten, die sonst nicht als Lügner bekannt sind und durch diese Lügen kaum etwas gewinnen können – all das sind, wie wir wissen, höchst unwahrscheinliche Begebenheiten: so unwahrscheinlich, dass sie niemals ins Gespräch gebracht würden, es sei denn, man verfolgte damit den besonderen Zweck, Wunder auszuschließen. Lieber eine solche Erklärung, als einzugestehen, dass ein Wunder geschehen ist!

Aus rein historischer Sicht ist ein solches Vorgehen heller Wahnsinn, *es sei denn,* wir gingen von dem Wissen aus, dass jegliches Wunder unwahrscheinlicher ist als das unwahrscheinlichste natürliche Ereignis. Aber wissen wir das?

Wir müssen verschiedene Arten von Unwahrscheinlichkeit unterscheiden. Da Wunder per Definition seltener sind als andere Ereignisse, ist es im Vorhinein eindeutig unwahrscheinlich, dass an irgendeinem gegebenen Ort zu irgendeiner gegebenen Zeit ein Wunder geschehen wird. In diesem Sinne ist jedes Wunder unwahrscheinlich. Doch diese Art der Unwahrscheinlichkeit macht den Bericht, dass ein Wunder geschehen *ist,* keineswegs unglaubwürdig: Denn in diesem

Sinne waren einst alle Ereignisse, gleich welcher Art, unwahrscheinlich.

Es ist im Vorhinein äußerst unwahrscheinlich, dass ein Stein, der über London aus der Stratosphäre fällt, auf einem bestimmten Fleck aufschlagen wird oder dass eine bestimmte Person einen großen Lottogewinn machen wird. Aber der Bericht, dass der Stein vor diesem oder jenem Laden aufgeschlagen ist oder dass Herr Soundso im Lotto gewonnen hat, ist absolut nicht unglaubhaft.

Wenn man bedenkt, wie ungeheuer viele Begegnungen und fruchtbare Verbindungen unter unseren Vorfahren nötig waren, damit wir geboren werden konnten, wird uns klar, wie unglaublich unwahrscheinlich es einst gewesen ist, dass eine Person wie Sie oder ich einmal existieren würde: Sobald wir aber da sind, ist der Bericht von unserer Existenz nicht im Mindesten unglaubhaft.

Diese Art von Wahrscheinlichkeit – nämlich die Wahrscheinlichkeit künftiger Zufälle – soll uns hier nicht beschäftigen. Uns geht es um die historische Wahrscheinlichkeit.

Seit dem Erscheinen des berühmten *Essay* von Hume ist man der Meinung, dass historische Aussagen über Wunder die unwahrscheinlichsten aller historischen Aussagen seien. Hume zufolge beruht Wahrscheinlichkeit auf dem, was man den Mehrheitsbeschluss unserer vergangenen Erfahrungen nennen könnte. Je häufiger eine Sache bekanntermaßen geschehen ist, desto wahrscheinlicher ist es, dass sie wieder geschieht; je seltener sie geschehen ist, desto unwahrscheinlicher ist ihre Wiederereignung.

Nun werde der geregelte Naturablauf aber durch etwas Besseres unterstützt als durch den Mehrheitsbeschluss unserer vergangenen Erfahrungen, behauptet Hume: nämlich durch ihren einstimmigen Beschluss oder, wie Hume sagt, durch eine «feste und unveränderbare Erfahrung». Es gebe tatsächlich eine «einheitliche Erfahrung» gegen Wunder; andernfalls, sagt Hume, wäre es kein Wunder. Deshalb sei das Wunder das unwahrscheinlichste aller Ereignisse. Es sei stets wahrscheinlicher, dass die Zeugen gelogen oder sich geirrt haben, als dass ein Wunder geschehen sei.

Wenn es eine unumschränkte «einheitliche Erfahrung» gegen Wunder gibt, wenn sie mit anderen Worten niemals geschehen sind, dann natürlich müssen wir Hume beipflichten, dass sie eben nie geschehen sind. *Dass* die Erfahrung gegen Wunder einheitlich ist, können wir leider erst dann wissen, wenn wir wissen, dass alle Berichte über sie falsch sind. Und *dass* alle Berichte über sie falsch sind, können wir erst dann wissen, wenn wir wissen, dass die Wunder nicht geschehen sind. Tatsächlich drehen wir uns mit unserer Argumentation im Kreis.

Es gibt einen anderen Einwand gegen Hume, der uns tiefer in das Problem hineinführt. Die ganze Idee der Wahrscheinlichkeit (wie Hume sie versteht) hängt von dem Prinzip der Gleichförmigkeit der Natur ab. Die Tatsache, dass ein Ereignis bereits zehn Millionen Mal geschehen ist, würde sein Wiedergeschehen kein bisschen wahrscheinlicher machen, wenn nicht die Natur stets in derselben Weise abliefe. Und woher wissen wir denn von der Gleichförmigkeit der Natur?

Ein kurzes Nachdenken sagt uns, dass wir nicht aus Erfahrung davon wissen. Wohl beobachten wir viele Regelmäßigkeiten in der Natur. Aber natürlich erfassen die Beobachtungen, die die Menschen, solange es sie gibt, gemacht haben und machen werden, nur einen winzigen Bruchteil aller tatsächlich vorkommenden Ereignisse. Unsere Beobachtungen wären daher nutzlos, wenn wir nicht das sichere Gefühl hätten, dass sich die beobachtete Natur genauso verhält wie die unbeobachtete: mit anderen Worten, wenn wir nicht an die Gleichförmigkeit der Natur glaubten.

Die Erfahrung kann also die Gleichförmigkeit nicht beweisen, denn die Gleichförmigkeit muss vorausgesetzt werden, bevor die Erfahrung irgendetwas beweisen kann. Und bloße Dauer der Erfahrung hilft uns in dieser Sache überhaupt nicht. Der Satz: «Jede neue Erfahrung bestätigt unsern Glauben an die Gleichförmigkeit, und deshalb erwarten wir nicht ohne Grund, dass er stets bestätigt werden wird» – dieser Satz ist nicht richtig, denn dieses Argument funktioniert nur unter der Voraussetzung, dass die Zukunft der Vergangenheit ähnlich sein wird – und das ist nichts anderes als die Voraussetzung der Gleichförmigkeit, nur unter neuem Namen.

Können wir sagen, die Gleichförmigkeit sei in jedem Falle höchstwahrscheinlich? Leider nicht. Wir haben ja gerade gesehen, dass jede Wahrscheinlichkeit von *ihr* abhängt. Nichts ist wahrscheinlich oder unwahrscheinlich, es sei denn, die Natur *ist* gleichförmig. Und es ist eindeutig, dass die Voraussetzung, die man machen muss, um so etwas wie Wahrscheinlichkeit zu erlangen, selbst nicht wahrscheinlich sein kann.

Das Seltsame daran ist, dass niemand das besser wusste als Hume. Sein *Essay on Miracles* ist völlig unvereinbar mit dem radikaleren und ehrenvollen Skeptizismus seines Hauptwerkes.

Die Frage, ob Wunder geschehen, und die Frage, ob der Ablauf der Natur absolut gleichförmig ist, sind im Grunde ein und dieselbe Frage, auf zwei verschiedene Weisen gestellt. Mit einem Kunstgriff gelingt es Hume, sie als zwei verschiedene Fragen zu behandeln. Auf die Frage, ob die Natur völlig gleichförmig sei, antwortet er zunächst: «Ja», und benutzt dann dieses «Ja» als Grundlage für das «Nein» auf die Frage, ob Wunder geschehen. Die eine, eigentliche Frage, die zu beantworten er sich aufgemacht hatte, wird überhaupt nicht diskutiert. Er erhält die Antwort auf *eine* Form der Frage, indem er vorher die Antwort auf eine andere Form derselben Frage mutmaßt.

Die Wahrscheinlichkeitsformen, mit denen Hume sich beschäftigt, gibt es nur innerhalb des Rahmenwerkes einer angenommenen Gleichförmigkeit der Natur. Wenn wir aber die Frage nach den Wundern stellen, fragen wir damit nach der Folgerichtigkeit oder Vollkommenheit des Rahmens selbst. Eine Untersuchung der Wahrscheinlichkeiten innerhalb eines gegebenen Rahmens kann niemals Auskunft darüber geben, wie wahrscheinlich es ist, dass der Rahmen selbst verletzt werden kann.

Stellen wir uns einen Stundenplan vor, auf dem für Dienstagmorgen um zehn Uhr eine Französischstunde angesetzt ist. Jones, der Junge, dem der Stundenplan gehört, bereitet sich nie auf die Französischstunden vor. Deshalb ist es höchst wahrscheinlich, dass er am kommenden Dienstag in Schwierigkeiten sein wird und dass er das bereits an jedem vorangegangenen Dienstag gewesen ist. Aber was erfahren wir daraus über die Wahrscheinlichkeit, dass der Stundenplan geändert werden wird? Um das herauszufinden, muss man am Lehrerzimmer lauschen. Es ist zwecklos, dafür den Stundenplan zu studieren.

Wenn wir uns an die Hume'sche Methode halten, werden wir uns nicht nur in unserer Hoffnung schwer enttäuscht sehen (nämlich zu dem Schluss kommen zu können, dass alle Wunder unendlich unwahrscheinlich seien), wir werden uns auch noch völlig festfahren. Die einzige Form der Wahrscheinlichkeit, die er gelten lässt, existiert ausschließlich innerhalb des Rahmens der Gleichförmigkeit. Wird jedoch die Gleichförmigkeit selbst infrage gestellt (und das geschieht in dem Augenblick, da wir fragen, ob Wunder geschehen), wird diese Form der Wahrscheinlichkeit aufgehoben. Und Hume kennt keine andere.

Mithilfe seiner Methode können wir daher nicht entscheiden, ob Gleichförmigkeit wahrscheinlich oder unwahrscheinlich ist; und ebensowenig können wir sagen, dass Wunder wahrscheinlich oder unwahrscheinlich sind. Wir haben *beide*, Gleichförmigkeit *und* Wunder, in eine Art Gefängnis gesperrt, in dem es weder Wahrscheinlichkeit noch Unwahrscheinlichkeit jemals geben kann. Dieses Ergebnis ist für die Wissenschaftler ebenso schlimm wie für die Theologen. Mit den Hume'schen Methoden freilich kann man dagegen absolut nichts unternehmen.

Unsere einzige Hoffnung besteht nun darin, eine andere Form der Wahrscheinlichkeit zu finden. Vergessen wir für einen Augenblick die Frage, mit welchem Recht wir an die Gleichförmigkeit der Natur glauben, und fragen wir stattdessen, warum der Mensch überhaupt an sie glaubt.

Ich meine, dass dieser Glaube drei Ursachen hat, von denen zwei irrational sind. Zunächst einmal sind wir Gewohnheitstiere. Wir erwarten von neuen Situationen, dass sie alten ähnlich sind. Diese Neigung teilen wir mit den Tieren; man kann beobachten, wie sie in unseren Hunden und Katzen oftmals zu den komischsten Verhaltensweisen führt.

Zweitens: Wenn wir unser Handeln planen, müssen wir die theoretische Möglichkeit unberücksichtigt lassen, dass die Natur sich morgen anders verhält als sonst, denn wir können nichts dagegen tun. Es lohnt sich nicht, sich darüber den Kopf zu zerbrechen, denn wir können keinerlei Maßnahme dagegen ergreifen. Und das, was wir uns gewohnheitsmäßig aus dem Sinn schlagen, vergessen wir bald.

So kommt es, dass das Bild von der Gleichförmigkeit unseren Geist konkurrenzlos beherrscht, und wir glauben daran.

Diese beiden Ursachen sind irrational und würden dem Aufbau eines falschen Glaubens ebenso erfolgreich dienen wie dem eines richtigen.

Ich bin allerdings davon überzeugt, dass es noch eine dritte Ursache gibt. «In der Wissenschaft», meinte der verstorbene Sir Arthur Eddington, «vertreten wir manchmal Überzeugungen, die wir zwar gerne hegen, aber nicht rechtfertigen können. Wir werden beeinflusst durch ein angeborenes Gefühl für die Angemessenheit der Dinge.» Das mag sich nach einem gefährlich subjektiven und ästhetischen Kriterium anhören; aber kann es für uns überhaupt Zweifel daran geben, dass dies eine der Hauptquellen unseres Glaubens an die Gleichförmigkeit ist?

Ein Universum, in dessen Natur zu jeder Zeit noch nie da gewesene und unvorhersehbare Ereignisse hineingeschleudert würden, wäre uns nicht nur unbequem: Es wäre uns auch von Herzen zuwider. Ein solches Universum würden wir unter gar keinen Umständen akzeptieren. Wir würden es im höchsten Maße verachten. Es verletzt unser Gefühl für die «Angemessenheit der Dinge».

In Vorwegnahme von Erfahrungen, ja, im Widerspruch zu vielen Erfahrungen, sind wir bereits für die Gleichförmigkeit gewonnen. Im Widerspruch deshalb, weil die Wissenschaft ihre Fortschritte ja nicht macht, indem sie sich auf die Regelmäßigkeiten, sondern indem sie sich auf die offensichtlichen Unregelmäßigkeiten der Natur konzentriert. Jede neue Hypothese wird von einer dieser Unregelmäßigkeiten ausgelöst, weil wir uns nämlich nicht mit ihnen abfinden wollen: Wir ruhen nicht eher, bis wir eine Hypothese aufgestellt und bestätigt haben, die uns zu sagen ermöglicht, dass diese eigentlich gar keine Unregelmäßigkeiten gewesen sind.

Die Natur erscheint uns zwar zunächst, so wie sie sich uns darbietet, als eine Masse von Unregelmäßigkeiten. Der Herd, der sich gestern noch leicht anzünden ließ, will heute nicht brennen; das Wasser, das im letzten Jahr Heilkraft besaß, ist in diesem Jahr giftig. Die Masse dieser scheinbar unregelmäßigen Erfahrungen aber hätte niemals in wissenschaftliche Kenntnisse umgewandelt werden können, wenn wir nicht von Anfang an einen Glauben an die Gleichförmigkeit mitgebracht hätten, den selbst Unmengen von Enttäuschungen nicht erschüttern können.

Diesem Glauben – dieser Vorliebe –, kann man dem vertrauen? Oder ist er nun einmal zufällig die Art und Weise, in der unser Verstand arbeitet? Es ist sinnlos, darauf hinzuweisen, dass dieser Glaube bisher immer durch das Ereignis bestätigt worden sei. Es ist sinnlos, solange wir nicht (zumindest schweigend) hinzufügen: «Und deswegen wird er immer bestätigt werden.» Das wiederum können wir nur hinzufügen, wenn wir bereits wissen, dass unser Glaube an die Gleichförmigkeit wohlfundiert ist. Und genau danach fragen wir hier. Findet dieses unser Gefühl für die Angemessenheit der Dinge irgendeine Entsprechung in der äußeren Wirklichkeit?

Die Antwort hängt davon ab, welche Metaphysik man vertritt. Wenn alles, was existiert, Natur ist – jenes große geist- und seelenlose ineinanderverwobene Geschehen –, wenn unsere tiefsten Überzeugungen lediglich Nebenprodukte eines irrationalen Prozesses sind, dann besteht nicht der geringste Grund anzunehmen, unser Gefühl für das Angemessene und der daraus erwachsene Glaube an die Gleichförmigkeit könne uns irgendeine Auskunft über eine Realität außerhalb unserer selbst geben. Unsere Überzeugungen sind dann lediglich Angaben *über uns* – wie die Farbe unseres Haares.

Hat der Naturalismus recht, dann haben wir keinen Anlass, unserer Überzeugung von der Gleichförmigkeit der Natur zu vertrauen. Das könnte man nur unter Voraussetzung einer ganz anderen Metaphysik. Wäre die tiefste und fundamentalste Sache der Wirklichkeit, wäre die Quelle aller sonstigen Tatsächlichkeit etwas, das uns bis zu einem gewissen Grad ähnelt – wäre es ein rationaler Geist und bezögen wir unsere rationale Geistigkeit von ihm –, dann wäre unsere Überzeugung vertrauenswürdig.

Unsere Abscheu vor Unordnung stammt vom Schöpfer der Natur und unserer selbst. Die ungeordnete Welt, an die zu glauben wir nicht ertragen, ist jene ungeordnete Welt, die zu schaffen er nicht ertragen hätte. Unsere Überzeugung, dass der Stundenplan nicht ständig oder sinnlos geändert wird, ist richtig, denn wir haben (in gewissem Sinne) am Lehrerzimmer gehorcht.

Die Wissenschaft verlangt logischerweise nach einer solchen Metaphysik. Ein großer Naturphilosoph meint, sie sei sogar die Metaphysik, aus der die Wissenschaften ursprünglich entstanden seien. Professor Whitehead weist darauf hin, dass erst Jahrhunderte des Glaubens an einen Gott, der «die persönliche Energie Jahwes» mit «der Rationalität eines griechischen Philosophen» verbindet, jene feste Erwartung einer systematischen Ordnung bewirken konnten, die die Geburt der modernen Wissenschaft möglich machte. Die Menschen wurden zu Wissenschaftlern, weil sie erwarteten, dass es in der Natur ein Gesetz gäbe; und sie erwarteten ein Gesetz in der Natur, weil sie an einen Gesetzgeber glaubten.

In den meisten modernen Wissenschaftlern ist dieser Glaube gestorben: Es wird interessant sein, wie lange ihr Glaube an die Gleichförmigkeit ihn überleben wird. Bereits jetzt zeichnen sich zwei bedeutsame Entwicklungen ab: die Hypothese von einer gesetzlosen Subnatur einerseits und die Aufgabe des Wahrheitsanspruchs der Wissenschaft andererseits. Wir sind dem Ende des wissenschaftlichen Zeitalters vielleicht näher, als wir glauben.

Wenn wir Gott nun gelten lassen, müssen wir dann auch die Wunder gelten lassen? Allerdings! Allerdings, dagegen gibt es keine Absicherung! So ist das halt! Die Theologie sagt in der Tat: «Gib die Existenz Gottes zu und mit ihm das Risiko einiger Wunder; und ich will dir als Gegenleistung deinen Glauben an die Gleichförmigkeit für die überwältigende Mehrheit der Ereignisse bestätigen.»

Die Philosophie, die uns die Verabsolutierung der Gleichförmigkeit verwehrt, ist zugleich die Philosophie, die der Auffassung, die Gleichförmigkeit sei allgemein und *beinah* absolut, eine solide Grundlage bietet. Das Wesen, das den Allmachtsanspruch der Natur bedroht, bestätigt sie zugleich in ihren rechtmäßigen Belangen. Gib uns für einen halben Groschen Teer, und wir werden das Schiff retten!

Die Alternative ist tatsächlich viel schlimmer: Versuche, die Natur zu verabsolutieren, und du wirst entdecken, dass ihre Gleichförmigkeit nicht einmal wahrscheinlich ist. Wenn man zu viel verlangt, bekommt man nichts. Man gerät in eine Sackgasse, wie bei Hume. Die Theologie bietet uns ein gut funktionierendes Arrangement, das dem Wissenschaftler die Freiheit lässt, seine Experimente fortzusetzen, und dem Christen die Freiheit, in seinen Gebeten fortzufahren.

Wir haben auch, so meine ich, das gefunden, wonach wir suchten – ein Kriterium, nach dem wir beurteilen können, wie wahrscheinlich ein behauptetes Wunder ist. Wir müssen es beurteilen nach unserem angeborenen Sinn für die «Angemessenheit der Dinge», demselben Sinn, der uns das Geordnetsein des Universums vorausahnen ließ. Natürlich meine ich nicht, dass wir dieses Gefühl auch einsetzen sollten bei der Entscheidung, ob Wunder im Allgemeinen möglich sind: Dass sie möglich sind, wissen wir aufgrund philosophischer Überlegungen.

Auch meine ich nicht, das Gefühl für die Angemessenheit ersetze eine genaue Untersuchung des historischen Beweismaterials. Wie ich wiederholt betont habe, kann das historische Beweismaterial aber erst dann beurteilt werden, wenn wir vorher die Wahrscheinlichkeit des berichteten Ereignisses beurteilt haben. Und bei dieser Beurteilung der einzelnen Wundergeschichten kommt unser Gefühl für die Angemessenheit ins Spiel.

Ich würde mich ziemlich unsicher fühlen, wenn ich mit der starken Betonung dieses Gefühls eine Neuigkeit einführte. Tatsächlich aber erkenne ich damit nur förmlich ein Prinzip an, das ständig angewendet wird. Was immer die Menschen auch *sagen,* in Wirklichkeit ist doch keiner der Meinung, dass die christliche Lehre von der Auferstehung auf derselben Ebene einzuordnen sei wie irgend so ein frommes Geschichtchen über Mutter Egaree Louise, die mithilfe des hl. Antonius ihren zweitbesten Fingerhut auf wunderbare Weise wiedergefunden hat.

Der Religiöse und der Nichtreligiöse sind sich in diesem Punkt eigentlich sehr einig. Der Schrei des Entzückens, mit dem der Skeptiker die Geschichte vom Fingerhut ans Licht ziehen, und das «verschämte Erröten», mit dem der Christ sie im Dunkeln belassen würde, sagen beide das Gleiche aus. Sogar diejenigen, die alle Wundergeschichten abwegig finden, halten einige für weit abwegiger als andere. Und auch diejenigen, die alle Wundergeschichten glauben (wenn es solche gibt), sind der Meinung, dass einige von ihnen einen ganz besonders robusten Glauben erfordern.

Das Kriterium, das beide Parteien hier gleichermaßen anwenden, ist das der Angemessenheit. Mehr als die Hälfte allen Unglaubens an Wunder beruht auf dem Gefühl für ihre *Unangemessenheit:* auf der Überzeugung (die, wie ich gezeigt habe, auf eine falsche Philosophie zurückzuführen ist), dass die

Wunder der Würde Gottes oder der Natur oder aber der Unwürdigkeit und der Bedeutungslosigkeit des Menschen unangemessen seien.

In den folgenden drei Kapiteln will ich versuchen, die zentralen Wunder des christlichen Glaubens in einer Weise darzustellen, die ihre «Angemessenheit» deutlich werden lässt. Ich werde jedoch nicht so vorgehen, dass ich zunächst eine Gliederung der abstrakten Bedingungen aufstelle, die die «Angemessenheit» erfüllen sollte, und dann die Wunder in dieses Schema presse. Unser Gefühl für die «Angemessenheit» ist zu fein und zu flüchtig, als dass man es einer solchen Behandlung unterziehen könnte.

Gelingt es mir, so wird die Angemessenheit – gelingt es mir nicht, dann eben die Unangemessenheit – dieser Wunder im Laufe unserer Untersuchungen von selbst offenbar werden.

XIV
Das große Wunder

> Ein Licht, das von jenseits der Sonne herschien; die Sonne war nicht so stark, dort durchzudringen, wo dieses Licht es vermochte.
>
> *Charles Williams*

Das zentrale von den Christen bezeugte Wunder ist die Inkarnation. Sie sagen, dass Gott Mensch geworden ist. Jedes andere Wunder bereitet auf dieses vor oder rückt es in den Vordergrund oder ist seine Folge. So wie jedes natürliche Ereignis eine Offenbarung des Gesamtcharakters der Natur an einem besonderen Ort zu einem besonderen Zeitpunkt ist, so offenbart jedes christliche Wunder an einem besonderen Ort zu einem besonderen Zeitpunkt den Charakter und die Bedeutung der Inkarnation.

Die Frage nach willkürlichen Einmischungen, die mal hier, mal dort geschehen, gibt es im christlichen Glauben nicht. Er erzählt nicht von einer Reihe zusammenhangloser Überfälle auf die Natur, sondern von den verschiedenen Schritten einer strategisch zusammenhängenden Invasion – einer Invasion, deren Ziel die völlige Eroberung und «Besetzung» ist. Die Angemessenheit und deshalb auch die Glaubwürdigkeit des einzelnen Wunders hängen von seiner Beziehung zu dem großen Wunder ab; jede Diskussion des einzelnen, losgelöst von dem großen, ist wertlos.

Es liegt auf der Hand, dass die Angemessenheit oder die Glaubwürdigkeit des großen Wunders selbst nicht nach demselben Maßstab beurteilt werden kann. Und wir wollen schon jetzt zugeben, dass es sehr schwierig ist, einen Maßstab für seine Beurteilung zu finden. Wenn es sich ereignet hat, dann war es das zentrale Ereignis in der Geschichte dieser Erde – eben das Ereignis, von dem die ganze Geschichte handelt. Da es nur einmal geschah, ist es nach Humes Maßstäben unendlich unwahrscheinlich. Aber schließlich hat sich die Geschichte dieser Erde auch nur einmal ereignet; ist sie deshalb unglaubwürdig?

Daher die Schwierigkeit, die Wahrscheinlichkeit der Inkarnation zu beurteilen – eine Schwierigkeit, die Christen und Atheisten gleichermaßen belastet. Es ist, als frage man, ob die Natur selbst in sich wahrscheinlich sei. Deshalb ist die historische Beweisführung für das tatsächliche Geschehen der Inkarnation leichter als die philosophische Beweisführung für die Wahrscheinlichkeit ihres Geschehens. Die Historiker stehen vor einem großen Problem, wenn sie für das Leben, die Aussagen und den Einfluss Jesu eine Erklärung finden sollen, die nicht schwerer ist als die christliche.

Die Diskrepanz zwischen der Tiefe, der Vernünftigkeit und (lassen Sie mich das hinzufügen) dem *Scharfsinn* seiner Morallehre einerseits und dem zügellosen Größenwahn andererseits, der seiner Theologie zugrunde liegen müsste, wenn er nicht wirklich Gott wäre, ist niemals zufriedenstellend geklärt worden. Deshalb folgt eine nichtchristliche Hypothese der anderen, und alle bringen nur Verwirrung zustande.

Heute verlangt man von uns, alle theologischen Aussagen als spätere Zusätze zur Geschichte des «historischen» und lediglich menschlichen Jesus zu betrachten. Gestern noch wollte man uns glauben machen, dass die ganze Sache mit Fruchtbarkeitsmythen und Mysterienreligionen begonnen habe und dass der pseudo-historische Mensch erst später dazuerfunden worden sei. Doch eine solche historische Untersuchung überschreitet den Rahmen meines Buches.

Da die Inkarnation – vorausgesetzt, sie ist tatsächlich geschehen – eine solch zentrale Stellung einnimmt und da wir davon ausgehen, dass wir von ihrem Geschehen noch nicht aufgrund historischer Erkenntnisse wissen, befinden wir uns in einer Lage, die man wie folgt beschreiben könnte:

Nehmen wir an, wir besäßen einzelne Teile eines Romans oder einer Symphonie. Da bringt uns jemand ein neuentdecktes Manuskriptteil und sagt: «Das ist der fehlende Teil des Werkes. Das ist das Kapitel, das die eigentliche Handlungsklimax des Romans enthält. Das ist das Hauptthema der Symphonie.» Wir müssen nun herausfinden, ob dieser neue Teil, wenn man ihm die zentrale Stellung einräumt, die der Entdecker für ihn beansprucht, auch wirklich alle bereits bekannten Teile erläutert und zu einer Einheit «zusammenzieht».

Es wäre ziemlich unwahrscheinlich, dass uns dabei ein grober Irrtum unterliefe. Wäre der neue Teil unecht, fiele es uns – so anziehend er auf den ersten Blick auch gewirkt haben mochte – je länger wir ihn betrachteten, desto schwerer, ihn mit dem übrigen Werk in Einklang zu bringen.

Ist er aber echt, so fügt er sich mit jedem neuen Hören oder jedem neuen Lesen besser in das Bild ein; er wird vertrauter und lässt uns die Bedeutung vieler kleiner Einzelheiten des Gesamtwerkes erkennen, die uns bisher entgangen waren. Und wäre das neue, zentrale Kapitel oder das Hauptthema selbst voll großer Schwierigkeiten, würden wir es dennoch für echt halten, wenn es an anderen Stellen ständig Schwierigkeiten aus dem Wege räumte.

In ähnlicher Weise sollten wir uns der Lehre von der Inkarnation nähern. Hier haben wir es nicht mit einer Symphonie oder einem Roman zu tun, sondern mit der großen Menge unseres Wissens. Die Glaubwürdigkeit der Lehre – wenn sie akzeptiert wird – hängt davon ab, in welchem Maß es ihr gelingt, die Menge unseres Wissens zu erhellen und zu integrieren.

Dabei ist es nicht so wichtig, ob die Lehre selbst voll verständlich ist. Dass die Sommersonne mittags am Himmel steht, glauben wir nicht deshalb, weil wir sie immer deutlich sehen können (Tatsache ist, dass wir das nicht können), sondern weil wir alles andere sehen können.

Die erste Schwierigkeit, über die jeder Kritiker der Lehre stolpert, liegt genau in ihrem Zentrum. Was kann mit den Worten «Gott wurde Mensch» gemeint sein? Wie ist es zu verstehen, dass der ewige, selbst-existente Geist, die fundamentale Tatsächlichkeit, sich so mit einem natürlichen menschlichen Organismus verbunden haben soll, dass sie zusammen eine Person ergeben?

Diese Frage würde sich als gefährliche Fußangel erweisen, wenn wir nicht schon entdeckt hätten, dass in jedem menschlichen Wesen ein mehr als nur natürliches Handeln (nämlich der Vorgang des Denkens) und deshalb vermutlich eine mehr als nur natürliche Kraft solcherart mit einem Teil der Natur vereint ist, dass sich dieses zusammengesetzte Wesen selbst «Ich» nennt.

Damit will ich selbstverständlich nicht behaupten, das Geschehnis der Menschwerdung Gottes sei lediglich ein neues Beispiel für diesen Prozess. In andern Menschen wird auf diese Weise ein übernatürliches *Geschöpf*, verbunden mit dem natürlichen Geschöpf, zu einem menschlichen Wesen. In Jesus, so glaubt man, ist es statt des übernatürlichen Geschöpfes der Schöpfer selbst gewesen.

Nichts von dem, was wir zu tun vermögen, kann uns – so glaube ich – dazu befähigen, uns das besondere Bewusstsein des menschgewordenen Gottes vorzustellen. Und das ist die Stelle, an der uns die Lehre nicht voll verständlich ist. Unsere

Schwierigkeit mit der bloßen Vorstellung vom Übernatürlichen, das in das Natürliche hinabsteigt, ist aber sichtlich nicht vorhanden oder doch zumindest in der Person eines jeden Menschen überwunden worden.

Wenn wir nicht aus Erfahrung wüssten, wie das ist, ein rationales Tier zu sein – wenn wir nicht wüssten, wie all die natürlichen Fakten, die ganze Biochemie, die instinktiven Zu- und Abneigungen und die sinnlichen Wahrnehmungen zum Mittel des rationalen Denkens und des moralischen Willens werden können, durch welche notwendige Beziehungen verstanden und Verhaltensweisen als allgemein bindend anerkannt werden –, wenn wir das nicht aus Erfahrung wüssten, so könnten wir nicht begreifen, geschweige denn uns vorstellen, wie dieses Hinabsteigen geschehen sein soll.

Die Diskrepanz zwischen einer Atombewegung in der Gehirnwindung eines Astronomen und seiner Erkenntnis, dass es jenseits des Uranus noch einen unentdeckten Planeten geben muss, ist bereits so unermesslich, dass die Menschwerdung Gottes in gewissem Sinne kaum überraschender ist. Wir können nicht begreifen, wie der göttliche Geist in dem erschaffenen und menschlichen Geist Jesu wohnen konnte: Genausowenig können wir freilich begreifen, wie sein menschlicher Geist oder der irgendeines anderen Menschen in einem natürlichen Organismus wohnen kann.

Verstehen können wir nur – wenn die christliche Lehre stimmt –, dass unsere eigene zusammengesetzte Existenz nicht jene reine Anomalie ist, als die sie erscheinen könnte, sondern ein schwaches Abbild der göttlichen Inkarnation – dasselbe Thema in einer sehr viel schwächeren Tonart.

Wenn Gott sich solchermaßen in einen menschlichen Geist hinabbegibt und der menschliche Geist sich seinerseits in die Natur, und unsere Gedanken sich in unsere Sinne und Leidenschaften hinabbegeben, und wenn der erwachsene Verstand (allerdings nur der der besten unter uns) imstande ist, sich auf die Empfindungsebene der Kinder hinabzubegeben, und wenn Menschen mit Tieren mitfühlen können, dann können wir verstehen, dass alles zusammenhängt und dass die alles umfassende Wirklichkeit, in der wir leben – die des Natürlichen und des Übernatürlichen –, von mannigfaltigerer und feinerer Harmonie ist, als wir vermutet hatten.

Ein neues Grundprinzip tut sich uns auf: das Vermögen des Höheren, soweit es wahrhaft höher ist, hinabzusteigen; das Vermögen des Größeren, das Kleinere einzubeziehen. So kann man an räumlichen Körpern viele Gesetze der Flächengeometrie erläutern, aber an Flächenfiguren niemals die Gesetze der räumlichen Geometrie: So treffen zahlreiche anorganische Lehrsätze auf Organismen zu, aber keine organischen Lehrsätze auf Mineralien; so wurde Montaigne gegenüber seiner Katze katzenhaft, doch sprach sie niemals über Philosophie mit ihm. Überall dringt das Große in das Kleine ein – und die Fähigkeit dazu ist geradezu der Prüfstein für die Größe des Großen.

Nach der christlichen Überlieferung steigt Gott herab, um wieder hinaufzusteigen. Er kommt herab von den Höhen des absoluten Seins, herein in Zeit und Raum, herab in die Menschlichkeit; ja, sogar noch weiter herab, in den Mutterleib, um dort – wenn die Embryologen recht haben – alte und vormenschliche Lebensphasen zu durchlaufen; herab zu den tiefsten Wurzeln, zum Urboden der von ihm geschaffenen Natur. Doch er kommt herab, um wieder aufzusteigen und die ganze zerfallene Welt mit emporzuheben.

Man hat das Bild eines starken Mannes vor Augen, der sich tiefer und tiefer bückt, um sich unter eine große und komplizierte Last zu schieben. Er muss sich bücken, um hochheben zu können, er muss fast unter der Last verschwinden, bevor er seinen Rücken in unglaublicher Weise aufrichtet und mit der gesamten, auf seinen Schultern schwankenden Masse davongeht.

Oder man stellt sich einen Taucher vor, der sich zunächst bis zur Nacktheit entblößt, einen Blick in die Luft wirft und dann mit einem Aufspritzen fort ist, verschwunden, hinunterstößt durch grünes und warmes Wasser, hinein in schwarzes und kaltes, hinunter durch zunehmenden Druck in die todesgleiche Region von Schlick, Schlamm und Verwesung; und dann gleitet er wieder hinauf, zurück zu Farbe und Licht, mit fast berstenden Lungen, bis er plötzlich die Wasseroberfläche durchstößt und in der Hand das tropfende, kostbare Ding hält, das zu retten er in die Tiefe gedrungen war.

Nun, da sie ans Licht gekommen sind, haben beide, er und das Ding, Farbe gewonnen: Tief unten, wo das Ding farblos im Dunkel lag, hatte auch er seine Farbe verloren.

In diesem Herab- und Wiederhinaufsteigen erkennt jeder ein vertrautes Muster: etwas, das über der ganzen Welt geschrieben steht. Es ist das übliche Ergehen jedes pflanzlichen Lebens. Es muss sich selbst zu etwas Hartem, Kleinem und Todähnlichem verringern, es muss in die Erde fallen: Von dort steigt das neue Leben wieder auf.

Und das ist auch das übliche Ergehen einer jeden Tiergeneration. Da ist der Abstieg vom vollen, vollendeten Organismus in das Spermium und in das Ei; im dunklen Mutterleib wächst ein Leben, das zunächst von minderer Art ist als das der wiederentstehenden Spezies. Dann der langsame Aufstieg zum vollkommenen Embryo, zum lebendigen, bewusstseinsbegabten Baby und schließlich zum Erwachsenen.

So ergeht es auch unserem Moral- und Gefühlsleben. Die ersten unschuldigen und spontanen Begierden müssen sich dem todesgleichen Prozess der Überwachung oder der völligen Verneinung unterziehen: Doch von dort aus erfolgt ein Wiederaufstieg zum voll ausgebildeten Charakter, in dem die ganze Stärke des ursprünglichen Materials tätig ist, doch auf eine neue Weise.

Tod und Wiedergeburt – absteigen, um aufzusteigen –, das ist ein Grundprinzip. Fast immer führt der Höhenweg durch diesen Flaschenhals, durch diese Verkleinerung.

Die Lehre von der Inkarnation – vorausgesetzt, sie wird akzeptiert – stellt dieses Prinzip noch nachdrücklicher in den Mittelpunkt. Das genannte Schema ist in der Natur vorhanden, weil es zuerst in Gott vorhanden war. Alle von mir genannten Beispiele erweisen sich lediglich als Transpositionen des göttlichen Themas in eine mindere Tonart.

Ich beziehe mich hier nicht nur einfach auf die Kreuzigung und Auferstehung Christi. Diese sind lediglich der Wendepunkt des Gesamtschemas, und das wiederum ist der wirkliche Tod und die Wiedergeburt: denn sicherlich ist niemals ein Samen von einem so herrlichen Baum in einen so finsteren und kalten Boden gefallen, als dass uns darin auch nur annähernd ein Vergleich für den ungeheuren Abstieg und Wiederaufstieg geboten würde, in dessen Verlauf Gott sein Netz durch den salzigen Schlammboden der Schöpfung gezogen hat.

Aus dieser Sicht reiht sich die christliche Lehre so geschwind und nahtlos unter die tiefwurzelnden Vorstellungen von der Wirklichkeit, die wir aus anderen Quellen haben, dass uns neue Zweifel entstehen könnten. Passt sie nicht gar zu gut da hinein? So gut, dass sie dem Menschen vielleicht deswegen in den Sinn gekommen ist, weil er das Muster anderswo gesehen hat, und zwar besonders in dem jährlichen Absterben und Wiederauferstehen des Korns?

Denn natürlich hat es viele Religionen gegeben, in denen

dieses alljährliche Drama (das für das Leben des Stammes so wichtig war) nahezu eingestandenermaßen das Zentralthema darstellte, und deren Gottheiten – Adonis, Osiris oder andere – fast unverhüllte Personifizierungen des Korns waren; «Kornkönige», die jedes Jahr starben und wieder auferstanden. Ist Christus nicht einfach auch ein Kornkönig?

Damit berühren wir den seltsamsten Aspekt des Christentums. In gewissem Sinn trifft das soeben Gesagte tatsächlich zu. Unter einem bestimmten Gesichtspunkt ist Christus «von derselben Sorte» wie Adonis oder Osiris (natürlich stets unter Außerachtlassung der Tatsache, dass niemand weiß, wo und wann diese beiden gelebt haben, wohingegen er von einem uns bekannten römischen Magistrat hingerichtet wurde, in einem Jahr, das wir ungefähr datieren können). Und eben darin liegt das Rätsel.

Wenn das Christentum eine so geartete Religion ist, warum wird dann der Vergleich mit dem zu Boden fallenden Saatkorn so selten im Neuen Testament gebraucht (nur zweimal, wenn ich mich nicht irre)? Kornreligionen sind beliebt und geachtet: Sollten die ersten christlichen Lehrer eine solche Lehre mit Erfolg eingeführt haben, dann fragt man sich, warum sie diese Tatsache so verschleiert haben? Sie erwecken den Eindruck von Leuten, die einfach nicht wissen, wie nahe sie den Kornreligionen stehen, die schlicht das reiche Angebot an einschlägigen Bildern und Assoziationen übersehen, auf das sie eigentlich jederzeit um Haaresbreite stoßen müssten.

Sollte jemand behaupten, sie hätten den Impuls unterdrückt, weil sie Juden waren, so stellt sich das Rätsel dadurch nur in neuer Form. Warum sollte die einzige Religion von einem «sterbenden Gott», die überlebt und beispiellose geistige Höhen erreicht hat, ausgerechnet in dem Volk entstanden sein, dem – und zwar fast als einzigem Volk – der gesamte zu einem «sterbenden Gott» gehörende Gedankenkreis fremd war?

Ich selber, der ich das Neue Testament erstmalig ernsthaft zu einer Zeit las, da ich von der Fantasie und vom Dichterischen her ganz erpicht war auf das Tod- und Wiedergeburtsschema, ja, begierig darauf, einem Kornkönig zu begegnen, ich selber fühlte mich durch das fast völlige Fehlen solchen Gedankengutes in den christlichen Dokumenten erschreckt und verwirrt.

Ein Umstand stach besonders hervor: Ein «sterbender Gott» – der einzige sterbende Gott, der möglicherweise historisch war – hält Brot, das heißt Korn in seiner Hand und sagt: «Dieses ist mein Leib.» Spätestens an dieser Stelle, wenn auch nirgendwo sonst – und wenn nicht hier, dann doch gewisslich in den ersten Kommentaren über diese Stelle und ihren Verwendungen in allen späteren, immer dicker werdenden Andachtsbüchern – muss die Wahrheit herauskommen; hier muss die Verbindung zu dem jährlichen Erntedrama hergestellt werden.

Aber es geschieht nicht. Für mich ist sie da. Doch nichts deutet darauf hin, dass sie für die Jünger oder (menschlich gesprochen) für Christus selbst da gewesen ist. Es ist fast, als habe er nicht gemerkt, was er da sagte.

Tatsächlich zeigen uns die Berichte eine Person, die zwar den Part des sterbenden Gottes *darstellt*, deren Gedanken und Worte sich jedoch völlig außerhalb des zu dem sterbenden Gott gehörenden religiösen Gedankenguts bewegen. Gerade das, worum sich alle Naturreligionen drehen, scheint tatsächlich einmal geschehen zu sein: Es geschah aber in einem Zusammenhang, in dem keine Spur von Naturreligion zu finden war.

Es ist so, als sei man der Seeschlange begegnet und habe entdeckt, dass diese nicht an Seeschlangen glaubt; oder als ob man von einem Mann spreche, der all das getan hat, was man Sir Launcelot zuschreibt, der selber aber anscheinend nie etwas von Ritterlichkeit gehört hat.

Es gibt jedoch eine Hypothese, die – falls akzeptiert – alles leicht und verständlich macht. Die Christen behaupten nicht, dass einfach «Gott» in Jesus inkarniert gewesen sei. Sie behaupten, dass der eine wahre Gott der sei, den die Juden als Jahwe anbeten, und dass er es sei, der herabgestiegen ist. Nun ist der doppelte Charakter Jahwes folgender: Einerseits ist er der Gott der Natur, ihr freudiger Schöpfer. Er ist es, der den Regen auf die Äcker fallen lässt, bis die Täler so dicht voll Korn stehen, dass sie lachen und singen. Die Bäume des Waldes freuen sich vor ihm, und seine Stimme lässt das wilde Reh seine Jungen gebären. Er ist der Gott des Weizens, des Weines und des Öls.

In dieser Beziehung vollbringt er ständig all das, was Naturgötter tun: Er ist Bacchus, Venus und Ceres in einem. Im jüdischen Glauben findet man nirgendwo eine Spur jenes in pessimistischen und pantheistischen Religionen vorkommenden Gedankens, dass die Natur eine Art Illusion oder Unglück, dass endliche Existenz in sich selber ein Übel sei und dass das Heil im Zurückfallen aller Dinge in Gott liege. Mit solch anti-natürlichen Vorstellungen verglichen, könnte man Jahwe fast für einen Naturgott halten.

Andererseits ist Jahwe eindeutig *kein* Naturgott. Er stirbt nicht jedes Jahr und kommt wieder zum Leben, wie es ein echter Kornkönig tun sollte. Wohl spendet er Wein und Fruchtbarkeit, aber er darf nicht durch Bacchanalien oder aphrodisische Riten angebetet werden. Er ist weder die Seele der Natur noch irgendeines Teiles der Natur: Er wohnt in der Ewigkeit; er wohnt in der Höhe und im Heiligtum; der Himmel ist sein Thron, nicht sein Gefährt, die Erde der Schemel seiner Füße, nicht sein Gewand. Eines Tages wird er beide abbrechen und einen neuen Himmel und eine neue Erde schaffen.

Er darf nicht einmal mit dem «göttlichen Funken» im Menschen identifiziert werden. Er ist «Gott und nicht Mensch»: Seine Gedanken sind nicht unsere Gedanken. All unsere Gerechtigkeit ist schmutziges Lumpenzeug. Seine Erscheinung vor Ezechiel wird begleitet von Bildern, die nicht der Natur entliehen sind, sondern (ein zu selten beachtetes Geheimnis) Maschinen, die die Menschen erst Jahrhunderte nach Ezechiels Tode bauen sollten. Der Prophet sah etwas, das einem *Dynamo* verdächtig nahekommt.

Jahwe ist weder die Seele der Natur noch ihr Feind. Und sie ist weder sein Leib noch eine Abweichung oder ein Abfall von ihm. Sie ist sein Geschöpf. Er ist nicht ein Natur-Gott, sondern der Gott der Natur – ihr Erfinder, Schöpfer, Eigentümer und Überwacher.

Jedem Leser ist diese Vorstellung von Kindheit an vertraut; deshalb meinen wir leicht, sie sei die gewöhnlichste Vorstellung der Welt. «Wenn die Leute schon an einen Gott glauben sollen», fragen wir, «an welche Art Gott sollten sie denn sonst glauben?» Die Antwort der Geschichte lautet: «An fast jede andere Art.» Wir halten unsere Privilegien für Instinkte: gerade so, als begegne man Damen, die ihre eigenen verfeinerten Manieren für angeboren halten. Sie erinnern sich nicht, sie anerzogen bekommen zu haben.

Angesichts eines solchen Gottes, der herabsteigt, um wieder hinaufzusteigen, können wir verstehen, warum Christus dem Kornkönig so ähnlich ist und sich doch zugleich über das Thema ausschweigt. Er ist dem Kornkönig ähnlich, weil dieser ein Abbild von ihm ist. Die Ähnlichkeit ist keineswegs unwirklich oder zufällig. Denn der Kornkönig ist (mittels menschlicher Vorstellungskraft) von den Fakten der Natur hergeleitet und die Fakten der Natur von ihrem Schöpfer; das

Schema von Tod und Wiedergeburt ist in ihr, weil es zuerst in ihm war.

Andererseits suchen wir aber gerade deshalb so vergeblich nach Elementen der Naturreligionen in der Lehre Jesu und in dem auf sie vorbereitenden jüdischen Glauben, weil sich in ihnen der Ursprung der Natur selbst manifestiert. In ihnen gelangen wir von vornherein hinter die Naturreligion und hinter die Natur selbst. Dort, wo der wahre Gott anwesend ist, erscheinen nicht die Schatten dieses Gottes; es erscheint das, womit die Schatten Ähnlichkeit hatten.

Im Verlauf ihrer Geschichte wurden die Juden immer wieder von der Anbetung der Naturgötter weggelenkt; nicht weil die Naturgötter dem Gott der Natur in jeder Beziehung unähnlich waren, sondern weil sie ihm bestenfalls bloß ähnlich waren. Denn es war das Schicksal dieses Volkes, von der Ähnlichkeit weg auf die Sache selbst gelenkt zu werden.

Die Erwähnung dieses Volkes bringt uns auf einen Aspekt der christlichen Geschichte, der dem modernen Geist ziemlich zuwider ist. Offen gesagt: Der Gedanke eines «auserwählten Volkes» gefällt uns nicht. Als Demokraten von Geburt und Erziehung zögen wir den Gedanken vor, dass alle Völker und Individuen auf ihrer Suche nach Gott denselben Ausgangspunkt hätten; oder gar, dass alle Religionen gleichermaßen wahr seien.

Wir müssen von vornherein zugeben, dass der christliche Glaube in diesem Punkt keinerlei Konzessionen macht. Er spricht überhaupt nicht von einer menschlichen Suche nach Gott, sondern von dem, was Gott dem Menschen, für den Menschen und wegen des Menschen getan hat. Die Art und Weise, in der er dieses tut, ist im höchsten Grade wählerisch und undemokratisch.

Nachdem das Wissen von Gott allgemein verloren oder verdunkelt ist, wird auf der ganzen Erde ein Mann (Abraham) ausgesucht. Er wird von seiner natürlichen Umwelt getrennt (traurig genug, wie wir annehmen dürfen), in ein fremdes Land geschickt und zum Ahnherrn einer Nation gemacht, die das Wissen vom wahren Gott in sich tragen soll.

Innerhalb dieser Nation geht die Auswahl noch weiter: Einige sterben in der Wüste, andere bleiben in Babylon zurück. Und immer noch geht die Auswahl weiter. Sie spitzt sich zu und endet schließlich in einem kleinen strahlenden Punkt, wie in der Spitze eines Speeres: in einem jüdischen Mädchen bei ihrem Gebet. Die ganze Menschheit (soweit es um ihre Erlösung geht) hat sich darin zugespitzt.

Ein solcher Vorgang entspricht kaum unserem modernen Empfinden. Doch er entspricht in auffallender Weise dem, was die Natur gewohnheitsmäßig tut. Auswahl und, verbunden damit (wie wir zugeben müssen) enorme Verschwendung, das ist ihre Methode.

Vom ganzen, ungeheuren Raum ist nur ein sehr kleiner Teil mit Materie erfüllt. Von allen Sternen haben nur sehr wenige, vielleicht nur einer, Planeten. Von den Planeten unseres eigenen Systems trägt möglicherweise nur einer organisches Leben. In der Übertragung des organischen Lebens werden unzählige Samen und Spermatozoen ausgeschickt: Nur einige wenige werden zur Fruchtbarkeit auserwählt. Unter den Arten ist nur eine vernunftbegabt. Und innerhalb dieser Art genießen nur wenige das Vorrecht der Schönheit, Stärke oder Klugheit.

An dieser Stelle kommen wir der Beweisführung von Butlers berühmter *Analogie* gefährlich nahe. Ich sage «gefährlich», denn die Argumente seines Buches laden geradezu ein zu folgender Parodie: «Du sagst, das dem christlichen Gott zugeschriebene Verhalten sei sowohl bösartig als auch töricht; aber es ist deswegen nicht weniger wahrscheinlich, denn ich kann dir beweisen, dass die Natur (die er geschaffen hat) sich genauso schlimm verhält.» Worauf der Atheist antworten wird – und je näher er in seinem Herzen Christus ist, desto gewisser wird er das tun: «Wenn es einen solchen Gott gibt, dann verachte ich ihn und trotze ihm.»

Ich will damit aber nicht sagen, dass die Natur, wie wir sie jetzt kennen, gut sei; darauf müssen wir gleich noch einmal zu sprechen kommen. Ich sage auch nicht, dass ein Gott, dessen Handlungen nicht besser sind als die der Natur, für einen ehrlichen Menschen der rechte Anbetungsgegenstand sei. Die Sache ist ein wenig subtiler. Diese auswählende oder undemokratische Eigenschaft der Natur ist, wenigstens insoweit, als sie das menschliche Leben betrifft, weder gut noch böse. Ob sich das eine oder andere mehr hervortut, hängt davon ab, ob es dem Geist gelingt, diese Naturgegebenheit auszunützen, oder ob es ihm misslingt.

Sie lässt einerseits erbarmungslosen Wettbewerb, Arroganz und Neid zu, andererseits aber auch Bescheidenheit und (eine unserer größten Freuden) Bewunderung. Eine Welt, in der ich *tatsächlich* (und nicht nur laut nützlicher, wenn auch nicht der Wirklichkeit entsprechender Gesetze) «so gut wie jeder andere» wäre, in der ich niemals zu jemand Weiserem, Geschickterem, Mutigerem oder Gelehrterem aufschauen könnte, wäre unerträglich. Besonders die Fans der Film- und Fußballstars wüssten sich etwas Besseres zu wünschen!

Der christliche Bericht stellt nicht etwa auf göttlicher Ebene eine Grausamkeit und Verschwendungssucht fest, die uns auf der Natur-Ebene anekeln; sondern er zeigt uns im Handeln Gottes, das weder grausam noch verschwenderisch ist, dasselbe Prinzip, welches auch in der Natur vorhanden ist, in dieser jedoch mal auf die eine und mal auf die andere Weise wirksam wird. Der Bericht erläutert das Bild der Natur, indem er erklärt, dass ein zunächst sinnlos erscheinendes

Prinzip dennoch von einem guten und schönen Prinzip hergeleitet werden, ja, sogar dessen verdorbene und befleckte Kopie sein kann – also jene krankhafte Form, die es in einer *gefallenen* Natur annehmen würde.

Wenn wir nämlich die Auswahl näher betrachten, die Gott laut Aussage der Christen trifft, finden wir darin nichts von jenem «Favoritentum», das wir befürchtet haben. Das «auserwählte» Volk wurde nicht um seiner selbst willen erwählt (und gewiss nicht zu seiner Ehre oder seinem Vergnügen), sondern um der Nichterwählten willen. Abraham wird gesagt, dass «in seinem Samen» (dem auserwählten Volk) «alle Völker gesegnet werden sollen». Dieses Volk wurde auserwählt, eine schwere Last zu tragen. Seine Leiden sind groß. Doch, wie Jesaja erkannte, seine Leiden heilen andere.

Auf die schließlich auserwählte Frau warten die tiefsten Abgründe mütterlicher Qual. Ihr Sohn, der fleischgewordene Gott, ist ein «Mann der Schmerzen». Der eine Mensch, in den die Gottheit herabstieg, der eine Mensch, der mit Recht angebetet werden kann, dieser eine sticht gerade wegen seines Leidens hervor.

Aber – so wird man fragen – wird die Sache dadurch denn besser? Ist dies nicht immer noch Ungerechtigkeit, wenn auch jetzt auf umgekehrte Weise? Wo wir Gott auf den ersten Blick der unverdienten Bevorzugung seiner «Auserwählten» bezichtigten, neigen wir jetzt dazu, ihn der unverdienten Benachteiligung anzuklagen. (Den Versuch, beide Anklagen gleichzeitig aufrechtzuerhalten, sollte man besser fallen lassen.)

Hier aber sind wir nun ohne Frage auf ein Prinzip gestoßen, das tief im christlichen Glauben verwurzelt ist: Man könnte es das Prinzip der *Stellvertretung* nennen. Der sündlose Mensch leidet für den sündigen und in bestimmtem Maße alle guten Menschen für alle bösen. Stellvertretung aber ist – nicht weniger als Tod, Wiedergeburt und Auslese –

auch ein Charakteristikum der Natur. Sich selbst genügen, aus eigenen Quellen leben, das ist in ihrem Reich nicht möglich. Jedes Ding ist jedem anderen Ding verpflichtet, wird für jedes andere Ding geopfert, ist von jedem anderen Ding abhängig.

Und auch hier müssen wir erkennen, dass das Prinzip in sich weder gut noch böse ist. Die Katze lebt von der Maus in einer Weise, die ich schlimm finde; die Bienen und Blumen leben auf lieblichere Weise voneinander. Der Parasit lebt von seinem «Wirt», aber so auch das ungeborene Kind von seiner Mutter. Im Leben der menschlichen Gesellschaft gäbe es ohne Stellvertretung keine Ausbeutung und keine Unterdrückung, aber auch keine Dankbarkeit oder Freundlichkeit. Sie ist sowohl eine Quelle der Liebe als auch des Hasses, des Elends als auch des Glücks. Wenn wir das erkannt haben, werden wir nicht länger meinen, dass die verderbten Beispiele von Stellvertretung in der Natur es uns verbieten, den Ursprung dieses Prinzips in Gott zu vermuten.

An dieser Stelle empfiehlt es sich, einmal zurückzuschauen und festzustellen, wie die Lehre von der Inkarnation bereits unser übriges Wissen beeinflusst hat. Wir haben sie bereits mit vier anderen Prinzipien in Bezug gebracht: der zusammengesetzten Natur des Menschen, dem Schema von Ab- und Wiederaufstieg, der Auslese und der Stellvertretung. Das erste kann als eine Aussage über die Grenze zwischen Natur und Übernatur bezeichnet werden; die drei letzteren sind Charakteristika der Natur.

Konfrontiert mit den Fakten der Natur, bestätigen die meisten Religionen diese entweder nur und verleihen ihnen damit (so, wie sie da sind) das Ansehen von Transzendenz, oder sie verneinen sie einfach und versprechen, uns von solchen Fakten und von der Natur überhaupt zu befreien. Die Naturreligionen stehen da an erster Stelle. Sie sprechen unser landwirtschaftliches, ja, sogar unser gesamtes biologisches Leben heilig.

Im Dionysoskult werden wir wirklich betrunken, und im Tempel der Fruchtbarkeitsgöttin wohnen wir wirklichen Frauen bei. In der Anbetung der Lebenskraft und -stärke einer modernen, westlichen Version von Naturreligion übernehmen wir den vorhandenen Trend zum «Wachstum» oder zur zunehmenden Verkomplizierung unseres organischen, sozialen und industriellen Lebens und machen ihn zu einem Gott.

Die Antinatur- oder pessimistischen Religionen, die, wie der Buddhismus oder der höhere Hinduismus, kultivierter und feinfühliger sind, lehren uns, dass die Natur böse und eine Illusion sei und dass es eine Ausflucht aus diesem immerwährenden Wechsel, diesem Glutofen von Mühsal und Begierde gebe.

Weder die eine noch die andere stellt die Fakten der Natur in ein neues Licht. Die Naturreligionen bestärken bloß jene Meinung über die Natur, die wir immer dann spontan hegen, wenn wir von robuster Gesundheit sind oder eine gewisse fröhliche Brutalität verspüren; und die Anti-Naturreligionen bestärken die Anschauungen, die wir uns in Augenblicken des Mitleids, der Unzufriedenheit und der Müdigkeit zu eigen machen.

Die christliche Lehre tut weder das eine noch das andere. Sollte sich ihr jemand mit der Vorstellung nähern, unsere Lüsternheit werde gutgeheißen, weil Jahwe der Gott der Fruchtbarkeit ist, oder das Auswahl- und Stellvertretungsprinzip Gottes entschuldige uns dafür, dass wir die minderwertige Auslese und Stellvertretung in der Natur nachahmen (als «Helden», «Supermänner» oder soziale Parasiten), wird er von der kompromisslosen christlichen Forderung nach Keuschheit, Demut, Mitleid und Gerechtigkeit überwältigt und abgestoßen werden.

Gehen wir stattdessen mit der Auffassung an sie heran, dass der Tod, der jeder Wiedergeburt vorausgeht, oder die Tatsache der Ungleichheit oder unsere Abhängigkeit von anderen und deren Abhängigkeit von uns lediglich verhasste Zwangsläufigkeiten in einem bösen Kosmos seien, und hoffen wir darauf, zu transparenter, «aufgeklärter» Geistigkeit erlöst zu werden, in der sich alle diese Dinge einfach auflösen, werden wir gleichfalls enttäuscht werden.

Man wird uns nämlich sagen, dass es «bis ganz oben hin» trotz enormer Unterschiede in gewissem Sinne überall dasselbe ist; dass hierarchische Unterschiede, die Notwendigkeit der Unterordnung, willige Selbstaufopferung für andere und dankbare, liebevolle (aber ungenierte) Annahme des Opfers anderer für uns auch im Bereich jenseits der Natur vorkommen. Tatsächlich ist es allein die Liebe, die hier den Unterschied ausmacht: Dieselben Prinzipien, die in der Welt der Selbstsucht und Zwangsläufigkeit böse sind, sind in der Welt der Liebe und des Verstehens gut.

So machen wir, indem wir die Lehre von der höheren Welt akzeptieren, neue Entdeckungen über die niedrigere Welt. Von diesem Hügel aus überblicken wir zum ersten Mal wirklich die Landschaft des Tales. Hier endlich finden wir die wahre Erleuchtung (wie wir sie weder in den Naturreligionen noch in den Anti-Naturreligionen finden): Die Natur wird erhellt durch ein Licht von jenseits der Natur. Es spricht jemand, der mehr über sie weiß, als man innerhalb ihres Reiches wissen kann.

Die Lehre von der höheren Welt ist selbstverständlich von dem Gedanken durchzogen, dass die Natur vom Bösen angesteckt sei. Jene eindrucksvollen Grundprinzipien, die im göttlichen Leben als Formen der Güte existieren, nehmen im Geschehen der Natur nicht nur unvollkommenere Formen an (worauf wir uns in jeder Hinsicht gefasst machen müssen), sondern auch Formen, die ich nur als krankhaft und verderbt beschreiben kann.

Und diese Verderbtheit könnte ohne eine drastische Neu-Schaffung der Natur nicht restlos beseitigt werden. Wohl könnte vollkommene menschliche Tugend alle die Übel aus dem Menschenleben verbannen, die aufgrund von Stellvertretung und Auslese jetzt in ihm entstehen und nur das Gute zurückbehalten: Doch die Verschwendungssucht und Schmerzbeladenheit der nichtmenschlichen Natur bliebe bestehen – und würde natürlich weiterhin das menschliche Leben in Form von Krankheiten anstecken.

Das Schicksal, das der christliche Glaube dem Menschen eindeutig verspricht, enthält eine «Erlösung von» oder eine «Neuschöpfung» der Natur, die nicht vor dem Menschen, ja, selbst nicht einmal vor diesem Planeten haltmacht. Man sagt uns, dass die «gesamte Schöpfung» in Wehen liege und dass die Wiedergeburt des Menschen das Zeichen für ihre Wiedergeburt sein werde. Daraus ergeben sich mehrere Probleme, deren Erörterung die Lehre von der Inkarnation in ein helleres Licht tauchen wird.

Zuerst einmal stellt sich die Frage, wie die von einem guten Gott erschaffene Natur in einen solchen Zustand geraten konnte. Womit wir entweder meinen: Wie kommt es, dass sie unvollkommen ist – also «zu wünschen übrig lässt», wie es so schön in den Schulzeugnissen heißt –, oder aber: Wie kommt es, dass sie so durch und durch verderbt ist?

Die christliche Antwort auf die erste Frage lautet (wie ich meine), Gott habe die Natur von Beginn an so geschaffen, dass sie ihre Vervollkommnung erst im Laufe der Zeit erreicht. Er schuf zunächst eine Erde, die «wüst und leer» war, und führte sie dann stufenweise ihrer Vollendung zu. Hier, wie auch an andern Stellen, erkennen wir das vertraute Schema – Abstieg von Gott weg zur ungestalteten Erde und Wiederaufstieg vom Ungestalteten bis zum Vollendeten. In diesem Sinne birgt der christliche Glaube ein gewisses Maß an «Evolutionismus» oder «Entwicklungslehre». So viel zur Unvollkommenheit der Natur.

Ihre eindeutige Verderbtheit verlangt allerdings nach einer ganz anderen Erklärung. Nach Aussage der Christen geht diese zulasten der Sünde: sowohl der Sünde von Menschen als auch der Sünde von mächtigen, nichtmenschlichen Wesen, die zwar übernatürlich, aber dennoch geschaffen sind. Die Unbeliebtheit dieser Lehre findet ihre Ursachen in dem weitverbreiteten Naturalismus unserer Zeit – nämlich in dem Glauben, dass nichts außer der Natur existiere und dass sie, falls doch etwas anderes existiere, durch eine Maginot-Linie [ein Verteidigungssystem] davor geschützt sei – und wird verschwinden, sobald dieser Irrtum aufgeklärt ist.

Sicherlich ist die krankhafte Wissbegier über die erwähnten Wesen, die unsere Vorfahren zu der Pseudo-Wissenschaft der Dämonologie verleitet hat, strengstens abzulehnen: Unsere Haltung sollte die eines vernünftigen Staatsbürgers in Kriegszeiten sein, der zwar an die Anwesenheit feindlicher Spione in den eigenen Kreisen glaubt, der aber den einzelnen Spionagegeschichten fast durchweg misstraut. Wir müssen uns auf die allgemeine Aussage beschränken, dass Wesen aus einer anderen und höheren «Natur», welche *teilweise* mit der unsrigen verwoben ist, wie wir Menschen in Sünde gefallen sind und sich mit Dingen innerhalb unserer Grenzen eingelassen haben.

Diese «unbeliebte» Lehre aber erweist sich nicht nur als förderlich für das Gute im geistigen Leben eines jeden Menschen, sie schützt uns auch vor zu seichten optimistischen oder pessimistischen Ansichten über die Natur. Die Natur «gut» oder «böse» zu nennen, entspräche der Philosophie eines Kindes. Wir entdecken uns in einer Welt hinreißender

Freuden, berückender Schönheiten und verführerischer Möglichkeiten, doch immer wieder wird alles zerstört; es führt alles zu nichts. Die Natur trägt ganz das Aussehen einer ursprünglich guten Sache, die verdorben wurde.

Sowohl die Sünde der Menschen als auch die Sünde der Engel wurde dadurch möglich, dass Gott sie mit einem freien Willen ausstattete: Auf diese Weise gab er einen Teil seiner Allmacht auf (wieder jene todesähnliche, absteigende Bewegung), denn er erkannte, dass er aus einer Welt freier Geschöpfe, selbst wenn diese fielen, ein tieferes Glück und einen vollkommeneren Glanz (Wiederaufstieg) hervorbringen kann, als dies irgendeine Welt von Automaten je zuließe.

Hier stellt sich noch eine andere Frage: Wenn die Erlösung des Menschen den Beginn der Erlösung der Gesamtnatur darstellt, müssen wir dann nicht daraus schließen, dass der Mensch das Wichtigste in der Natur ist? Wenn ich auf diese Frage mit «Ja» antworten müsste, würde mich das überhaupt nicht in Verlegenheit bringen! Angenommen der Mensch wäre das einzige vernunftbegabte Lebewesen im Universum, so würden (wie bereits deutlich gemacht) seine kleine Gestalt und der geringe Umfang der von ihm bewohnten Kugel es durchaus nicht als lächerlich erscheinen lassen, in ihm den Helden des kosmischen Dramas zu sehen: In *Hans der Riesentöter* ist Hans schließlich auch die kleinste Figur.

Auch halte ich es keineswegs für unwahrscheinlich, dass der Mensch tatsächlich das einzige vernunftbegabte Geschöpf in dieser raum-zeitlichen Natur ist. Es wäre genau die Art von Vorrangstellung – genau das Missverhältnis zwischen Bild und Rahmen –, auf die ich nach allem, was ich über das «Auswahlprinzip» der Natur weiß, gefasst bin.

Doch ich muss keineswegs annehmen, dass dem tatsächlich so ist. Soll der Mensch doch bloß eine unter Myriaden von vernunftbegabten Arten sein, und soll er doch der einzige Gefallene unter ihnen sein! Weil er gefallen ist, ist er es, für den Gott die große Tat tut; so wie es im Gleichnis das eine verlorene Schaf ist, nach dem der Hirte sucht. Soll die herausragende oder einsame Stellung des Menschen doch eine des Elends und des Übels und nicht eine der Überlegenheit sein: Dann wird der Mensch umso mehr gerade die Spezies sein, zu der die Barmherzigkeit herabsteigt. Für diesen verlorenen Sohn wird das gemästete Kalb – oder passender gesagt, das ewige Lamm – geschlachtet.

Hat der Sohn Gottes, herabgezogen durch unsere Unwürdigkeit und nicht etwa durch unsere Verdienste, aber erst einmal menschliche Natur angenommen, so wird unsere Spezies (was sie vorher auch gewesen sein mag) in gewissem Sinne zur zentralen Tatsache in der gesamten Natur: Unsere Spezies wird, nach einem langen Abstieg, wieder aufsteigen und die ganze Natur mit sich hochziehen, weil nunmehr der Herr der Natur zu unserer Spezies gehört.

Und es entspräche ganz unserem bisherigen Wissen, wenn neunundneunzig gerechte Rassen, die auf fernen Planeten um ferne Sonnen kreisen und die von sich aus keiner Erlösung bedürfen, nun erneuert und verherrlicht würden durch jene Herrlichkeit, die zu unserer Rasse herabgestiegen ist.

Denn Gott flickt nicht bloß aus; er stellt nicht bloß den *Status quo* wieder her. Die erlöste Menschheit wird etwas Herrlicheres sein, als die ungefallene je gewesen wäre und jede ungefallene heute ist (wenn der Nachthimmel solche zu diesem Zeitpunkt birgt). Je größer die Sünde, umso größer die Barmherzigkeit; je tiefer der Tod, umso strahlender die Wiedergeburt. Diese vermehrte Herrlichkeit aber wird in wahrer Stellvertretung alle Geschöpfe erhöhen; und jene, die nie gefallen sind, werden wegen ihr den Fall Adams preisen.

Das bisher Geschriebene steht unter der Voraussetzung, dass die Inkarnation allein durch den Sündenfall veranlasst wurde. Natürlich haben die Christen darüber zeitweilig auch eine andere Meinung gehabt. Laut dieser ist der Abstieg Gottes in die Natur nicht durch die Sünde verursacht worden. Vielmehr wäre er auch dann zur Verherrlichung und Vervollkommnung geschehen, wenn er für die Erlösung nicht notwendig gewesen wäre. Seine Begleitumstände hätten allerdings ganz anders ausgesehen: Die göttliche Demut wäre keine göttliche Demütigung gewesen, Leid, Essig und Galle, Dornenkrone und Kreuz hätten gefehlt.

Außerdem wäre die Inkarnation, wann und wo immer sie sich abspielte, in jedem Fall eindeutig der Beginn der Wiedergeburt der Natur gewesen. Die Tatsache, dass sie innerhalb des Menschengeschlechts geschehen ist, wo hinunter sie durch den Jammerton des Elends und der Verworfenheit beschworen wurde – einem Klageton, dem zu widerstehen die Liebe Gott unfähig machte –, diese Tatsache beraubte sie dennoch nicht ihrer universellen Bedeutung.

Die Lehre von einer allgemeinen Erlösung, die in der Erlösung des Menschen ihren Anfang nimmt und sich von dort weiter ausbreitet, ist, so mythologisch sie dem modernen Geist auch erscheinen mag, doch weit philosophischer als jede Theorie, die entweder besagt, dass Gott die Natur, nachdem er sie einmal betreten habe, wieder verlasse, und zwar im Kern unverändert verlasse, oder dass die Verherrlichung eines Geschöpfes vollzogen werden könne ohne die Verherrlichung des ganzen Systems.

Wenn Gott etwas zunichte macht, dann nur das Böse; er schafft niemals Gutes, um es wieder zunichte zu machen. Die Verbindung zwischen Gott und Natur in der Person Christi lässt eine Scheidung nicht zu. Gott wird nie wieder aus der Natur hinaustreten; und sie muss verherrlicht werden in jeder nur möglichen Weise, nach der diese wundersame Bindung verlangt. Wenn der Frühling kommt, «blüht das fernste, tiefste Tal»; selbst ein Kiesel, der in einen Teich geworfen wird, schickt Kreise aus bis zum äußersten Rand.

Die Frage, die uns hinsichtlich der «zentralen» Stellung des Menschen in diesem Drama bewegt, liegt tatsächlich auf derselben Ebene wie die Frage der Jünger: Wer war der Größte unter ihnen? Es ist eine von den Fragen, die Gott nicht beantwortet. Wenn in der Sicht des Menschen die Neuschöpfung der nichtmenschlichen oder gar seelenlosen Natur als ein bloßes Nebenprodukt seiner eigenen Erlösung erscheint, dann könnte in gleicher Weise aus einer entfernten, nichtmenschlichen Sicht die Erlösung des Menschen wie ein bloßes Vorspiel dieses viel weiter um sich greifenden Frühlings aussehen; und die Tatsache, dass der Fall des Menschen überhaupt zugelassen wurde, könnte dort damit erklärt werden, dass in ihm das größere Ziel bereits eingeplant gewesen sei.

Beide Einstellungen wären richtig, wenn sie sich nur darauf einigen könnten, das Wörtchen «bloß» fallen zu lassen. Wo ein ganz und gar absichtsvoller und vorhersehender Gott auf eine ganz und gar ineinanderverwobene Natur einwirkt, kann es keine Zufälle oder lose Enden geben – nichts, worauf man mit Sicherheit das Wörtchen «bloß» anwenden könnte. Nichts ist ein «bloßes Nebenprodukt» von etwas anderem. Jedes Ergebnis ist von Anfang an beabsichtigt. Was in der einen Sicht als untergeordnet erscheint, erscheint in der anderen als Hauptzweck der Sache.

Kein Ding und kein Geschehnis ist das erste oder höchste in einem Sinne, der es ihm verbietet, auch das letzte und niedrigste zu sein. Der Partner, der sich in einer Tanzbewegung vor einem Menschen beugt, empfängt dieses Menschen Ehrerbietung in einer anderen Bewegung. Hoch oder im Mittelpunkt zu stehen, bedeutet fortwährend abzudanken; niedrig zu sein, bedeutet erhöht zu werden. Alle guten Meister sind Diener: Gott wäscht die Füße des Menschen.

Die Vorstellungen, die wir gewöhnlich in solcherlei Überlegungen einbringen, sind jämmerlich politisch und prosaisch. In unserem Denken gibt es nur zwei Alternativen: entweder langweilige, stets sich wiederholende Gleichheit oder willkürlichen Vorzug – wodurch wir die vielen Obertöne, den Kontrapunkt, die vibrierende Empfindsamkeit und die wechselseitigen Belebungsanstöße innerhalb der Wirklichkeit verpassen.

Aus diesem Grunde halte ich es für äußerst unwahrscheinlich, dass es (wie Alice Meynell in einem interessanten Gedicht vorschlägt) viele Inkarnationen zur Erlösung vieler verschiedener Arten von Geschöpfen gegeben habe. Das eigene *Stilempfinden* – für die göttliche Sprache – lehnt es ab. Die Vorstellung von einer Massenproduktion und Warteschlangen entspringt einem Gedankenniveau, das hier hoffnungslos unangemessen ist. Wenn andere Naturgeschöpfe als die Menschen gesündigt haben, so müssen wir glauben, dass sie erlöst werden: Gottes Inkarnation als Mensch aber wird ein einzigartiger Akt im Drama der Gesamterlösung sein.

Andere Spezies werden Zeugen völlig anderer Akte sein; Akte, von denen jeder gleichermaßen einzigartig und gleichermaßen notwendig, für den Gesamtprozess aber jeder in anderer Weise notwendig ist, und von denen jeder (aus einer bestimmten Sicht) als die «große Szene» des Stückes betrachtet werden kann. Wer im II. Akt lebt, dem kommt der III. Akt wie ein Epilog vor; und wer im III. Akt lebt, dem erscheint der II. Akt als Prolog. Beide haben recht, solange sie nicht das verhängnisvolle Wörtchen *bloß* hinzufügen oder dies durch die dumme Vermutung, beide Akte seien dasselbe, zu umgehen suchen.

An dieser Stelle sollte bemerkt werden, dass christliche Lehre – vorausgesetzt, sie wird akzeptiert – eine ganz bestimmte Sicht des Todes beinhaltet. Der menschliche Geist nimmt von Natur aus zweierlei Einstellungen zu ihm ein. Die erste, die ihren Höhepunkt unter den Stoikern erreichte, entspricht der hochmütigen Ansicht, dass der Tod «nichts ausmache», dass er «ein Rückzugssignal der freundlichen Natur» sei und dass wir ihn mit Gleichgültigkeit ins Auge fassen sollten.

Die zweite ist die «natürliche» Sicht. Sie kommt implizit in fast allen privaten Unterhaltungen über dieses Thema und in vielen modernen Erwägungen über das Überleben der menschlichen Rasse vor, und sie heißt: Der Tod ist das größte aller Übel. Hobbes ist möglicherweise der einzige Philosoph, der auf dieser Grundlage ein System errichtete. Die erste Sicht negiert und die zweite bekräftigt einfach unseren Selbsterhaltungstrieb; keine von beiden wirft ein neues Licht auf die Natur, und keine von beiden wird vom christlichen Glauben unterstützt.

Seine Lehre ist subtiler. Einerseits ist der Tod ein Triumph Satans, die Strafe für den Fall und der letzte Feind. Christus vergoss Tränen am Grabe des Lazarus und schwitzte Blut in Gethsemane: Das wertvollste aller Leben, das er in sich trug, verabscheute dieses geradezu unanständige Strafmittel nicht weniger, sondern mehr als wir.

Andererseits wird nur der sein Leben gewinnen, der es verliert. Wir sind in den Tod Christi getauft, und der ist das Heilmittel für den Sündenfall. Der Tod ist tatsächlich das, was mancher moderne Mensch «ambivalent» nennt. Er ist sowohl Satans mächtige Waffe als auch Gottes mächtige Waffe: Er ist heilig und unheilig; unsere äußerste Schande und unsere einzige Hoffnung; er ist das, was Christus zu besiegen kam, und die Waffe, mit der er siegte.

Die Tiefe dieses Geheimnisses zu ergründen, geht selbstverständlich weit über unsere Möglichkeiten hinaus. Wenn das Schema des Ab- und Wiederaufstiegs (wie es den Anschein hat) die eigentliche Formel der Wirklichkeit ist, dann liegt im Geheimnis des Todes das Geheimnis aller Geheimnisse verborgen. Es muss hier etwas gesagt werden, um das «große Wunder» ins rechte Licht zu rücken.

Wir brauchen den Tod nicht auf allerhöchster Ebene zu diskutieren: Die geheimnisvolle Schlachtung des Lammes «vor Anbeginn der Welt» steht hoch über unseren Spekulationen. Auch brauchen wir ihn nicht auf niedrigster Ebene zu betrachten. Der Tod von Organismen, die nichts weiter sind als Organismen und keine Persönlichkeit entwickelt haben, interessiert uns nicht. Über ihn können wir ehrlicherweise das sagen, was manche geistvollen Leute am liebsten über den menschlichen Tod sagen hören, nämlich «der macht nichts». Die überraschende christliche Aussage zum Tod können wir jedoch nicht außer Acht lassen.

Nach Aussage der Christen ist der menschliche Tod das Ergebnis menschlicher Sünde; der Mensch in seinem ursprünglichen Schöpfungszustand war immun gegen ihn: Der Mensch, erlöst und zu einem neuen Leben (das in einem nicht näher definierten Sinne ein körperliches Leben sein wird) inmitten einer organischeren und gehorsameren Natur berufen, wird wieder immun gegen ihn sein. Selbstverständlich wäre diese Lehre reiner Unsinn, wenn der Mensch nichts anderes als ein natürlicher Organismus wäre. Doch dann wären auch, wie wir bereits gesehen haben, sämtliche seiner Gedanken unsinnig, denn sie entsprängen alle irrationalen Ursachen.

Der Mensch muss deshalb ein zusammengesetztes Wesen sein – ein natürlicher Organismus, bewohnt von oder in *Symbiose* mit einem übernatürlichen Geist. Die christliche Lehre stellt fest, so überraschend dies auch jenen erscheinen mag, die sich noch nicht völlig vom Naturalismus gelöst haben, dass die Beziehungen, die wir jetzt zwischen dem Geist und dem Organismus beobachten, unnormal und krankhaft sind.

Zurzeit kann sich der Geist gegen die unablässigen Gegenangriffe der Natur (die sowohl physiologischer als psychologischer Art sind) nur durch ständige Wachsamkeit behaupten, und am Ende bleibt stets die physiologische Natur siegreich. Früher oder später verliert er die Fähigkeit, dem im Körper stattfindenden Zersetzungsprozess Widerstand zu leisten; es folgt der Tod. Wenig später wird der natürliche Organismus (der seinen Triumph nicht lange auskosten kann) in ähnlicher Weise von der rein physikalischen Natur besiegt und kehrt ins Anorganische zurück.

In christlicher Sicht war das jedoch nicht immer so. Der Geist war einst nicht eine Besatzungstruppe, die ihre Stellung unter Schwierigkeiten in der feindlichen Natur hielt, sondern war in deren Organismus völlig «zu Hause» wie ein König in seinem eigenen Land oder ein Reiter auf seinem eigenen Pferd – oder besser noch, wie der menschliche Teil eines Zentauren auf dessen pferdhaftem Teil. Wo die Macht des Geistes über den Organismus vollkommen und ohne Widerstand war, fand der Tod nicht statt.

Freilich schließt der ständige Sieg des Geistes über die natürlichen Kräfte, die sich selbst überlassen den Organismus töten würden, ein fortwährendes Wunder in sich ein: aber nur eines der Wunder, die jeden Tag geschehen – denn sooft wir vernünftig denken, zwingen wir durch unmittelbare geistige Kraft gewisse Atome in unserem Gehirn und gewisse psychologische Neigungen in unserer natürlichen Seele dazu, Dinge zu tun, die sie, der Natur überlassen, nie tun würden.

Die christliche Lehre wäre nur dann seltsam, wenn die gegenwärtige Grenzsituation zwischen Geist und Natur in jedem Menschen so einsichtig und aus sich selbst erklärbar schiene, dass es für uns einfach «klar» wäre, dass es außer dieser Situation niemals eine andere gegeben haben kann. Aber ist sie das?

In Wirklichkeit ist sie doch so bizarr, dass nichts außer der Gewohnheit sie als natürlich erscheinen lassen und nichts außer der christlichen Lehre sie vollständig einsichtig machen kann. Ohne Zweifel herrscht dort ein Kriegszustand. Aber es ist nicht ein Krieg der gegenseitigen Zerstörung. Die Natur richtet zwar, indem sie den Geist beherrscht, alle geistigen Aktivitäten zugrunde; der Geist hingegen, indem er die Natur beherrscht, bekräftigt und verbessert deren Aktivitäten.

Das Gehirn wird nicht dadurch, dass es zum rationalen Denken gebraucht wird, weniger Gehirn. Die Gefühle werden nicht dadurch, dass sie in den Dienst eines moralischen Willens gestellt werden, schwächer oder abgenutzt – im Gegenteil, sie werden reicher und stärker, so wie ein Bart durch das Rasieren dichter und ein Fluss durch die Uferbefestigung tiefer wird. Der Körper eines vernünftigen und tugendhaften Mannes ist unter entsprechenden Umständen besser als der eines Narren oder eines Wüstlings, und seine Sinnesfreuden sind als solche einfach reicher; denn Sklaven der Sinne werden nach der ersten Lockspeise von ihren Herren ausgehungert.

Alle unsere Beobachtungen an dieser Grenze lassen eher auf Rebellion als auf Krieg schließen: auf die Rebellion des Niederen gegen den Höheren, in der der Niedere sowohl den

Höheren als auch sich selbst zerstört. Ist aber der gegenwärtige Zustand der einer Rebellion, kann die Vernunft sich nicht gegen die Überzeugung wehren, dass es eine Zeit vor Ausbruch der Rebellion gegeben hat und auch eine Zeit nach ihrer Beilegung geben wird; sie wird vielmehr danach verlangen.

Und wenn wir nach alledem zu der Vermutung kommen, dass der übernatürliche Geist und der natürliche Organismus im Menschen miteinander in Streit liegen, finden wir das sogleich von zwei unerwarteten Seiten bestätigt.

Möglicherweise beruht der größte Teil der christlichen Theologie auf zwei Tatsachen: a) dass die Menschen rohe Witze reißen und b) dass ihnen die Toten unheimlich sind.

Der rohe Witz tut kund, dass hier ein Tier ist, das seine eigene Animalität unangenehm oder auch lustig findet. Wie das geschehen konnte, verstehe ich nicht; es sei denn, es hat einen Streit zwischen dem Geist und dem Organismus gegeben: ein eindeutiges Zeichen dafür, dass die beiden sich beieinander nicht «wohl» fühlen. Nun ist es aber schwer, sich einen solchen Sachverhalt als ursprünglich vorzustellen – oder sich ein Geschöpf vorzustellen, das von Anbeginn an über die bloße Tatsache, eben dieses Geschöpf zu sein, halb schockiert und halb vor Lachen geschüttelt war. Ich kann nicht erkennen, dass Hunde es in irgendeiner Weise komisch finden, Hunde zu sein; auch vermute ich nicht, dass Engel es komisch finden, Engel zu sein.

Unsere Gefühle den Toten gegenüber sind ebenso befremdlich. Dass wir eine Abneigung gegen Leichen haben, weil wir uns vor Gespenstern fürchten, brauchen wir nicht erst zu erwähnen. Mit ebensolcher Richtigkeit könnten wir sagen: Wir fürchten uns vor Gespenstern, weil wir Leichen nicht mögen – denn Gespenster verdanken ihre Schrecklichkeit größtenteils den mit Leichen verbundenen Vorstellungen von Blässe, Zerfall, Särgen, Leichenhemden und Würmern.

In Wirklichkeit aber hassen wir die Teilung, die den Begriff von der Leiche einerseits und dem Gespenst andererseits erst möglich macht. Weil dieses Ding nicht geteilt werden sollte, ist jede der beiden Hälften, in die es bei der Trennung zerfällt, abscheulich.

Die Erklärungen, die der Naturalismus sowohl für die Scham über unseren Körper als auch für unsere Gefühle gegenüber den Toten gibt, sind unbefriedigend. Sie weisen uns auf primitive Tabus und Aberglauben hin – als ob diese nicht selbst eindeutig Folgen des zu erklärenden Sachverhaltes wären.

Hat man jedoch einmal die christliche Lehre akzeptiert, nach der der Mensch ursprünglich eine Einheit war und die gegenwärtige Trennung unnatürlich ist, fallen alle diese Phänomene an ihren richtigen Platz zurück. Es wäre irre zu behaupten, diese Lehre sei erfunden worden, um unser Vergnügen an einem Kapitel Rabelais', einer guten Gespenstergeschichte oder den *Erzählungen* von Edgar Allan Poe zu erklären. Nichtsdestoweniger tut sie es.

Ich sollte vielleicht darauf hinweisen, dass diese Argumentation in keinster Weise von den Werturteilen beeinträchtigt ist, die wir über Gespenstergeschichten oder derben Humor fällen. Man kann der Meinung sein, beides sei schlecht.

Man kann aber auch der Meinung sein, dass beides, obgleich Folgen des Sündenfalles (wie unsere Kleider), die richtigen Reaktionen sind (wie unsere Kleider), mit dem Fall, der nun einmal geschehen ist, fertigzuwerden: dass zwar der vollendete und neugeschaffene Mensch diese Art von Gelächter und Schauder nicht mehr erfahren wird, dass es aber hier und jetzt unmenschlich wäre, weder das Entsetzen nicht zu verspüren noch das Komische an der Sache zu übersehen. In jedem Falle aber sind diese Phänomene Beweise für unser gegenwärtiges Missverhältnis.

So viel darüber, inwieweit des Menschen Tod der Triumph Satans und das Ergebnis der Sünde ist. Darüber hinaus ist er das Werkzeug zur Erlösung von der Sünde, Gottes Medizin für den Menschen und Gottes Waffe gegen Satan. Allgemein gesehen ist es nicht schwer zu verstehen, wie ein und dieselbe Sache gleichzeitig der Meisterstreich des einen Kämpfers sein kann und das Mittel, mit dem der andere, überlegene, ihn besiegt.

Jeder gute General, jeder gute Schachspieler sucht nach der Stärke im Plan seines Gegners und macht gerade sie zum Angelpunkt seines eigenen Plans. Nimm meinen Turm, wenn du unbedingt willst! Es lag zwar ursprünglich nicht in meiner Absicht – im Gegenteil, ich dachte, du hättest ein bisschen mehr Verstand! Aber nimm ihn, meinetwegen gern! Denn jetzt mache ich diesen Zug ... und dann diesen ... und in drei Zügen bist du schachmatt.

So etwas Ähnliches muss wohl mit dem Tod geschehen sein. Man sage nicht, dass solche Metaphern zu trivial seien, um etwas so Hohes zu erklären: Die unbemerkten Metaphern aus der Mechanik und der Mineralogie, die in der heutigen Zeit unseren ganzen Verstand beherrschen (ohne dass sie überhaupt als Metaphern erkannt werden), dürften um vieles weniger angemessen sein, sobald wir in unserer Wachsamkeit ihnen gegenüber nachlassen.

Man sieht fast, wie es vor sich gegangen ist. Der Feind überredete den Menschen, sich gegen Gott aufzulehnen. Indem der Mensch das tut, verliert er an Kraft, um die andere Rebellion unter Kontrolle zu halten, die der Feind nun im (psychischen und physischen) Organismus gegen den Geist des Menschen entfacht: Der Organismus seinerseits verliert nun die Kraft, sich gegen die Rebellion des Anorganischen zu behaupten. Auf diese Weise bewirkte Satan den Tod des Menschen.

Denn als Gott den Menschen schuf, rüstete er ihn so aus, dass der höchste Teil bei Auflehnung gegen Gott die Kontrolle über die niedrigeren Teile verlieren musste: d. h. letztlich, dass der Mensch den Tod erleiden musste. Diese Maßnahme kann als Strafurteil («An dem Tage, da du von ihm issest, musst du des Todes sterben»), aber genauso gut auch als Barmherzigkeit und als Sicherheitsmaßnahme betrachtet werden. Sie ist eine Strafe, weil der Tod – jener Tod, über den Martha zu Christus sagte: «Aber … Herr … er *riecht* schon» – Schande und Entsetzen ist. («Ich empfinde nicht so sehr Furcht vor dem Tode als Scham über ihn», sagte Sir Thomas Browne).

Sie ist Barmherzigkeit, weil der Mensch, indem er sich ihr willig und demütig unterwirft, die Tat seiner Auflehnung gutmacht und selbst diese verderbte und ungeheuerliche Form des Todes zu einem Beispiel jenes höheren und mystischen Todes werden lässt, der ewig gut und ein notwendiger Bestandteil des höchsten Lebens ist.

«Bereit sein ist alles» – nicht, natürlich, das bloß heroische Bereitsein, sondern das der Demut und der Selbstaufgabe. So willkommen geheißen, wird unser Feind zu unserem Diener: Der körperliche Tod, dieses Ungeheuer, wird zum segenbringenden geistigen Tod des Ich, wenn der Geist es so will – oder vielmehr, wenn er dem Geist des willentlich sterbenden Gottes erlaubt, darin einzuwilligen.

Er ist eine Sicherheitsmaßnahme, weil für den einmal gefallenen Menschen die natürliche Unsterblichkeit das hoffnungsloseste aller Schicksale wäre. Durch keinen äußeren Todeszwang zu der heilsnotwendigen Unterwerfung bewogen, mit der Freiheit versehen (sofern man das Freiheit nennen kann), durch endlose Jahrhunderte immer schneller und schneller Ketten um sich zu schlingen – Ketten des Stolzes, der Lust und jener alptraumhaften Zivilisationen, die von letzteren in immer mächtigerer und komplizierterer Form aufgebaut werden –, würde der Mensch sich vom bloß gefallenen Wesen zum Unhold entwickeln, der möglicherweise jenseits jeder Erlösung stände. Diese Gefahr wurde abgewendet.

Der Urteilsspruch, dass alle, die von der verbotenen Frucht essen, vom Baum des Lebens fortgetrieben werden sollten, war in der zusammengesetzten Natur, in der der Mensch erschaffen wurde, bereits enthalten. Um diesen Straftod aber in ein Mittel zum ewigen Leben umzuwandeln – um seiner negativen und präventiven Funktion eine positive und rettende hinzuzufügen –, war es nötig, dass dieser Tod *akzeptiert* wurde. Die Menschheit musste den Tod freiwillig umarmen, ihm sich in vollkommener Demut unterwerfen, ihn bis zur Neige leeren und ihn so in jenen mystischen Tod umwandeln, der das Geheimnis des Lebens ist.

Doch nur ein Mensch, der nicht im Mindesten dazu genötigt war, Mensch zu werden, es sei denn, er selbst wollte es so, nur einer, der als Freiwilliger in unserem jämmerlichen Regiment diente, nur einer, der aber dennoch vollkommen Mensch war, konnte dieses vollkommene Sterben vollbringen; konnte so den Tod besiegen oder erlösen (wie man es ausdrückt, ist gleichgültig). Er schmeckte den Tod im Namen aller anderen. Er ist der stellvertretende «Sterber» des Universums: und aus eben diesem Grund die Auferstehung und das Leben.

Oder anders: Weil er wahrhaftig lebt, stirbt er wahrhaftig, und eben das ist das Schema der Wirklichkeit. Weil das Höhere in das Niedere hinabsteigen kann, vermag er, der sich von Ewigkeit an unablässig in den gesegneten Tod der Selbstaufgabe für den Vater getaucht hat, auch gänzlich in den entsetzlichen und (für uns) unfreiwilligen Tod des Körpers hinabzusteigen. Weil Stellvertretung die ureigene Sprache der von ihm geschaffenen Wirklichkeit ist, kann sein Tod der unsere werden.

Weit davon entfernt, unser bisheriges Wissen von der Wirklichkeit zu verneinen, liefert uns das «große Wunder» den Kommentar, der den verworrenen Text erst klarmacht, oder erweist sich vielmehr selbst als der Text, zu dem die Natur lediglich der Kommentar ist. In der Naturwissenschaft erkennen wir nur die Fußnoten zu dem Gedicht; im christlichen Glauben entdecken wir das Gedicht selber.

Hiermit soll unsere Skizze vom «großen Wunder» enden. Seine Glaubwürdigkeit liegt nicht in seiner Offensichtlichkeit – Pessimismus, Optimismus, Pantheismus und Materialismus, sie alle verfügen über diese «offensichtliche» Anziehungskraft. Jeder von ihnen wird auf den ersten Blick durch zahlreiche Fakten bestätigt: Doch später treffen sie alle auf unüberwindliche Hindernisse.

Die Lehre von der Inkarnation bahnt sich auf ganz andere Weise ihren Weg in unsere Köpfe. Sie gräbt unter der Oberfläche, arbeitet sich mithilfe unerwarteter Kanäle durch unser übriges Wissen hindurch, harmonisiert am besten mit unseren tiefsten Wahrnehmungen und unserem «nochmaligen» Nachdenken und untergräbt im Verein mit diesen unsere oberflächlichen Meinungen.

Dem Menschen, der immer noch sicher ist, dass alles vor die Hunde gehe oder dass alles besser und immer besser werde oder dass alles Gott sei oder Elektrizität, hat die Inkarnation wenig zu sagen. Ihre Stunde ist gekommen, wenn all jene «Großhandels-Überzeugungen» zu versagen beginnen.

Ob sie tatsächlich stattgefunden hat, ist eine historische Frage. Von der Geschichte aber verlangt man nicht die Art und das Maß an Beweisen, das man zu Recht für eine Sache verlangt, die in sich unwahrscheinlich ist; man verlangt nur die Art und das Maß, das man für eine Sache fordert, die –

wenn akzeptiert – sämtliche Phänomene beleuchtet und ordnet, die sowohl unser Gelächter und unsere Logik erklärt als auch unsere Furcht vor den Toten und unser Wissen, dass es irgendwie gut ist zu sterben, und die mit einem Schlag alles erfasst, was – wenn sie nicht akzeptiert wird – eine Vielzahl von Theorien kaum erfassen würde.

XV
Die Wunder der alten Schöpfung

> Der Sohn kann nichts von sich aus tun, sondern nur, was er den Vater tun sieht.
>
> *Johannes 5,19*

Wenn wir Bücher wie Grimms Märchen, Ovids *Metamorphosen* oder die italienischen Epen öffnen, finden wir uns in einer Welt von Wundern wieder, die so unterschiedlich sind, dass sie kaum eingeordnet werden können. Wilde Tiere verwandeln sich in Menschen und Menschen in Bäume oder wilde Tiere; Bäume reden, Schiffe werden zu Göttinnen und ein Zauberring vermag in einsamen Gegenden reich gedeckte Tische erscheinen zu lassen.

Manche Leute können solche Geschichten nicht ausstehen, andere finden sie vergnüglich. Doch der geringste Verdacht, dass sie wahr sein könnten, würde den Spaß zu einem Alptraum werden lassen. Wenn solche Dinge wirklich geschähen, wären sie vermutlich ein Beweis dafür, dass ein Überfall auf die Natur stattfindet, und zwar ein Überfall durch eine fremde Macht.

Die Angemessenheit der christlichen Wunder und ihre Verschiedenheit von den Wundern der Mythologie beruhen auf der Tatsache, dass sie die Invasion einer Macht anzeigen, die nicht fremd ist. Sie sind das, worauf man sich gefasst machen sollte, wenn nicht einfach nur irgendein Gott, sondern der Gott der Natur in diese eindringt: eine Macht, die außerhalb ihrer Rechtsprechung steht, die nicht als Fremder daherkommt, sondern als Souverän. Diese Wunder verkünden, dass er, der da kam, nicht bloß ein König ist, sondern *der* König, ihr König und unserer.

Deshalb bilden die christlichen Wunder meiner Meinung nach eine Gruppe für sich; sie unterscheiden sich von den meisten anderen Wundern. Ich halte es nicht für die Pflicht eines christlichen Apologeten (wie manche Skeptiker meinen), alle Wundergeschichten außerhalb der christlichen Berichte zu widerlegen, noch halte ich es für die Pflicht eines Christen, nicht an sie zu glauben. Ich bin in keiner Weise zu der Behauptung verpflichtet, Gott habe niemals durch und für Heiden Wunder gewirkt und er habe auch niemals geschaffenen übernatürlichen Wesen erlaubt, solche zu tun.

Wenn Vespasian zwei Heilungen vollzogen hat, wie Tacitus, Sueton und Dio Cassius berichten, und wenn mir moderne Ärzte sagen, dass sie ohne Wunder nicht hätten vollzogen werden können, so habe ich dagegen nichts einzuwenden. Ich behaupte aber, dass die christlichen Wunder wegen ihrer organischen Verbundenheit untereinander und mit der Gesamtstruktur des von ihnen geoffenbarten Glaubens von weit größerer Wahrscheinlichkeit sind.

Wenn bewiesen werden kann, dass ein bestimmter römischer Kaiser – und geben wir es zu, ein recht guter unter den Kaisern – einstmals mit der Kraft versehen war, ein Wunder zu tun, dann müssen wir uns natürlich mit der Tatsache abfinden. Trotzdem bliebe es eine völlig isolierte und unnormale Tatsache. Es folgt nichts aus ihr, es führt nichts zu ihr hin, sie bildet nicht das Gerüst einer Lehre und ist mit nichts verbunden. Trotz alledem ist diese Tat noch ein ungewöhnlich günstiges Beispiel für ein nichtchristliches Wunder.

Die unmoralischen und manchmal fast idiotischen Einmischungen mancher Götter in heidnischen Geschichten könnten, auch wenn sie eine Spur von Geschichtlichkeit an sich hätten, nur unter der Bedingung akzeptiert werden, dass wir uns mit einem sinnentleerten Universum abgefunden haben. Dinge, die unendliche Schwierigkeiten aufwerfen und keine davon lösen, werden von einem vernunftbegabten Menschen nur unter äußerstem Zwang geglaubt.

Manchmal steht die Glaubwürdigkeit der Wunder im umgekehrten Verhältnis zur Glaubwürdigkeit der Religion. So wird zum Beispiel (in späten Dokumenten, wie ich glaube) von Buddha berichtet, er habe Wunder gewirkt. Was aber könnte abwegiger sein als die Tatsache, dass ausgerechnet derjenige sich damit befasst, auf der Ebene der Natur Wirkungen hervorzurufen, der gekommen ist, um uns zu lehren, die Natur sei eine Illusion, der wir entfliehen müssten – dass gerade derjenige den Alptraum noch verstärkt, aus dem uns zu wecken er gekommen ist? Je mehr wir seine Lehre respektieren, umso weniger können wir seine Wunder akzeptieren.

Im christlichen Glauben aber werden die Wunder umso glaubhafter, je mehr wir von dem Gott verstehen, der da gegenwärtig sein soll, und je mehr wir die Absicht verstehen, aus der er erschienen sein soll. Das ist der Grund, weshalb die christlichen Wunder so selten geleugnet werden, es sei denn von Leuten, die einen Teil der christlichen Lehre aufgegeben haben. Der Mensch, der nach einem wunderlosen Christentum verlangt, ist im Begriff, vom Christentum in eine bloße «Religion» abzugleiten.[4]

---

[4] Eine Betrachtung der alttestamentlichen Wunder geht über den Rahmen dieses Buches hinaus und würde außerdem viele Kenntnisse voraussetzen, über die ich nicht verfüge. Meine gegenwärtige Meinung – die jedoch nur ein Versuch ist und vermutlich zahlreicher Korrekturen bedarf – ist folgende: So, wie im Bereich der Geschehnisse eine lange Vorbereitung ihren Höhepunkt in der Menschwerdung Gottes findet, so erscheint im dokumentarischen Bereich die Wahrheit zunächst in *mythischer* Form und wird dann in einem langen Prozess der Verdichtung und Konzentration zum Gegenstand der Geschichte. Diese Auf-

Die Wunder Christi können in zwei Systeme eingeteilt werden. Das erste enthält folgende Gruppierungen: 1. Fruchtbarkeitswunder, 2. Heilungswunder, 3. Wunder der Zerstörung, 4. Wunder der Beherrschung des Anorganischen, 5. Wunder der Umkehrung, 6. Wunder der Vollendung oder Verherrlichung.

Das zweite System, das quer durch das erste verläuft, enthält nur zwei Gruppierungen: 1. Wunder der alten Schöpfung und 2. Wunder der neuen Schöpfung.

Ich behaupte, dass der menschgewordene Gott in allen diesen Wundern gleichermaßen plötzlich und lokalisierbar et-

---

fassung setzt aber den Glauben voraus, dass Mythen im Allgemeinen weder missverstandene Geschichte (wie Euhemeros dachte) noch diabolische Illusion (wie einige unserer Väter dachten) noch Priesterlügen (wie die Philosophen der Aufklärung dachten), sondern in ihren besten Erscheinungsformen wirkliche, wenn auch unscharfe Strahlen der göttlichen Wahrheit auf das menschliche Vorstellungsvermögen sind. Die Juden hatten, wie andere Völker, ihre Mythologie: Da sie aber das auserwählte Volk waren, war auch ihre Mythologie auserwählt. Es war die Mythologie, die Gott auserwählt hatte als Mittel zur Darstellung der ersten heiligen Wahrheiten, als ersten Schritt einer Entwicklung, die im Neuen Testament endet, wo die Wahrheit dann vollständig zur Geschichte geworden ist. Ob wir jemals mit Gewissheit sagen können, wohin in diesem Kristallisationsprozess einige bestimmte alttestamentliche Geschichten gehören, ist eine andere Sache. Meiner Meinung nach stehen die Erinnerungen an den Hof Davids am einen Ende der Skala – und sind kaum weniger geschichtlich als das Markusevangelium oder die Apostelgeschichte –, das Buch Jona aber am entgegengesetzten Ende. Zu beachten ist, dass in dieser Sicht, a) so, wie Gott sich bei seiner Menschwerdung seiner Herrlichkeit «entäußerte», auch die Wahrheit, wenn sie vom «Himmel» der Mythen auf die «Erde» der Geschichtlichkeit heruntersteigt, sich einer gewissen Erniedrigung unterzieht. Deshalb ist und muss das Neue Testament prosaischer und in mancher Beziehung weniger *glänzend* sein als das Alte Testament; genauso wie das Alte Testament in vieler was tut, was Gott im Allgemeinen getan hat oder tun wird. Jedes Wunder schreibt für uns etwas in kleinen Buchstaben hin, das Gott bereits in Buchstaben, die fast zu groß sind, um wahrgenommen zu werden, über das ganze Gemälde der Natur hingeschrieben hat oder schreiben wird. Sie bündeln in einem bestimmten Brennpunkt Gottes gegenwärtige oder auch zukünftige Handlungen am Universum.

Wenn sie Handlungen wiederholen, die wir bereits im großen Maßstab gesehen haben, dann sind sie Wunder der alten Schöpfung; spiegeln sie Handlungen wieder, die erst noch kommen sollen, dann sind sie Wunder der neuen Schöpfung. Nicht eines von ihnen ist isoliert oder regelwidrig: Jedes trägt die Unterschrift des Gottes, den wir durch das Gewissen und aus der Natur kennen. Die Authentizität dieser Wunder wird durch ihren *Stil* bestätigt.

Bevor wir fortfahren, sollte ich darauf hinweisen, dass wir hier nicht die bekannte Frage aufwerfen wollen, ob Christus diese Wunder nur tun konnte, weil er Gott war, oder auch, weil er ein vollkommener Mensch war; denn die Ansicht ist vertretbar, dass alle Menschen zu solchen Wundern fähig gewesen wären, wenn der Sündenfall nicht geschehen wäre. Es gehört aber zu den herrlichen Vorrechten des christlichen Glaubens, dass wir von dieser Frage behaupten können: «Sie ist unwichtig.» Was immer die Fähig-

---

Hinsicht an fantasievoller Schönheit ärmer ist und sein muss als die heidnischen Mythologien. b) So, wie Gott trotz seines Menschseins nach wie vor Gott ist, so bleiben die Mythen auch dann noch Mythen, wenn sie zu Tatsachen geworden sind. Die Christusgeschichte verlangt von uns – und gibt uns – nicht nur eine religiöse und historische Antwort, sondern auch eine fantasievolle Antwort. Sie ist sowohl an das Kind, den Dichter und den Wilden in uns gerichtet als auch an das Gewissen und den Intellekt. Eine ihrer Funktionen ist, Trennmauern einzureißen.

keiten des nichtgefallenen Menschen gewesen sein mögen, es hat den Anschein, als ob die des erlösten Menschen nahezu unbegrenzt sein werden.

Der von seinem tiefen Untertauchen wieder aufsteigende Christus bringt die menschliche Natur mit sich hoch. Wo er hingeht, geht auch sie hin. Sie wird «ihm gleich» gemacht. Handelt er in seinen Wundern nicht, wie es vielleicht der alte Mensch vor dem Fall getan hätte, so handelt er darin doch so, wie der neue Mensch, jeder neue Mensch, nach seiner Erlösung handeln wird. Wenn die Menschheit, auf seinen Schultern getragen, mit ihm aus dem kalten dunklen in das grüne warme Wasser hochgleitet und schließlich hindurchstößt zum Sonnenlicht und zur freien Luft, wird auch sie leuchtend und farbenfroh sein.

Man kann den eigentlichen Charakter der Wunder auch anders beschreiben, nämlich so: Sie sind zwar isoliert von anderen Handlungen, aber nicht auf die Weise isoliert, die wir vermuten würden. Sie sind weder isoliert von anderen göttlichen Handlungen – sie tun nur das im engen Kreis, im Kleinen und gewissermaßen brennpunktmäßig, was Gott zu anderen Zeiten in so großem Maßstab tut, dass die Menschen es nicht beachten –, noch sind sie unserer Vermutung entsprechend von anderen menschlichen Handlungen isoliert: Sie nehmen nur die Fähigkeiten vorweg, die alle Menschen besitzen werden, wenn auch sie «Söhne» Gottes sind und in diese herrliche Freiheit eintreten werden.

Die Isoliertheit Christi ist nicht die eines Ungeheuers, sondern die eines Pioniers. Er ist der erste seiner Art; er wird nicht der letzte sein.

Kommen wir wieder auf unsere Gruppierungen zurück, und zwar zunächst auf die Wunder der *Fruchtbarkeit.* Das früheste unter ihnen war die Umwandlung von Wasser zu Wein auf der

Hochzeit zu Kana. Dieses Wunder tut kund, dass der Gott allen Weines anwesend ist. Wein ist eine der Segnungen, die Jahwe schickt: Er, Jahwe, ist die Wirklichkeit hinter dem falschen Gott Bacchus.

Jedes Jahr macht Gott Wein als zur natürlichen Ordnung dazugehörig. Er tut dies, indem er einen pflanzlichen Organismus schafft, der Wasser, Erde und Sonnenschein in einen Saft verwandelt, der unter den richtigen Bedingungen zu Wein wird. So verwandelt er in gewissem Sinne fortwährend Wasser zu Wein, denn dieser ist wie alle Getränke lediglich abgewandeltes Wasser.

Einmal und nur in einem Jahr hat der inzwischen menschgewordene Gott diesen Prozess abgekürzt: Innerhalb eines Augenblicks macht er Wein. Er benutzt irdene Gefäße statt pflanzlicher Fasern, um das Wasser zu halten. Aber er benutzt sie, um das zu tun, was er immer tut. Das Wunder besteht in der Abkürzung; das Geschehnis, zu dem es hinführt, ist das gewohnte.

Ist dieses Wunder wirklich geschehen, dann wissen wir, dass jener Eindringling in die Natur nicht ein ihr feindlicher Geist war; nicht ein Gott, der Tragödien, Tränen und Fasten *um ihrer selbst willen* liebt (wenngleich er sie auch zu besonderen Zwecken erlauben oder verlangen mag), sondern der Gott Israels, der durch alle Jahrhunderte hindurch Wein gegeben hat, um das Herz des Menschen zu erfreuen.

Zu dieser Gruppierung gehören auch die beiden Speisungswunder. Sie bewirkten die Vermehrung von ein wenig Brot und ein wenig Fisch in viel Brot und viel Fisch. Satan hat Jesus in der Wüste einmal versucht, aus Steinen Brot zu machen: Jesus wies den Vorschlag von sich. «Der Sohn tut nichts, sondern nur, was er den Vater tun sieht»; vielleicht darf man, ohne allzu vorwitzig zu erscheinen, vermuten, dass dem Sohn die direkte Umwandlung von Stein zu Brot nicht ganz im ererbten Stil zu sein schien.

Wenig Brot in viel Brot umzuwandeln ist etwas ganz anderes. Jedes Jahr macht Gott aus einem kleinen Korn viel Korn: Das Saatkorn wird ausgesät, eine Vermehrung findet statt. Und die Menschen sagen, jeder nach seiner Weise: «Das sind die Naturgesetze», oder: «Das ist Ceres, das ist Adonis, das ist der Kornkönig.» Doch die Naturgesetze sind nur ein Schema: Nichts wird aus ihnen entstehen, wenn sie nicht das Universum gleichsam wie ein laufendes Geschäft übernehmen können.

Und was Adonis betrifft, so kann uns kein Mensch sagen, wo er starb und wann er wieder auferstand. Hier, bei der Speisung der Fünftausend, finden wir ihn, den wir unwissentlich verehrt haben: den *wirklichen* Kornkönig, der einmal sterben und einmal auferstehen wird, in Jerusalem, während der Amtszeit des Pontius Pilatus.

Am selben Tag vermehrte er auch den Fisch. Schauen wir hinunter in jede Bucht, in fast jeden Fluss! Diese umherschwärmende, wogende Fruchtbarkeit zeigt, dass er immer noch dabei ist, «die Meere zu füllen mit unzähliger Brut».

Die Menschen des Altertums hatten einen Gott, den sie Genius nannten; den Gott tierischer und menschlicher Fruchtbarkeit, den Schutzgott der Gynäkologie und der Embryologie und des Ehebettes – des «genialen» (schöpferischen) Bettes, wie sie es nach dem Gott Genius benannten. Doch Genius ist nur eine weitere Maske für den Gott Israels, denn er war es, der am Anfang allen Lebewesen befahl: «Seid fruchtbar und mehret euch und erfüllet die Erde.»

Und nun tut an jenem Tage bei der Speisung von Tausenden der menschgewordene Gott dasselbe: tut im engen Kreis und im Kleinen mit seinen menschlichen Händen, den Händen eines Handwerkers, das, was er immer schon getan hat in den Meeren, den Seen und den kleinen Bächen.

Und damit stehen wir an der Schwelle jenes Wunders, das für den modernen Verstand, aus welchem Grund auch immer, am schwersten zu akzeptieren ist. Ich kann den Menschen verstehen, der Wunder insgesamt ablehnt. Was aber soll man von Leuten halten, die an andere Wunder glauben, aber vor der Jungfrauengeburt «einen Strich ziehen»?

Kann es sein, dass es trotz all ihrer Lippenbekenntnisse für die Naturgesetze nur *einen* natürlichen Prozess gibt, an den sie wirklich glauben? Oder meinen sie in diesem Wunder eine Beschmutzung des Geschlechtsverkehrs zu sehen (obgleich sie ebensogut in der Speisung der Fünftausend eine Beleidigung der Bäcker sehen könnten)? Oder ist der Geschlechtsverkehr in unserem respekt- und achtungslosen Zeitalter das Einzige, was noch verehrt wird? In Wirklichkeit ist dieses Wunder nicht mehr und nicht weniger erstaunlich als alle anderen.

Den besten Zugang zu ihm findet man vielleicht über eine Bemerkung, die ich in einer der verstaubtesten unserer Anti-Gott-Zeitschriften entdeckt habe. Nach dieser glauben die Christen an einen Gott, der «mit der Frau eines jüdischen Zimmermanns Ehebruch begangen hat». Wahrscheinlich hat der Schreiber nur Dampf abgelassen. Er wird wohl nicht wirklich gemeint haben, dass Gott in der christlichen Erzählung menschliche Gestalt angenommen und, wie Zeus der Alkmene, einer sterblichen Frau beigewohnt habe.

Wäre man aber gezwungen, diesem Mann zu antworten, müsste man ihm sagen: «Wer die wunderbare Empfängnis einen göttlichen Ehebruch nennt, kann nicht umhin, in der Empfängnis eines jeden Kindes einen ähnlichen göttlichen Ehebruch zu entdecken – ja selbst in der Empfängnis eines jeden Tieres.» Es tut mir leid, dass ich hier Worte gebrauche, die fromme Ohren verletzen werden, aber ich weiß nicht, wie ich mich anders klar verständlich machen soll.

In einem normalen Fortpflanzungsakt hat der Vater keine schöpferische Funktion. Ein mikroskopisch kleines Stoffpartikel seines Körpers trifft auf ein ebensolches Partikel des weiblichen Körpers. Und damit geht alles ineinander über: die Farbe seines Haares, die hängende Unterlippe ihres Großvaters, die menschliche Gestalt in all ihrer Komplexität an Knochen, Sehnen, Nerven, Leber und Herz, und dazu die Formen jener vormenschlichen Organismen, die der Embryo im Mutterleib durchlaufen muss.[5]

Hinter jedem Spermatozoon liegt die gesamte Geschichte des Universums, und in ihm eingeschlossen liegt ein nicht unbeträchtlicher Teil der Zukunft der Welt. Das Gewicht oder der Antrieb dahinter ist die Schwungkraft jenes gesamten ineinanderverwobenen Ereignisses, das wir die jetzige Natur nennen. Und wir wissen inzwischen, dass die «Naturgesetze» diese Schwungkraft nicht liefern können. Wenn wir daran glauben, dass Gott die Natur erschaffen hat, dann kommt diese Kraft von ihm.

Der menschliche Vater ist lediglich ein Instrument, ein Träger, oft ein widerwilliger Träger und stets nur der letzte in einer langen Reihe von Trägern – eine Reihe, die weit über seine Vorfahren zurückreicht in vormenschliche und vororganische Zeitwüsten, zurück bis zur Schöpfung der Materie selbst. Diese Reihe liegt in Gottes Hand. Sie ist das Werkzeug, mit dem er normalerweise einen Menschen schafft. Denn er ist die Wirklichkeit hinter Genius und auch hinter Venus; keine Frau hat je ein Kind, keine Stute je ein Füllen ohne ihn empfangen.

Einmal jedoch, zu einem besonderen Zweck, hat er auf diese lange Reihe, auf sein Werkzeug verzichtet: Einmal hat

---

[5] Nach der heute sehr umstrittenen Theorie des biogenetischen Grundgesetzes (Anmerkung des Verlags)

seine lebensspendende Hand eine Frau berührt, ohne die Zeitalter von ineinanderverwobenen Ereignissen zu durchlaufen. Einmal wurde der große Handschuh der Natur von seiner Hand abgestreift. Seine bloße Hand berührte sie. Und dafür gab es selbstverständlich einen einzigartigen Grund: Dieses Mal schuf er nicht einfach einen Menschen, sondern *den* Menschen, der er selbst sein sollte.

Er schuf den Menschen von Neuem: Er begann an diesem göttlich-menschlichen Berührungspunkt mit der Neuerschaffung aller Dinge. Das ganze beschmutzte und ermüdete Universum erbebte unter dieser direkten Injektion wesentlichen Lebens – einer direkten, unvermischten und nicht durch die ganze, gedrängte Geschichte der Natur gezogenen Injektion. Doch hier ist nicht der Ort, die religiöse Bedeutung des Wunders auszuschöpfen. Uns interessiert es hier nur als Wunder – und als nichts sonst.

Die wunderbare Empfängnis ist hinsichtlich der Erschaffung der menschlichen Natur Christi (das «große Wunder», durch das seine göttlich gezeugte Natur in die menschliche eintritt, ist eine andere Sache) ein weiterer Beweis dafür, dass hier der Herr der Natur am Werk ist. Er tut hier im kleinen und engen Kreis, was er auf andere Weise für jede Frau tut, die empfängt. Dieses Mal tut er es ohne eine lange Reihe menschlicher Vorfahren: Doch selbst dort, wo er menschliche Vorfahren benutzt, ist es nicht ein minderer Herr, der da Leben spendet. Das Bett bleibt unfruchtbar, in dem jener dritte große Beteiligte, Genius, nicht anwesend ist.

Die *Heilungs*wunder, auf die ich als nächste zu sprechen komme, nehmen eine sonderbare Stellung ein. Die Menschen sind bereit zuzugeben, dass viele von ihnen geschehen sind, doch neigen sie dazu, ihren wunderhaften Charakter zu bestreiten.

Die Symptome vieler Krankheiten können durch Hysterie nachgeahmt werden, und Hysterie kann oftmals durch «Suggestion» geheilt werden.

Man könnte zweifelsohne argumentieren, dass eine solche Suggestion geistige Kraft sei, und daher (wenn man so will) eine übernatürliche Kraft, und deshalb sämtliche Fälle von «Glaubensheilungen» Wunder seien. Aber in unserer Terminologie wären sie nur in dem Sinne wunderhaft, in dem jeder Fall menschlicher Vernunft wunderhaft ist. Wir halten jedoch jetzt nach anderen Wundern Ausschau.

Meiner Ansicht nach wäre es unsinnig, von einem Menschen, der den christlichen Glauben noch nicht in seiner Ganzheit ergriffen hat, zu verlangen, er solle sämtliche Heilungen, die in den Evangelien erwähnt werden, als Wunder anerkennen – das heißt, dass sie die Möglichkeit menschlicher «Suggestion» überschreiten. Es ist Sache der Ärzte, darüber in jedem einzelnen Fall zu entscheiden – vorausgesetzt, die Erzählungen sind detailliert genug, um auch nur die Andeutung einer Diagnose zuzulassen.

Die Aussage eines früheren Kapitels findet hier ihre Bestätigung. Der Wunderglaube ist nicht nur weit davon entfernt, auf der Unkenntnis der Naturgesetze zu beruhen, wir entdecken hier im Gegenteil, dass die Unkenntnis der Gesetze das Wunder unerkennbar macht.

Ohne im Einzelfall darüber zu entscheiden, welche der Heilungen (unabhängig davon, ob wir den christlichen Glauben akzeptieren) als Wunder angesehen werden muss, können wir dennoch andeuten, um welche Wunderart es sich handelt. Ihre Wundernatur kann leicht durch die magischen Vorstellungen verdunkelt werden, die auch heute noch viele Menschen auf die normale medizinische Heilung übertragen.

In einem bestimmten Sinne hat noch kein Arzt je geheilt. Die Ärzte selbst würden das als Erste zugeben. Das Magische liegt nicht in der Medizin, sondern im Körper des Patienten – in der *Vis medicatrix naturae,* der wiederherstellenden oder sich selbst korrigierenden Kraft der Natur. Die Behandlung simuliert lediglich die natürlichen Funktionen oder beseitigt das, was sie behindert. Aus Bequemlichkeit sprechen wir davon, dass der Doktor oder der Verband eine Schnittwunde heile. Doch in einem anderen Sinne heilt sich jede Schnittwunde selbst: An einem Leichnam kann keine Wunde geheilt werden.

Dieselbe geheimnisvolle Kraft, die wir, wenn sie die Planeten steuert, Schwerkraft, und wenn sie einen lebendigen Körper heilt, Biochemie nennen, ist die Ursache aller Genesungen. Und diese Energie geht in erster Instanz von Gott aus. Alle, die geheilt werden, werden von ihm geheilt – und nicht nur in dem Sinne, dass seine Vorsorge sie mit medizinischer Hilfe und gesunder Umgebung bedenkt, sondern auch in dem Sinne, dass ihr eigenes Gewebe durch die weitherabreichende Energie wiederhergestellt wird, die, von ihm ausströmend, das ganze System der Natur mit Kraft versieht.

Einmal jedoch hat er dies sichtbar getan, an den Kranken in Palästina, als Mensch, der Menschen begegnet. So offenbart sich das, was wir in seinem allgemeinen Wirken auf die Naturgesetze zurückführen oder einst auf Apollo oder Äskulap zurückgeführt haben. Die Kraft, die immer schon hinter allen Heilungen gestanden hat, nimmt Gesicht an und Hände.

Und darin liegt zweifellos der Grund für die scheinbare Zufälligkeit der Wunder. Es ist müßig, darüber zu klagen, dass er nur die heile, denen er gerade begegnet, und jene nicht, denen er nicht begegnet. Mensch sein heißt, sich an einem Ort zu befinden und nicht an einem anderen. Die Welt, die ihn nicht als überall anwesend erkennen wollte, wurde dadurch gerettet, dass er *lokalisierbar* wurde.

Das einzige *Zerstörungswunder* Christi, das Verdorrenlassen des Feigenbaums, wird von manchem als störend empfunden; ich meine jedoch, dass seine Bedeutung offensichtlich ist. Dieses Wunder ist ein in die Tat umgesetztes Gleichnis, ein Symbol für den Urteilsspruch Gottes über alles, was «unfruchtbar» ist, und zweifellos insbesondere über das Judentum jener Zeit. Das ist, die moralische Bedeutung des Wunders. Darüber hinaus wiederholt es als Wunder brennpunkthaft im kleinen und engen Kreis, was Gott ständig und überall in der Natur tut.

Im vorigen Kapitel haben wir gesehen, wie Gott seit dem Sündenfall, indem er Satan die Waffe aus der Hand wand, sogar zum Gott des menschlichen Todes geworden ist. Doch in viel stärkerem Maße ist er möglicherweise schon seit der Schöpfung der Gott des Todes der Organismen.

In beiden Fällen ist er, wenn auch auf unterschiedliche Weise, der Gott des Todes, weil er der Gott des Lebens ist: der Gott des menschlichen Todes, weil durch Letzteren erst die Zunahme des Lebens möglich ist – der Gott des bloß organischen Todes, weil der Tod ein Teil eben des Verfahrens ist, durch das sich das organische Leben durch die Zeit ausbreitet und dennoch neu erhält. Weil einige Bäume sterben und andere nachwachsen, ist ein tausend Jahre alter Wald insgesamt immer noch lebendig.

Mit vernichtendem Blick auf diesen Feigenbaum schauend, hat Gottes menschliches Antlitz einmal das getan, was er in seinem nicht-menschgewordenen Handeln sämtlichen Bäumen antut. Ob in jenem Jahr in Palästina oder in irgendeinem anderen Jahr an irgendeiner anderen Stelle – es starb noch kein Baum aus einem anderen Grund als dem, dass Gott ihm etwas antat – oder vielmehr aufhörte, ihm etwas anzutun.

Sämtliche Wunder, mit denen wir uns bisher beschäftigt haben, sind Wunder der alten Schöpfung. In ihnen allen erblicken wir den göttlichen Menschen, der das für uns brennpunkthaft sammelt, was der Gott der Natur bereits in größerem Maßstab getan hat.

In unserer nächsten Gruppierung, den *Wundern der Beherrschung des Anorganischen,* entdecken wir sowohl Wunder der alten als auch einige der neuen Schöpfung. Wenn Christus den Sturm stillt, tut er etwas, das Gott vorher schon oft getan hat. Gott schuf die Natur so, dass es beides geben sollte, Stürme und ruhige Zeiten: In diesem Sinne sind alle Stürme (außer denen, die gerade jetzt toben) von Gott gestillt worden. Hat man einmal das «große Wunder» akzeptiert, wäre es unphilosophisch, die Sturmstillung abzulehnen.

Es ist wirklich nicht schwierig, die Wetterbedingungen der übrigen Welt dieser einen wunderbaren Stille anzupassen. Ich selbst kann einen Sturm in einem Zimmer stillen, indem ich das Fenster schließe. Die Natur muss sich damit abfinden, so gut sie kann. Und um ihr gerecht zu werden: Sie bereitet keinerlei Schwierigkeiten. Das gesamte System gerät dabei nicht etwa aus den Fugen (was manche ängstlichen Leute für die unvermeidliche Folge eines Wunders zu halten scheinen), im Gegenteil, es «schluckt» die neue Situation so mühelos wie ein Elefant einen Tropfen Wasser. Die Natur ist eben, wie ich früher schon einmal gesagt habe, eine vollendete Gastgeberin.

Ein Wunder der neuen Schöpfung aber ist es, wenn Christus auf dem Wasser wandelt. Gott hat die alte Natur, die Welt vor der Inkarnation, nicht so geschaffen, dass Wasser einen menschlichen Körper tragen könnte. Dieses Wunder ist der Vorgeschmack einer Natur, die in der Zukunft liegt. Die neue Schöpfung bricht nur kurz herein. Einen Augenblick lang sieht es so aus, als wolle sie sich ausbreiten. Einen Augenblick lang leben zwei Menschen in dieser neuen Welt.

Auch Petrus geht auf dem Wasser – einen Schritt oder zwei: Dann verlässt ihn sein Vertrauen, und er sinkt. Er ist wieder in der alten Natur. Dieser kurze Ausblick war ein Schneeglöckchen-Wunder. Schneeglöckchen zeigen die Wende des Jahres an. Der Sommer kommt. Doch bis dahin ist es noch ein weiter Weg, und Schneeglöckchen halten nicht lange.

Die *Wunder der Umkehrung* gehören alle zur neuen Schöpfung. Es ist ein Wunder der Umkehrung, wenn die Toten auferweckt werden. Die alte Natur weiß nichts von diesem Vorgang: Er gleicht dem Rückwärtsdrehen eines Filmes, den wir immer nur im Vorwärtslauf gesehen haben. Die ein oder zwei Beispiele in den Evangelien sind frühe Blumen – wir nennen sie Frühlingsblumen, denn sie sind prophetisch, weil ihre Blüte, obgleich noch der Winter herrscht, schon Wirklichkeit ist.

Die *Wunder der Vollendung oder der Verherrlichung* (nämlich Verklärung, Auferstehung und Himmelfahrt) sind noch nachdrücklicher Wunder der neuen Schöpfung. Sie sind der wirkliche Frühling oder gar der Sommer des neuen Weltenjahres. Der Anführer, der Vorreiter befindet sich bereits im Mai oder Juni, während seine Anhänger noch in den Frösten und Ostwinden der alten Natur leben – denn «der Lenz kommt langsam hier herauf».

Keines der Wunder der neuen Schöpfung kann losgelöst von Auferstehung und Himmelfahrt betrachtet werden – und für diese ist ein weiteres Kapitel erforderlich.

XVI
Die Wunder der neuen Schöpfung

Gib acht, denn Feinde lachen triumphierend
Über den, der die Wahrheit nur zur Hälfte lernt!
Gib acht, denn Gott wird es nicht dulden,
Dass Menschen ihre Hoffnung lauterer machen
Als sein gutes Versprechen ist, oder dass sie
Eine andere als jene fünfsaitige Leier verlangen,
Die er den frommen Händen aufs Neue angelobt hat,
Die es verstehen,
Sie hienieden richtig zu stimmen!

C. Patmore, The Victories of Love

In den frühesten Tagen der Christenheit war ein «Apostel» zuerst und vor allem ein Mann, der den Anspruch erheben konnte, Augenzeuge der Auferstehung zu sein. Als nur wenige Tage nach der Kreuzigung zwei Kandidaten für die Vakanz aufgestellt wurden, die durch den Verrat des Judas entstanden war, bestand ihre Qualifikation darin, dass sie Jesus persönlich vor und nach seinem Tod gekannt hatten und dass sie bei der Verkündigung gegenüber der Welt unmittelbares Zeugnis für die Auferstehung ablegen konnten (Apg. 1,22).

Ein paar Tage darauf erhebt Petrus in der ersten christlichen Predigt denselben Anspruch: «Diesen Jesus hat Gott auferweckt; des sind wir alle Zeugen» (Apg. 2,32). Im ersten Brief an die Korinther begründet Paulus seinen Anspruch auf das Apostelamt ebenfalls damit: «Bin ich nicht ein Apostel? Habe ich nicht Jesus, unsern Herrn, gesehen?» (1. Kor. 9,1).

Wie aus dieser Qualifikation hervorgeht, war die Verkündigung des christlichen Glaubens in erster Linie eine Verkündigung der Auferstehung. Deshalb gewannen Leute, die nur Bruchstücke der Rede des Paulus in Athen mitbekommen hatten, den Eindruck, er habe über zwei neue Götter gesprochen, über Jesus und über Anastasis (das heißt Auferstehung; Apg. 17,18). Die Auferstehung ist das zentrale Thema jeder Predigt, die uns in der Apostelgeschichte wiedergegeben wird.

Die Auferstehung und ihre Folgen waren das «Evangelium» oder die gute Nachricht, die die Christen zu bringen hatten: Das, was wir als die «Evangelien» bezeichnen, die Erzählungen über Leben und Tod unseres Herrn, wurde erst später zum Nutzen derer zusammengestellt, die das *Evangelium* bereits angenommen hatten. Sie waren in keiner Hinsicht die Grundlage des Glaubens: Sie waren für jene geschrieben, die bereits bekehrt waren. Das Wunder der Auferstehung und die Theologie dieses Wunders kamen zuerst. Der Lebensbericht erscheint erst später als Kommentar dazu.

Nichts könnte unhistorischer sein, als den Evangelien ausgewählte Worte Christi zu entnehmen, sie als die eigentlichen Tatbestände hinzustellen und alles, was sonst noch im Neuen Testament enthalten ist, als darauf errichtete Konstruktion zu betrachten. Der erste Tatbestand in der Geschichte des Christentums ist eine Anzahl von Leuten, die sagen, dass sie die Auferstehung gesehen haben. Wenn sie gestorben wären, ohne irgendjemand anders zum Glauben an dieses «Evangelium» gebracht zu haben, wären die Evangelien niemals geschrieben worden.

Es ist sehr wichtig, sich über das, was die Leute damals meinten, im Klaren zu sein. Wenn moderne Schreiber von der Auferstehung sprechen, meinen sie gewöhnlich einen bestimmten Augenblick – die Entdeckung des leeren Grabes und die Erscheinung Jesu in einigen Metern Entfernung davon. Es ist die Geschichte dieses Augenblicks, die christliche Apologeten heute hauptsächlich aufrechtzuerhalten und Skeptiker hauptsächlich zu bestreiten suchen.

Diese fast ausschließliche Konzentration auf die ersten fünf Minuten der Auferstehung hätte die frühen christlichen Lehrer allerdings in Erstaunen versetzt. Wenn sie behaupteten, die Auferstehung gesehen zu haben, meinten sie nicht unbedingt die Ereignisse in dieser Zeitspanne. Einige hatten sie gesehen, andere nicht. Sie waren für sie nicht von größerer Bedeutung als irgendeine der anderen Erscheinungen des auferstandenen Jesus – abgesehen von der poetischen und dramatischen Bedeutung, die der Anfang einer großen Sache stets in sich trägt.

Die Behauptung der ersten Christen bestand darin, dass sie alle zum einen oder anderen Zeitpunkt Jesus in den sechs oder sieben Wochen nach seinem Tod begegnet sind. Manchmal scheinen sie dabei allein gewesen zu sein; in einem Fall jedoch haben ihn zwölf und in einem andern ungefähr fünfhundert gemeinsam gesehen. Paulus sagt, dass die Mehrzahl der Fünfhundert noch lebte, als er den ersten Brief an die Korinther schrieb, das heißt etwa um 55 n. Chr.

Die «Auferstehung», die sie bezeugten, war in der Tat nicht der Vorgang des Auferstehens vom Tode, sondern der Zustand des Auferstandenseins; ein Zustand, der ihrer Ansicht nach durch verschiedene Begegnungen über einen begrenzten Zeitraum hinweg bestätigt wurde (ausgenommen die besondere und in manchem andersartige Begegnung, die Paulus gewährt wurde). Die Begrenzung des Zeitraums ist wichtig, denn es ist nicht möglich, wie wir erkennen werden, die Lehre von der Auferstehung von der Lehre der Himmelfahrt zu trennen.

Als Nächstes ist zu beachten, dass die Auferstehung nicht einfach oder hauptsächlich als Beweis für die Unsterblichkeit der Seele angesehen wurde. Heute geschieht das natürlich häufig: Ich habe jemanden behaupten hören, die Bedeutung der Auferstehung liege darin, dass sie Beweis für ein *Weiterleben* sei. Diese Anschauung kann in keinerlei Hinsicht mit dem in Einklang gebracht werden, was das Neue Testament sagt. Demnach hätte Christus ja schlicht nur das getan, was alle Menschen tun, wenn sie sterben: Das einzig Neue daran wäre in seinem Fall, dass wir beobachten durften, wie es geschah.

Doch es gibt in der Schrift nicht den geringsten Hinweis darauf, dass die Auferstehung ein neuer Beweis für eine Sache sein soll, die de facto immer schon geschehen ist. Die Verfasser des Neuen Testaments drücken sich vielmehr so aus, als sei die Auferstehung Christi von den Toten das erste Ereignis seiner Art in der ganzen Geschichte des Universums.

Er ist die «Erstlingsfrucht», der Bahnbrecher des Lebens. Er hat eine Tür aufgebrochen, die seit dem Tode des ersten Menschen verschlossen war. Er ist dem König des Todes begegnet, hat ihn bekämpft und hat ihn geschlagen. Weil er das getan hat, ist alles anders geworden. Es ist der Anfang der neuen Schöpfung: Ein neues Kapitel in der Geschichte des Kosmos ist aufgeschlagen.

Natürlich meine ich nicht, dass die Verfasser des Neuen Testaments nicht an ein «Weiterleben» glaubten. Im Gegenteil, sie glaubten daran so bereitwillig, dass Jesus ihnen bei mehr als einer Gelegenheit versichern musste, dass er kein Gespenst sei.

Von frühester Zeit an glaubten die Juden, wie viele andere Völker, der Mensch besitze eine vom Körper trennbare «Seele» oder *Nephesch,* die mit dem Tod in die Schattenwelt eingehe, den *Scheol:* ein Land des Vergessens und des Schwachsinns, in dem niemand mehr Jahwe anrufe, ein Land des halb Unwirklichen und der Melancholie, gleich dem Hades der Griechen oder dem Niflheim der Nordmänner. Von ihm konnten Schatten zurückkehren und den Lebenden erscheinen, so wie Samuels Schatten auf Befehl der Hexe von Endor erschien.

In wesentlich späteren Zeiten entstand dann der fröhlichere Glaube, dass die Gerechten nach dem Tode in den «Himmel» eingehen. Beides sind Lehren von der «Unsterblichkeit der Seele», wie ein Grieche oder ein moderner Europäer sie versteht: Und beide sind für den Bericht von der Auferstehung ohne jeden Belang. Die Verfasser betrachten dieses Ereignis als etwas vollkommen Neues. Ganz offensichtlich glauben sie nicht, von einem Gespenst aus dem Scheol heimgesucht worden zu sein oder eine Vision von einer «Seele» im «Himmel» gehabt zu haben.

Eines muss deutlich gesagt werden: Falls den Spiritisten der Nachweis gelänge, dass es ein Weiterleben gibt und die Auferstehung ein Beispiel dafür ist, würden sie den christlichen Glauben nicht unterstützen, sondern widerlegen. Wenn sich nichts weiter als das ereignet hätte, wäre das ursprüngliche «Evangelium» unwahr. Was die Apostel gesehen zu haben behaupteten, hat weder die Lehre vom «Himmel» noch die vom «Scheol» bestätigt oder ausgeschlossen, es hatte vielmehr gar nichts damit zu tun.

Wenn es überhaupt etwas bestätigt hat, dann eine dritte jüdische Lehre, die sich von jenen beiden deutlich unterscheidet. Sie besagt, dass in den «Tagen Jahwes» der Friede wiederhergestellt und die Weltherrschaft an Israel unter einem gerechten König übergeben werde: und dass, wenn dies geschehe, die gerechten Toten, oder einige von ihnen, auf die Erde zurückkehren werden – nicht als schwebende Geister, sondern als körperliche Menschen, deren Schatten in der Sonne zu sehen und deren Schritt auf dem Boden zu hören ist. «Wachet auf und rühmet, die ihr liegt unter der Erde», sagt Jesaja, «… und die Erde wird die Schatten herausgeben» (26,19).

Was die Apostel gesehen zu haben meinten, war, wenn nicht das, so doch ein einzelner, erster Fall davon: die erste Bewegung eines großen Rades, das sich in eine Richtung zu drehen begann, gerade entgegengesetzt zu der Richtung, die alle Menschen bisher beobachtet hatten. Von allen Vorstellungen, die der Mensch über den Tod gehegt hat, ist es diese, und diese allein, die von der Auferstehungsgeschichte in ihrer Tendenz bestätigt wird.

Ist die Geschichte falsch, dann hat sie der hebräische Auferstehungsmythos hervorgebracht. Ist die Geschichte wahr, dann sind Andeutung und Vorwegnahme der Wahrheit nicht in volkstümlichen Vorstellungen von Geister-Erscheinungen noch in orientalischen Reinkarnationslehren noch in philosophischen Spekulationen über die Unsterblichkeit der Seele zu finden, sondern allein in den jüdischen Prophezeiungen über die Wiederkunft, die Wiederherstellung und die große Umwandlung. Unsterblichkeit als solche ist für den christlichen Anspruch ohne Belang.

Ich gebe zu, dass der auferstandene Christus dem «Gespenst» der volkstümlichen Überlieferung in bestimmten Punkten ähnlich ist. Wie ein Geist «erscheint» und «verschwindet» er: Verschlossene Türen sind für ihn kein Hindernis. Andererseits bestätigt er ausdrücklich, dass er körperlich ist (Luk. 24,39–40) und verspeist gebratenen Fisch. Und an dieser Stelle wird es dem modernen Leser unbehaglich.

Noch unbehaglicher wird es ihm gar bei den Worten: «Rühre mich nicht an! Denn ich bin noch nicht aufgefahren zum Vater» (Joh. 20,17). Auf Stimmen und Erscheinungen sind wir in gewissem Maße gefasst. Aber etwas, das nicht angerührt werden darf! Was ist denn das? Was soll dieses «Auffahren» zum Vater? Ist er denn nicht bereits in dem einzig entscheidenden Sinne «beim Vater»? Kann denn «auffahren» überhaupt etwas anderes als eine Metapher *dafür* sein? Und wenn dem so ist, warum ist er dann «noch nicht» weg?

Das ganze Unbehagen rührt daher, dass die Geschichte, die die Apostel nun wirklich zu erzählen haben, an diesem Punkt mit der Geschichte in Konflikt gerät, die wir erwarten und die wir von vornherein in ihre Erzählung hineinlesen wollten.

Wir erwarten, dass sie von einem auferstandenen Leben berichten, das rein «geistig» im negativen Sinne des Wortes ist: das heißt, wir benutzen das Wort «geistig» nicht in dem Sinne, den es hat, sondern in dem, den es nicht hat. Wir meinen ein Leben ohne Raum, ohne Geschichte, ohne Umgebung und ohne sinnliche Elemente. Auch neigen wir im tiefsten Innern unseres Herzens dazu, die auferstandene *Menschlichkeit* Jesu zu übergehen; ihn uns so vorzustellen, als sei er nach dem Tode einfach in die Gottheit zurückgekehrt, so als sei die Auferstehung letztlich nichts anderes als die Umkehrung oder das Ungeschehenmachen der Inkarnation.

Und weil wir so denken, fühlen wir uns bei jedem Hinweis auf den auferstandenen *Körper* unwohl: Er weckt unangenehme Fragen in uns auf. Denn solange wir diese im negativen Sinne «geistige» Ansicht hegen, glauben wir in Wirklichkeit überhaupt nicht an den Körper. Wir glauben (ob wir es uns eingestehen oder nicht), dass der Körper nicht objektiv vorhanden, sondern eine von Gott gesandte Erscheinung war, die den Jüngern Erkenntnisse zusichern sollte, die auf andere Weise nicht mitteilbar gewesen wären.

Aber welche Erkenntnisse? Dass nach dem Tod ein im negativen Sinne geistiges Leben auf uns wartet, eine Ewigkeit mystischer Erfahrungen? – Dann allerdings konnte für ihre

Übermittlung wohl kaum ein irreführenderer Weg gefunden werden als der einer Erscheinung in Menschengestalt, die gebratenen Fisch isst.

Und wiederum wäre der Körper, nach dieser Ansicht, in Wirklichkeit nur eine Halluzination. Jegliche Halluzinationstheorie zerbricht jedoch angesichts der Tatsache (die, sollte sie eine Erfindung sein, die seltsamste ist, die jemals einem Menschen in den Sinn gekommen ist), dass die Halluzinationen bei drei verschiedenen Gelegenheiten nicht sofort als Jesus erkannt wurden (Luk. 24,13–31; Joh. 20,15; 21,4).

Selbst wenn wir zugäben, Gott habe eine heilige Halluzination gesandt (die Wahrheiten lehren sollte, die bereits ohne sie weithin geglaubt wurden und mithilfe anderer Methoden viel einfacher hätten gelehrt werden können – und die außerdem durch die Halluzination völlig verdunkelt werden mussten), könnten wir dann nicht wenigstens erwarten, dass er das Gesicht der Halluzination richtig hinbekommt? Ist er, der alle Gesichter schuf, so ein Stümper, dass er nicht einmal ein erkennbares Abbild des Menschen zustande bringt, der er selbst war?

Hier, an dieser Stelle, überkommen uns beim Lesen der Berichte Furcht und Zittern. Wenn die Geschichte falsch ist, dann ist sie zumindest eine weit seltsamere Geschichte, als wir erwartet hatten; eine Geschichte, auf die uns weder die philosophische «Religion» noch die Erforschung des Okkulten noch volkstümlicher Aberglaube vorbereitet haben. Darin haben sie alle gleichermaßen versagt. Wenn die Geschichte aber wahr ist, dann ist im Universum eine völlig neue Weise des Seins entstanden.

Der Körper, der in dieser neuen Weise lebt, ist dem Körper gleich und auch wieder nicht gleich, den seine Freunde vor der Hinrichtung kannten. Er ist auf andere Weise mit Raum und wahrscheinlich auch Zeit verbunden, hat aber keineswegs sämtliche Beziehungen dazu abgebrochen. Er kann den animalischen Akt des Essens vollziehen. Sein Verhältnis zur Materie, wie wir sie kennen, ist so, dass er berührt werden kann, obwohl er anfangs besser nicht berührt werden sollte. Ihm steht auch eine Geschichte bevor, die vom ersten Augenblick der Auferstehung an in Sicht ist; er ist im Begriff, anders zu werden oder anderswohin zu gehen.

Das ist der Grund, weshalb die Geschichte von der Himmelfahrt nicht von der Geschichte der Auferstehung getrennt werden kann. Sämtliche Berichte deuten an, dass die Erscheinungen des auferstandenen Körpers aufhörten; einige beschreiben ein abruptes Ende sechs Wochen nach dem Tode. Und sie beschreiben dieses plötzliche Ende in einer Weise, die dem modernen Verstand viel größere Schwierigkeiten bereitet als irgendein anderer Teil der Bibel.

Denn in ihr sind ja nun doch alle jene primitiven Rohheiten angedeutet, denen wir Christen – wie ich behauptet habe – nicht erlegen sind: der vertikale Aufstieg gleich dem eines Ballons, der lokalisierbare Himmel und der geschmückte Sessel zur Rechten des väterlichen Thrones! «... wurde er aufgehoben gen Himmel *(ouranos)*», berichtet das Markusevangelium, «und setzte sich zur Rechten Gottes.» «... wurde er vor ihren Augen emporgehoben», berichtet der Verfasser der Apostelgeschichte, «und eine Wolke nahm ihn auf, weg vor ihren Augen.»

Es stimmt, dass wir die Mittel haben, uns dieser lästigen Textstellen zu entledigen, wenn wir es wünschen. Die Markusstelle war im frühesten Text des Markusevangeliums wahrscheinlich nicht enthalten: Man könnte auch hinzufügen, dass die Himmelfahrt nur an diesen beiden Stellen beschrieben wird (obgleich sie überall im Neuen Testament impliziert ist). Können wir also die Himmelfahrtsgeschichte einfach fallen lassen? Die Antwort lautet: Das können wir nur, wenn wir die Auferstehungserscheinungen als Gespenstererscheinungen oder als Halluzinationen ansehen.

Denn ein Phantom kann sich einfach auflösen; eine objektive Wesenheit aber muss irgendwohin gehen – es muss irgendetwas mit ihr geschehen. Wenn jedoch der auferstandene Körper nicht objektiv vorhanden gewesen ist, müssen wir alle (ob Christen oder nicht) eine Erklärung für das Verschwinden der Leiche erfinden. Und alle Christen müssen erklären, warum Gott eine «Vision» oder ein «Gespenst» schickte oder zuließ, dessen Verhalten anscheinend fast ausschließlich darauf abzielte, die Jünger davon zu überzeugen, dass es eben kein Gespenst und keine Vision, sondern ein tatsächliches, körperliches Wesen war.

Ist es eine Vision gewesen, dann war es die am systematischsten vortäuschende und vorlügende Vision, von der jemals berichtet wurde. Ist es aber Wirklichkeit gewesen, dann muss nach dem Aufhören seines Erscheinens etwas mit ihm geschehen sein. Man kann die Himmelfahrt nicht wegnehmen, ohne etwas anderes an ihre Stelle zu setzen.

Nach Aussage der Berichte ging Christus (wie kein Mensch vor ihm) nicht in eine rein, das heißt im negativen Sinne «geistige» Existenzweise über und auch nicht in ein «natürliches» Leben, wie wir es kennen, sondern in ein Leben, das seine eigene neue Natur hat. Der Überlieferung nach zog er sich sechs Wochen später in eine andere Existenzweise zurück. Es wird gesagt – er sagt –, er gehe hin, «um uns eine Stätte zu bereiten». Damit ist vermutlich gemeint, dass er darangehe, jene ganz neue Natur zu schaffen, die die Umgebung oder die Voraussetzung für seine verherrlichte Menschlichkeit und, in ihm, auch für unsere liefert.

Das ist nicht das Bild, das wir erwartet haben – ob es deshalb allerdings unwahrscheinlicher und unphilosophischer oder wahrscheinlicher und philosophischer ist, das ist eine andere Frage. Es ist nicht das Bild einer Flucht aus einer wie auch immer gearteten Natur in irgendein uneingeschränktes und vollkommen transzendentes Leben. Es ist das Bild von der Entstehung einer neuen menschlichen Natur und einer neuen Natur im Allgemeinen.

Wir müssen in der Tat annehmen, dass sich der auferstandene Körper gänzlich von dem sterblichen unterscheidet: Dass jedoch in diesem neuen Zustand etwas existiert, das überhaupt in irgendeinem Sinn als «Körper» beschrieben werden kann, schließt bereits eine gewisse räumliche Beziehung und letztlich ein ganzes neues Universum in sich ein. So sieht das Bild aus – es ist nicht ein Bild des Zunichtemachens, sondern des Neumachens. Der alte Acker von Raum, Zeit, Materie und Sinnen muss für eine neue Ernte gejätet, umgepflügt und besät werden. Wir mögen des alten Ackers müde sein: Gott ist es nicht.

Und dennoch hat gerade die Art, in der die neue Natur hereinzuscheinen beginnt, eine gewisse Verwandtschaft mit den Gewohnheiten der alten Natur. In ihr besteht die Tendenz, Dinge vorwegzunehmen. Sie ist vernarrt in «trügerische Hoffnung», in Vorboten: Deshalb erscheinen manche Blumen bereits vor dem wirklichen Frühling, wie ich schon vorher erwähnte, und Vormenschen (wie die Evolutionisten behaupten) vor den wirklichen Menschen.

Ebenso kommen auch hier das Gesetz vor dem Evangelium, die bedeutsamen Tieropfer vor dem großen Opfer Gottes für Gott, der Täufer vor dem Messias und «Wunder der neuen Schöpfung» vor der Auferstehung. Zu ihnen gehören das Wandeln Christi auf dem See und die Auferweckung des Lazarus. Beide geben uns Hinweise darauf, wie die neue Natur sein wird.

Im Wandeln auf dem See sind die Beziehungen vom Geist zur Natur so verändert, dass die Natur dazu gebracht werden kann, alles zu tun, was dem Geist gefällt. Dieser neue Gehorsam der Natur darf natürlich nicht einmal in Gedanken vom Gehorsam des Geistes gegenüber dem Vater des Geistes getrennt werden. Ohne diese Vorbedingung würde ein solcher Gehorsam seitens der Natur, wenn er möglich wäre, zum Chaos führen: Der böse Traum der Magie entsteht aus dem Begehren des endlichen Geistes, eine solche Macht zu erlangen, ohne den Preis zu zahlen.

Die böse Wirklichkeit gesetzlos angewandter Wissenschaft (Sohn und Erbe der Magie) verurteilt gerade jetzt große Bereiche der Natur zu Unordnung und Unfruchtbarkeit. Ich weiß nicht, wie radikal die Natur verändert werden müsste, um sie dem Geist gegenüber in der oben genannten Weise gehorsam zu machen, wenn erst der Geist seinem Ursprung gegenüber völlig gehorsam geworden ist.

Eins müssen wir dabei zumindest beachten: Wenn wir in der Tat Geist sind und nicht Abkömmlinge der Natur, dann muss es eine Stelle geben (vermutlich das Gehirn), wo der geschaffene Geist auf die Materie einwirken kann, und zwar nicht durch Manipulationen oder Techniken, sondern einfach durch den Wunsch, es zu tun.

Wenn es das ist, was man unter Magie versteht, dann ist Magie eine Wirklichkeit, die sich jedes Mal dann manifestiert, wenn man seine Hand bewegt oder einen Gedanken denkt. Und die Natur wird, wie wir sehen, durch ihre Dienstbarkeit nicht zerstört, sondern eher vervollkommnet.

Die Auferweckung des Lazarus unterscheidet sich von der Auferstehung Christi darin, dass Lazarus, soweit wir wissen, nicht zu einer neuen und herrlicheren Existenzweise erweckt wurde, sondern lediglich zu der Lebensweise, die er vorher gehabt hatte. Die Angemessenheit dieses Wunders liegt in der Tatsache, dass er, der bei der allgemeinen Auferstehung alle Menschen erwecken wird, es hier im engen Kreis, im Kleinen und auf eine mindere Weise – eine lediglich vorweggenommene Weise – tut.

Denn die bloße Wiederherstellung des Lazarus verliert im Vergleich mit der *herrlichen* Auferstehung der neuen Menschheit ebenso an Glanz wie Steinkrüge im Vergleich mit grünem, wachsendem Wein oder fünf kleine Gerstenbrote im Vergleich mit dem wogenden Gold eines fruchtbaren, zur Ernte reifen Tales.

Die Auferweckung des Lazarus ist, soweit wir erkennen können, eine einfache Umkehrung: eine Reihe von Veränderungen, die genau entgegengesetzt zu der Richtung ablaufen, die wir bisher stets erfahren haben. Beim Tode beginnt Materie, die organisch gewesen ist, ins Anorganische abzufließen, um schließlich zerstreut und (teilweise) von anderen Organismen wieder benutzt zu werden. Die Wiedererweckung des Lazarus ist eine Umkehrung dieses Prozesses.

Die allgemeine Auferstehung ist die allumfassende Umkehrung dieses Prozesses – der Drang der Materie zur Organisierung auf den Ruf der Geister hin, die dies fordern. Es ist vermutlich ein törichter Gedanke (und durch kein Wort der Schrift gerechtfertigt), dass jeder Geist gerade die besonderen Materie-Einheiten wiedererlangen wird, die er vorher beherrscht hat.

Denn erstens reichten sie dafür nicht aus: Wir alle leben in Gebrauchtkleidern. In meinem Kinn befinden sich ohne Zweifel Atome, die schon so manchem Menschen, manchem Hund, manchem Aal und manchem Dinosaurier gedient haben. Und zweitens besteht die Einheit unserer Körper, selbst in diesem gegenwärtigen Leben, keineswegs darin, dass sie stets dieselben Partikel umfasst. Meine Gestalt bleibt zwar erhalten, aber die Materie in ihr verändert sich laufend. So gesehen bin ich gleich dem Bogen eines Wasserfalls.

Obwohl das Wunder des Lazarus in diesem Sinne nur vorweggenommen ist, gehört es doch ganz entschieden der neuen Schöpfung an, denn die alte Natur schließt nichts endgültiger aus als eine Rückkehr zum *Status quo*. Das Schema von Tod und Wiedergeburt beinhaltet in keinem Fall die Wiederherstellung des früheren individuellen Organismus. Ebenso wenig stellt die Natur, wie uns gesagt wird, auf der anorganischen Ebene dort jemals wieder Ordnung her, wo einmal Unordnung eingekehrt ist.

«Schluderei», sagt Professor Eddington, «ist das, was die Natur niemals rückgängig macht.» Daher leben wir in einem Universum, in dem die Organismen immer mehr in Unordnung geraten.

Unwiderruflicher Tod und unwiderrufliche Entropie – diese beiden Gesetze decken die ganze Breite dessen ab, was Paulus die «Eitelkeit» der Natur nennt: ihre Nichtigkeit, ihre Verderblichkeit. Und der Film läuft nie rückwärts. Die Bewegung von mehr zu weniger Ordnung ist geradezu richtungsbestimmend für den Fluss der Zeit. Man könnte die Zukunft fast als eine Periode definieren, in der das, was jetzt lebt, tot sein wird, und das, was noch an Ordnung da ist, sehr vermindert sein wird.

Nun lässt uns jedoch die Entropie gerade aufgrund ihrer Beschaffenheit zu der Überzeugung gelangen, dass sie zwar in der uns bekannten Natur ein universales Gesetz ist, dass sie aber nicht im absoluten Sinne universal sein kann. Wenn jemand erzählt: «Der Hampelmann fällt runter», sieht jeder sofort, dass die Geschichte nicht vollständig ist. Dieses Erzählstückchen birgt sowohl ein nachfolgendes Kapitel in sich, in dem der Hampelmann auf der Erde liegen wird, als auch ein vorausgegangenes, in dem er noch an der Wand hing.

Eine Natur, die «abläuft», kann nicht die ganze Geschichte

ausmachen. Eine Uhr kann nicht ablaufen, solange sie nicht vorher aufgezogen worden ist. Der Hampelmann kann nicht von einer Wand fallen, die es nie gegeben hat. Wo sollte eine ordnungsauflösende Natur, die die ganze Wirklichkeit ausmacht, eine Ordnung zum Auflösen hernehmen? Es muss also in jeder Hinsicht eine Zeit gegeben haben, in der Prozesse abliefen, die die Umkehrungen jener Prozesse waren, die wir heute beobachten: eine Zeit des Aufziehens.

Die Christen behaupten, dass jene Tage nicht für immer dahin sind. Der Hampelmann wird wieder an die Wand gehängt werden – zumindest in dem Sinne, dass das, was gestorben ist, wieder Leben erlangen, und vermutlich auch in dem Sinne, dass das anorganische Universum neu geordnet werden wird. Entweder wird der Hampelmann niemals den Boden erreichen (weil er mitten im Fall von dem ewigen Arm aufgehalten wird), oder er wird, wenn er aufschlägt, wieder zusammengesetzt und an eine neue und bessere Wand gehängt werden.

Zugegeben, die Wissenschaft macht nirgendwo einen «Puppendoktor» aus, der den Hampelmann wieder zusammenflicken kann. Aber das kann man von ihr auch nicht erwarten. Sie beruht ja auf Beobachtung: Und alle unsere Beobachtungen erstrecken sich auf den Hampelmann mitten im Fall. Sie reichen weder bis oben an die Wand noch bis unten auf den Boden – und noch weniger bis zu dem «Doktor», der mit seinem Leimtopf zur Stelle eilt.

Die Verklärung oder die «Metamorphose» Jesu ist ebenfalls ohne Zweifel eine kurze Vorausschau auf etwas Kommendes. Man sieht ihn im Gespräch mit zwei der verstorbenen Alten. Die Veränderung, die mit seiner menschlichen Gestalt geschah, brachte ihn der Beschreibung nach zum Leuchten, zu «strahlendem Weiß». Ein ähnliches Weiß zeichnet sein Erscheinen zu Beginn des Buches der Offenbarung aus. Merkwürdig ist, dass von diesem Leuchten beziehungsweise von diesem Weiß seine Kleider ebenso betroffen sind wie sein Körper. Markus erwähnt sogar mehr noch die Kleider als das Gesicht und fügt in seiner unnachahmlichen Naivität hinzu, dass «sie kein Bleicher auf Erden so weiß machen kann».

Für sich genommen, trägt diese Episode alle Merkmale einer «Vision»: das heißt, einer Erfahrung, die, obgleich gottgesandt und möglicherweise große Wahrheit offenbarend, objektiv gesehen dennoch nicht die Erfahrung ist, die sie zu sein scheint. Wenn jedoch die «Visions»-Theorie (oder die Theorie einer heiligen Halluzination) schon die Auferstehungserscheinungen nicht erklärt, wäre es bloß ein Anhäufen von Hypothesen, sie in diesem Falle anzubringen.

Wir wissen nicht, auf welche Phase oder welchen Zug der neuen Schöpfung diese Episode hindeutet. Möglicherweise offenbart sie eine besondere Verherrlichung des Menschseins Christi in einer bestimmten Phase seiner Geschichte (denn eine Geschichte hat ja offensichtlich stattgefunden), oder sie offenbart die Herrlichkeit, die diesem Menschsein in seiner neuen Schöpfung eigen ist: Vielleicht offenbart sie sogar eine Herrlichkeit, die alle auferstandenen Menschen erben werden. Wir wissen es nicht.

Es muss tatsächlich immer wieder betont werden, dass wir über die neue Natur sehr wenig wissen und wissen können. Die Aufgabe der Fantasie besteht hier nicht in der Voraussage, sondern einfach darin, über die Vielfalt der Möglichkeiten nachzugrübeln, um Raum zu schaffen für einen vollständigeren und umfassenderen Agnostizismus.

Es lohnt sich, daran erinnert zu werden, dass uns schon jetzt Sinne, die für verschiedenartige Vibrationen empfänglich sind, Zugang zu ganz neuen Erfahrungswelten verschaffen können; dass ein vieldimensionaler Raum sich fast bis zur Unkenntlichkeit von dem uns bekannten Raum unterscheiden und dennoch lückenlos mit ihm verbunden sein kann; dass die Zeit für uns möglicherweise nicht immer so einlinig und unwiderruflich sein wird wie jetzt; dass andere Teile der Natur uns eines Tages ebenso gehorchen könnten wie heute unsere Hirnrinde.

Es lohnt sich nicht deshalb, weil wir diesen Fantasien zutrauen könnten, uns irgendwelche eindeutigen Wahrheiten über die neue Schöpfung mitzuteilen, sondern weil sie uns lehren, die Kraft und Mannigfaltigkeit der neuen Ernten, die der alte Acker noch hervorbringen könnte, nicht in unserer Voreiligkeit zu begrenzen.

Deshalb müssen wir annehmen, dass beinahe alles, was uns über die neue Schöpfung gesagt wird, metaphorisch gemeint ist; aber nur beinah alles. Hier ist genau die Stelle, an der wir von der Auferstehungsgeschichte zurückgerissen werden wie von einem Spannseil. Die lokalisierbaren Erscheinungen, das Essen, das Berühren, der Anspruch körperlich zu sein, all das muss entweder Wirklichkeit oder aber reine Illusion sein.

Die neue Natur ist in höchst lästiger Weise an einigen Punkten mit der alten verknüpft. Weil sie so neu ist, müssen wir uns ihr in den meisten Fällen gedanklich auf metaphorischer Ebene nähern: Wegen der teilweisen Verknüpfung aber dringen einige Tatsachen mit all ihren wörtlich zu nehmenden Gegebenheiten bis in unsere gegenwärtige Erfahrung durch – genauso wie manche Angaben über das Organische auch auf das Anorganische und manche Erkenntnisse über räumliche Körper auch auf die Flächengeometrie zutreffen.

Doch abgesehen davon wirkt schon der bloße Gedanke einer neuen Natur, einer Natur über die Natur hinaus, einer systematischen und mannigfaltigen Wirklichkeit, die im Verhältnis zur Welt unserer gegenwärtigen fünf Sinne «übernatürlich», von ihrem eigenen Standpunkt aus aber natürlich ist, wie ein schwerer Schock auf gewisse philosophische Vorurteile, an denen wir alle kranken.

Die Ursache dazu finden wir wohl bei Kant. Man könnte es folgendermaßen ausdrücken: Wir sind bereit, entweder an eine einstöckige Wirklichkeit oder an eine zweistöckige Wirklichkeit zu glauben, aber nicht an eine Wirklichkeit gleich einem Wolkenkratzer mit vielen Stockwerken. Wir sind bereit, an die Art von Wirklichkeit zu glauben, an die der Naturalist glaubt. Und diese Wirklichkeit ist einstöckig: Über die gegenwärtige Natur hinaus gibt es nichts, sie ist alles.

Ebenso sind wir offen für eine Wirklichkeit, wie die «Religion» sie sich vorstellt: eine Wirklichkeit mit Erdgeschoss (Natur) und noch einem, aber wirklich nur einem Stockwerk darüber – einem ewigen, raumlosen, zeitlosen, geistigen Etwas, von dem wir uns kein Bild machen können und das, wenn es sich dem menschlichen Bewusstsein überhaupt darbietet, dies mittels mystischer Erfahrung tut, die alle unsere Denkkategorien zerschlägt.

Worauf wir aber nicht vorbereitet sind, das sind die Dinge, die dazwischen liegen. Wir sind uns ganz sicher, dass der erste Schritt über die Welt unserer gegenwärtigen Erfahrung hinaus uns entweder überhaupt nirgendwo hinführt oder aber in den blind machenden Abgrund undifferenzierter Geistigkeit, in das Uneingeschränkte, in das Absolute.

Das ist der Grund, warum viele, die nicht an Engel und an eine Engelwelt glauben können, doch an Gott glauben. Das ist der Grund, warum viele, die nicht an die Auferstehung des Körpers glauben können, doch an die Unsterblichkeit glauben. Das ist der Grund, warum der Pantheismus beliebter ist als der christliche Glaube und warum sich viele ein seiner Wunder entkleidetes Christentum wünschen.

Heute kann ich sie nicht mehr verstehen, doch ich erinnere mich noch sehr gut an die leidenschaftliche Überzeugung, mit der ich selbst einst dieses Vorurteil verteidigt habe. Jegliches Geraune über Stockwerke oder Ebenen, die zwischen dem Uneingeschränkten und der durch unsere gegenwärtigen Sinne geoffenbarten Welt liegen sollten, tat ich ohne weitere Nachfragen als «Mythologie» ab.

Dabei ist es sehr schwer, für das Dogma, die Wirklichkeit dürfe nicht mehr als zwei Ebenen haben, irgendwelche vernünftigen Gründe zu finden. Es liegt in der Natur der Sache, dass es keinen Beweis dafür geben kann, dass Gott niemals mehr als ein System geschaffen habe und schaffen werde.

Jedes von ihnen wäre im Verhältnis zu allen anderen zumindest außer-natürlich: Und wenn eines von ihnen konkreter, bleibender, vortrefflicher und reicher als irgendein anderes wäre, so wäre es im Verhältnis zu diesem anderen *über*-natürlich. Auch würde ein teilweiser Kontakt zwischen zwei von ihnen ihre Besonderheiten nicht verwischen. In diesem Sinne könnte Natur auf Natur geschichtet sein zu jeder Gott gefälligen Höhe, jede im Verhältnis zu der unter ihr liegenden supranatürlich und zu der über ihr liegenden subnatürlich.

Der Tenor der christlichen Lehre aber ist der, dass wir in Wirklichkeit in einer noch komplizierteren Situation leben. Eine neue Natur wird nicht einfach nur geschaffen, sie wird auch noch aus einer alten geschaffen. Wir leben inmitten all der Unregelmäßigkeiten, Unbequemlichkeiten, Hoffnungen und Aufregungen eines Hauses, das gerade umgebaut wird. Ein Teil wird abgerissen, und etwas anderes wird an seiner Stelle aufgebaut.

Den Gedanken der Zwischenebenen zu akzeptieren – wozu uns die christliche Überlieferung ganz einfach zwingt, wenn sie nicht falsch ist –, bedeutet natürlich nicht, dass wir unsere Ahnung von einem allerhöchsten Stockwerk aufgeben müssen. Es ist ganz gewiss: Jenseits aller Welten, uneingeschränkt und unvorstellbar, alles folgerichtige Denken überschreitend, öffnet sich seit jeher und für immer jene letzte Tatsache, der Quell aller sonstigen Tatsächlichkeit, die brennende und unermessliche Tiefe des göttlichen Lebens.

Ebenso höchst gewiss ist die Vereinigung mit diesem Leben in der ewigen Sohnschaft Christi streng genommen das Einzige, das auch nur eine Minute des Nachdenkens wert ist. Und soweit man unter «Himmel» eben *das* versteht, hat die göttliche Natur Christi ihn nie verlassen und ist auch nie in ihn zurückgekehrt: und Christi menschliche Natur ist nicht im Augenblick der Himmelfahrt dorthin aufgestiegen, sondern in jedem Augenblick.

In diesem Sinne soll nicht ein Wort, das die «Vergeistiger» geäußert haben, von mir je widerrufen werden. Daraus ist jedoch keineswegs zu schließen, dass es nicht auch andere Erkenntnisse gibt. Ich räume ein, ja, ich bestehe sogar darauf, dass Christus nicht «zur Rechten Gottes» sein kann, es sei denn in einem metaphorischen Sinn. Ich räume ein und bestehe darauf, dass das ewige Wort, die zweite Person der Dreieinigkeit, niemals auf einen Ort beschränkt sein kann, noch gewesen sein konnte: Vielmehr ist er es, in dem alle Orte existieren.

Die Berichte aber sagen, dass der verherrlichte und dennoch körperliche Christus sich etwa sechs Wochen nach der Kreuzigung in eine andere Existenzweise zurückzog, wo er uns eine «Stätte bereitet». Die Aussage im Markusevangelium, er habe sich zur Rechten Gottes gesetzt, müssen wir als Metapher betrachten: Sie war tatsächlich auch für den Verfasser ein dichterisches Zitat aus Psalm 110. Die Aussage jedoch, dass die heilige Gestalt aufstieg und verschwand, lässt eine solche Betrachtungsweise nicht zu.

Was uns hieran stört, ist nicht die Aussage an sich, sondern das, was der Verfasser (unserem sicheren Empfinden nach) damit gemeint haben muss. Vorausgesetzt, es gibt verschiedene Naturen, verschiedene Existenzebenen, die zwar voneinander gesondert, aber nicht in allen Fällen unverbunden sind – vorausgesetzt, Christus hat sich aus einer solchen in eine andere zurückgezogen, vorausgesetzt, sein Rückzug aus der einen war tatsächlich der erste Schritt zur Erschaffung der anderen –, was genau sollten die Zuschauer unserer Erwartung nach beobachtet haben?

Vielleicht wäre uns ein bloßes plötzliches Verschwinden am liebsten. Ein plötzlicher Bruch zwischen dem Wahrnehmbaren und dem nicht Wahrnehmbaren würde uns weniger bekümmern als jegliche Art von Verbindung.

Und wenn nun die Zuschauer berichten, sie hätten zunächst eine kurze vertikale Bewegung gesehen, dann ein vages Leuchten (was hier vermutlich mit der «Wolke» gemeint ist und was sicherlich im Bericht von der Verklärung damit gemeint war) und dann nichts mehr – haben wir irgendeinen Grund, uns dagegen zu wehren? Wir wissen sehr genau, dass zunehmende Entfernung vom Erdmittelpunkt *an sich* noch nicht gleichzusetzen ist mit einer Zunahme an Kraft und Glückseligkeit. Das aber heißt doch nur: *Wenn* diese Bewegung keine Verbindung mit derlei geistigen Vorgängen hatte, nun, dann hatte sie eben keine!

Eine Fortbewegung (in alle Richtungen außer einer) von der Position, die unsere sich bewegende Erde augenblicklich einnimmt, wird für uns immer eine «Aufwärts»-Bewegung sein. Die Behauptung, Christi Übergang in eine neue «Natur» könne keine solche Bewegung oder besser überhaupt keine Bewegung innerhalb der Natur, die er verlässt, in sich einschließen, ist reichlich willkürlich.

Wo es eine Überfahrt gibt, da gibt es auch eine Abreise:

Und eine Abreise ist ein Ereignis in der Region, aus der der Reisende abreist. Das gilt selbst unter der Voraussetzung, dass sich der aufsteigende Christus in einem dreidimensionalen Raum befindet. Handelt es sich aber nicht um die uns bekannte Art von Körper und nicht um einen solchen Raum, sind wir sogar noch viel weniger in der Lage zu beurteilen, was die Zuschauer dieses völlig neuartigen Ereignisses gesehen und gefühlt oder aber nicht gesehen und gefühlt haben könnten.

Selbstverständlich stellt sich hier nicht die Frage, ob da ein menschlicher Körper, wie wir ihn kennen, in dem uns bekannten interstellaren Raum existiert. Die Himmelfahrt gehört zu einer neuen Natur. Wir überlegen hier nur, wie das «Gelenk» zwischen der alten Natur und der neuen, wie der unmittelbare Moment des Übergangs ausgesehen haben könnte.

Wirkliche Probleme bereitet uns hingegen die Überzeugung, dass die Verfasser des Neuen Testaments, bei allem, was wir sagen mögen, etwas ganz anderes meinten. Wir sind uns sicher, dass sie glaubten, ihren Meister beim Aufbruch zur Reise in einen lokalisierbaren «Himmel» beobachtet zu haben, wo Gott auf einem Thron sitzt und ein weiterer Thron auf ihn wartet.

Ich glaube, dass sie in einer Hinsicht tatsächlich genau das meinten. Und ich glaube, dass sie sich aus diesem Grunde an eine vertikale Bewegung geradezu erinnern *mussten,* unabhängig davon, was sie wirklich gesehen haben (man muss fast damit rechnen, dass die Sinneswahrnehmungen in einem solchen Moment verwirrt sind). Hingegen dürfen wir nicht sagen, sie hätten den lokalisierbaren «Himmel», die Thronsäle und dergleichen mit dem «geistigen» Himmel der Vereinigung mit Gott und mit der höchsten Macht und Seligkeit «verwechselt».

Sie, lieber Leser, und ich haben im Laufe dieses Kapitels

Schritt für Schritt die verschiedenen Bedeutungen des Wortes *Himmel* entwirrt. Es mag daher zweckdienlich sein, hier eine Liste davon aufzustellen. *Himmel* kann bedeuten:

1. Das uneingeschränkte göttliche Leben jenseits aller Welten.
2. Die selige Teilnahme eines erschaffenen Geistes an diesem Leben.
3. Die ganze Natur oder das ganze System der Umstände, unter denen erlöste menschliche Geister, obgleich menschlich bleibend, eine solche Teilnahme völlig und für immer genießen können. Das ist die Stätte, die Christus für uns «bereitet».
4. Der physikalische Himmel, das Himmelszelt, der Raum, in dem die Erde sich bewegt.

Unsere Fähigkeit, diese Bedeutungen zu unterscheiden und klar voneinander zu trennen, rührt nicht von einer besonderen geistigen Reinheit her, sondern von der Tatsache, dass wir Erben jahrhundertealter logischer Analyse sind: Sie rührt nicht daher, dass wir Söhne Abrahams, sondern dass wir Söhne des Aristoteles sind.

Wir sollten nicht glauben, die Verfasser des Neuen Testaments hätten den Himmel der Punkte vier oder drei mit dem Himmel der Punkte zwei oder eins verwechselt. Man kann einen Half-Sovereign nicht mit einem Sixpence-Stück verwechseln, wenn man das englische Münzsystem nicht kennt, d. h. wenn man die Wertunterschiede nicht kennt.

In der damaligen Vorstellung vom Himmel waren alle diese Bedeutungen latent vorhanden. Sie warteten darauf, durch spätere Analyse ans Licht gebracht zu werden. Niemals dachten die Verfasser nur an einen blauen Himmel oder nur an einen «geistigen» Himmel. Wenn sie zum blauen Himmelszelt hochschauten, zweifelten sie nie daran, dass dort, von wo das Licht, die Hitze und der kostbare Regen herabkamen, die Wohnung Gottes sei.

Ihre Vorstellung vom Aufstieg in den Himmel enthielt aber die Überzeugung, dass der Aufsteigende, um mit unseren Worten zu reden, in einem «geistigen» Sinne «aufstieg». Die eigentliche und schädliche Periode des Wörtlichnehmens kommt erst viel später, während des Mittelalters und des siebzehnten Jahrhunderts, als die Unterscheidungen gemacht wurden und ungeschickte Leute versuchten, die getrennten Begriffe auf falsche Weise wieder zusammenzuzwängen.

Die Tatsache, dass galiläische Hirten das bei der Himmelfahrt Gesehene nicht zu unterscheiden vermochten von einem Aufstieg, der wegen seiner besonderen Eigenart gerade nicht gesehen werden konnte, beweist weder, dass sie ungeistig waren, noch dass sie gar nichts gesehen haben. Ein Mensch, der tatsächlich glaubt, der «Himmel» befinde sich im Luftraum, kann in seinem Herzen unter Umständen eine viel richtigere und geistigere Vorstellung vom Himmel haben als mancher moderne Logiker, der diesen Trugschluss mit ein paar Federstrichen bloßstellen könnte. Denn wer den Willen des Vaters tut, wird die Lehre erkennen.

Belanglose materielle Pracht in der Gottesvorstellung eines solchen Menschen richtet keinen Schaden an, denn sie ist nicht um ihrer selbst willen darin enthalten. Eine rein theoretische, von solchen Bildern unberührte Vorstellung eines Christen nützt nichts, wenn diese nur aufgrund logischer Kritik verbannt wurden.

Wir müssen aber noch einen Schritt weitergehen. Es ist kein Zufall, dass schlichte Menschen, wie geistlich sie auch gesinnt sein mögen, die Vorstellungen von Gott und Himmel mit dem blauen Himmelszelt vermischen. Es ist eine Tatsache und keine Fantasie, dass das Licht und die lebensspendende Wärme vom Himmel herab zur Erde kommen. Die Analogie von der Erzeugerrolle des Himmels und der Gebärerinnenrolle der Erde ist, so weit sie reicht, wohlbegründet. Von allen sinnlich wahrgenommenen Dingen kommt der riesige Himmelsdom der Unendlichkeit am nächsten.

Als Gott den Raum schuf und Welten, die sich in ihm bewegen, und als er unsere Welt mit Luft umhüllte und uns die Augen und Vorstellungskräfte gab, die wir besitzen, wusste er, welche Bedeutung das Himmelszelt für uns haben würde. Und wenn er es wusste, dann wollte er es auch, denn an seinem Werk ist nichts zufällig.

Wir können keineswegs sicher sein, ob nicht gerade diese Bedeutung einer der Hauptzwecke war, zu denen die Natur erschaffen wurde; und noch viel weniger sicher können wir uns sein, ob sie nicht einer der Hauptgründe war, weswegen das Entschwinden auf die menschlichen Sinne wie eine Aufwärtsbewegung wirken konnte. (Ein Verschwinden in die Erde hinein hätte eine völlig andere Religion entstehen lassen.)

Die Alten befanden sich keineswegs völlig im Irrtum, als sie die geistige Symbolik des Firmaments unmittelbar in ihre Sinne aufnahmen, ohne erst innezuhalten und mittels Analyse zu entdecken, dass es ein Symbol ist. In einer Weise haben sie sich vielleicht weniger geirrt als wir.

Denn wir sind genau ins Gegenteil verfallen. Gestehen wir doch ein, dass wahrscheinlich jeder heute lebende Christ Schwierigkeiten damit hat, die beiden Aussagen, die er über den «Himmel» gehört hat, miteinander in Einklang zu bringen – nämlich dass er einerseits ein Leben in Christo, eine Vision Gottes, eine unaufhörliche Anbetung und andererseits körperliches Leben sei.

Sobald wir in diesem Leben der Vision von Gott sehr nahezukommen scheinen, wird der Körper für uns fast zur Belanglosigkeit. Und sobald wir versuchen, uns unser ewiges Leben als ein körperliches Leben (in welchem Körper auch immer) vorzustellen, entdecken wir, wie ein vager Traum von platonischen Paradiesen und Hesperidengärten an die Stelle jener mystischen Annäherung rückt, von der wir doch meinen (zu Recht, wie ich glaube), dass sie wichtiger sei.

Wenn diese Diskrepanz aber endgültig wäre, so würde daraus folgen – was absurd ist –, dass Gott ursprünglich einen Fehler beging, indem er unseren Geist überhaupt in die natürliche Ordnung einführte. Wir müssen also zu dem Schluss kommen, dass eben diese Diskrepanz eine jener Unordnungen ist, die die neue Schöpfung heilen wird.

Die Tatsache, dass wir hier auf Erden Körper, Örtlichkeit, Bewegung und Zeit gegenüber den höchsten Bereichen geistigen Lebens als belanglos empfinden, ist (ebenso wie die Tatsache, dass wir unseren Körper für «unanständig» halten können) ein *Symptom*. Geist und Natur haben sich in uns zerstritten; das ist unsere Krankheit. Und bis jetzt können wir nichts tun, was uns in die Lage versetzen würde, uns ihre vollkommene Heilung vorzustellen.

Ein paar verstohlene Einblicke und schwache Andeutungen haben wir: in den Sakramenten; in der Art und Weise, wie sich große Dichter der sinnlichen Bilder bedient haben; in den kostbarsten Augenblicken geschlechtlicher Liebe; in unserer Erfahrung von der Schönheit dieser Erde. Die volle Heilung aber geht gänzlich über unser Vorstellungvermögen hinaus.

Mystiker sind in der Kontemplation Gottes bis zu dem Punkt gelangt, an dem die Sinne verbannt sind; das nächste Stadium, in dem sie wieder eingesetzt werden, ist (meines Wissens) noch von keinem erreicht worden. Das Schicksal des erlösten Menschen ist nicht in geringerem, sondern in stärkerem Maße unvorstellbar, als der Mystizismus uns vermuten lassen könnte – denn dieser ist voll von Halb-Vorstellbarem, was wir zum gegenwärtigen Zeitpunkt nicht zugeben können, ohne es dadurch im Wesen zu zerstören.

Auf eine Sache müssen wir noch zu sprechen kommen, denn sie wird die meisten Leser, auch wenn ich darüber geschwiegen habe, trotzdem gedanklich beschäftigen. Geist und Buchstabe der Schrift und des ganzen christlichen Glaubens verwehren uns die Vermutung, dass das Leben der neuen Schöpfung ein geschlechtliches sein werde; und das beschränkt unsere Vorstellung auf die vernichtende Alternative von Körpern, die kaum als menschliche Körper erkennbar sind, oder von ständiger Enthaltsamkeit.

Was die Enthaltsamkeit betrifft, so könnte unsere gegenwärtige Einstellung zu ihr verglichen werden mit der eines kleinen Jungen, der sogleich, nachdem ihm gesagt wird, dass der Geschlechtsakt die höchste körperliche Freude sei, die Frage stellt, ob man dabei auch Schokolade esse; und der dann, nachdem diese Frage mit «Nein» beschieden wird, das Fehlen von Schokolade für das Hauptmerkmal der Sexualität hält.

Vergeblich würde man ihm zu erklären versuchen, dass die Liebenden sich deswegen in ihrem körperlichen Entzücken nicht um Schokolade kümmern, weil sie an etwas Besseres zu denken haben. Der Junge kennt Schokolade: Das Bessere, das sie ausschließt, kennt er nicht.

Wir sind in der gleichen Lage. Wir kennen das Geschlechtsleben; das andere, das uns im Himmel keinen Raum dafür lassen wird, kennen wir nicht, außer durch Andeutungen. So kommt es, dass wir uns dort auf Fasten einrichten, wo uns die Fülle erwartet.

Wenn wir das Geschlechtsleben, so wie wir es gegenwärtig

verstehen, als Teil unserer endgültigen Glückseligkeit ablehnen, müssen wir deswegen nicht zwangsläufig vermuten, auch der Unterschied zwischen den Geschlechtern werde verschwinden. Was nicht länger für biologische Zwecke gebraucht wird, könnte um der Schönheit und Herrlichkeit willen weiterbestehen.

Geschlechtlichkeit ist das Instrument sowohl der Jungfräulichkeit als auch der ehelichen Tugend; weder Männer noch Frauen werden aufgefordert werden, Waffen fortzuwerfen, die sie siegreich benutzt haben. Geschlagene und Fliehende werfen ihre Schwerter fort. Die Eroberer stecken sie zurück in die Scheide und behalten sie. «Übergeschlechtlich» wäre für das himmlische Leben ein passenderes Wort als «geschlechtslos».

Ich bin mir wohl bewusst, dass der letzte Abschnitt vielen Lesern unglücklich und manchen auch komisch vorkommt. Doch gerade diese Komik ist, wie ich immer wieder betonen muss, das Symptom für unsere Entfremdung als Geistbegabte von der Natur und als Tierwesen vom Geist. Die Konzeption der neuen Schöpfung schließt den Glauben ein, dass diese Entfremdung überwunden werden wird.

Daraus ergibt sich eine seltsame Konsequenz. Die archaische Denkweise, die den geistigen «Himmel» nicht eindeutig vom Firmament zu unterscheiden wusste, ist aus unserer Sicht eine verwirrte Denkweise. Und dennoch erinnert sie an eine Denkweise und nimmt sie vorweg, die eines Tages gültig sein wird. Jene archaische Denkart wird dann ganz einfach die richtige sein, wenn Natur und Geist voll miteinander in Einklang gebracht worden sind – wenn der Geist die Natur in so vollendeter Weise reitet, dass die beiden eher das Bild eines *Zentauren* als das eines Ritters zu Pferde ergeben.

Ich meine damit nicht unbedingt, dass sich gerade die

Vermischung von Himmel und Firmament als besonders zutreffend erweisen wird, sondern dass diese Art der Vermischung die dann existierende Wirklichkeit genau widerspiegeln wird. Dann wird es für das Denken, und sei es so fein wie die allerdünnste Rasierklinge, keinen Raum mehr geben zwischen Geist und Natur.

In der neuen Natur wird jeglicher Zustand der Dinge der vollkommene Ausdruck eines geistigen Zustands sein und jeglicher geistige Zustand der vollkommene Aufschluss über einen Zustand der Dinge und zugleich dessen Krönung; sie werden eins sein, wie der Duft eins ist mit seiner Blume oder der «Geist» großer Dichtung eins ist mit ihrer Form.

So stoßen wir auch in der Geschichte des menschlichen Denkens wie an anderen Stellen auf das Schema von Tod und Wiedergeburt. Das alte, stark bildhafte Denken, das wir bei Plato noch antreffen, muss sich dem todesgleichen, aber unerlässlichen Prozess der logischen Analyse unterwerfen: Natur und Geist, Materie und Geistbegabtes, Tatsache und Mythos, Wörtliches und Metaphorisches müssen immer schärfer voneinander getrennt werden, bis sich zum Schluss ein rein mathematisches Universum und ein rein subjektiver Geist, durch einen unüberbrückbaren Abgrund getrennt, gegenüberstehen.

Aber auch auf diesen Abstieg muss, wenn das Denken überleben soll, ein Wiederaufstieg folgen, und die christliche Auffassung bietet uns einen solchen. All jene, die zur Auferstehung gelangen, werden miterleben, wie die trockenen Knochen wieder mit Fleisch bedeckt, Tatsache und Mythos wieder vereint und das Wörtliche und das Metaphorische wieder zusammendrängen werden.

Die so oft gehörte Bemerkung, der Himmel sei ein Zustand des Geistes, bezeugt die winterkalte und todesgleiche Prozessphase, die wir zurzeit durchmachen. Diese Bemerkung besagt im Grunde, dass der Himmel, wenn er ein Zustand des Geistes ist, aber auch nur ein Zustand des Geistes sein darf, oder dass zumindest alles andere, was diesem Zustand hinzugefügt wird, belanglos sei. Genau das würden alle Religionen *außer* dem Christentum behaupten.

Das hingegen lehrt, indem es sagt, Gott habe die Welt geschaffen und für gut befunden, dass die Natur oder die Umwelt für die geistige Glückseligkeit im Allgemeinen nicht einfach belanglos sein können – wie weit sie sich auch in einer bestimmten Natur in den Tagen ihrer Knechtschaft voneinander entfernt haben mögen. Mit der Lehre von der Auferstehung des Körpers lehrt es uns auch, dass der Himmel nicht nur ein Zustand des Geistes, sondern ebenso ein Zustand des Körpers ist: und somit ein Zustand der gesamten Natur.

Christus hat seinen Zuhörern zwar erzählt, das Reich der Himmel sei «in» oder «mitten unter» ihnen. Aber seine Zuhörer befanden sich ja nicht *nur* in einem «Zustand des Geistes». Unter ihren Füßen war der Planet, den er erschaffen hat, über ihren Köpfen seine Sonne; Blut, Lungen und Eingeweide arbeiteten in den Körpern, die er erfunden hat; von ihm erdachte Photonen und Schallwellen bescherten ihnen den Anblick seines menschlichen Gesichtes und den Klang seiner Stimme.

Wir befinden uns niemals *nur* in einem Zustand des Geistes. Gebet und Meditation, ob in heulendem Wind oder friedlichem Sonnenschein vollzogen, in der Frische des Morgens oder der Resignation des Abends, in der Jugend oder im Alter, in guter oder schlechter Gesundheit, mögen in gleichem Maße gesegnet sein, aber auf verschiedene Weisen.

Schon jetzt in unserem gegenwärtigen Leben können wir beobachten, wie Gott all die scheinbaren Belanglosigkeiten gewissermaßen vergeistigen und ursächlich daran mitwirken lassen kann, dass die Segnung des Augenblicks zu eben der Segnung wird, die sie ist – so wie Feuer gleichermaßen Kohle und Holz verbrennen kann, das Kohlefeuer aber dennoch ein anderes ist als das Holzfeuer.

Der christliche Glaube verlangt nicht, dass wir uns danach sehnen, von dem Faktor Umwelt ganz frei zu sein. Wie Paulus sehnen wir uns nicht danach, entkleidet, sondern bekleidet zu werden, nicht das gestaltlose Überall und Nirgends, sondern das verheißene Land zu finden. Wir sehnen uns nach der Natur, die ständig und in vollendeter Weise ein Instrument für die Musik ist, die dann zwischen Christus und uns erklingen wird – wie es die gegenwärtige Natur nur teilweise und manchmal ist.

Und was – so fragt man sich – soll das Ganze? Regen uns solche Überlegungen nicht bloß auf und lenken uns ab von den unmittelbareren und handfesteren Dingen, wie der Liebe zu Gott und unserem Nächsten und dem Tragen des täglichen Kreuzes? Wenn man merkt, dass sie einen davon ablenken, sollte man nicht mehr an sie denken. Ich gebe bereitwilligst zu, dass es für Sie und mich heute wichtiger ist, ein Hohnlächeln zu unterdrücken und einen freundlichen Gedanken für unseren Feind übrig zu haben, als alles zu wissen, was die Engel und Erzengel über die Geheimnisse der neuen Schöpfung wissen.

Ich schreibe über diese Dinge, nicht weil sie die wichtigsten sind, sondern weil dies ein Buch über Wunder ist. Schon der Titel verrät, dass es sich hier weder um ein Andachtsbuch noch um asketische Theologie handeln konnte.

Ich lasse allerdings nicht gelten, dass die Dinge, die wir auf den letzten Seiten diskutiert haben, für die Praxis des christlichen Lebens ohne Bedeutung wären. Denn ich fürchte, unsere Vorstellung, der Himmel sei *bloß* ein Zustand des Geistes, ist mit daran schuld, dass die spezifisch christliche Tugend der Hoffnung in unseren Tagen so lahm geworden ist. Wo unsere Väter, in die Zukunft schauend, Schimmer von Gold erblickten, sehen wir nichts als Nebel, weißen, formlosen, kalten und unbeweglichen Nebel.

Der Gedanke, der dieser negativen Geisteshaltung zugrunde liegt, ist den Christen eigentlich verboten. Von allen Menschen dürfen gerade sie geistige Freuden und Werte nicht als Dinge begreifen, die vor Zeit, Ort, Materie und Sinnen gerettet oder sorgsam geschützt werden müssen. Ihr Gott ist der Gott des Kornes, des Öls und des Weines. Er ist der frohe Schöpfer. Er ist selbst Fleisch geworden.

Die Sakramente wurden eingesetzt. Bestimmte Geistesgaben werden uns nur unter der Bedingung gewährt, dass wir bestimmte körperliche Handlungen vollziehen. Nach alledem können wir über seine Absicht wirklich nicht mehr im Zweifel sein. Sich vor allem, was Natur genannt werden kann, in eine geistige Verneinung zu flüchten, heißt, vor dem Pferd davonzulaufen, statt auf ihm reiten zu lernen.

In unserem gegenwärtigen Pilgerdasein bleibt noch genug Raum (und mehr, als den meisten lieb ist) für die Enthaltung, Entsagung und das Abtöten unserer natürlichen Begierden. Hinter aller Askese sollte jedoch der Gedanke stehen: «Wer wird uns das wahre Gut anvertrauen, wenn man uns nicht einmal das vergängliche anvertrauen kann?» Wer wird mir einen geistigen Körper anvertrauen, wenn ich nicht einmal einen irdischen beherrschen kann?

Unsere jetzigen kleinen und vergänglichen Körper wurden uns gegeben, wie man Schuljungen Ponys gibt. Wir müssen lernen, sie zu reiten: Nicht damit wir uns eines Tages von Pferden insgesamt freimachen können, sondern damit wir einst vertrauensvoll und froh und ohne Sattel jene großen Tiere, jene beflügelten, schimmernden und welterschütternden Pferde reiten können, die uns vielleicht schon jetzt vor

Ungeduld stampfend und schnaubend in des Königs Stallungen erwarten. Nicht, dass der Galopp irgendeinen Wert hätte, wenn der König ihn nicht mitmacht; aber wie sonst sollten wir ihn – da er doch sein eigenes Pferd behalten hat – begleiten können?

XVII
Epilog

> Wenn man eine Sache sich selbst überlässt, so überlässt man sie einem Strudel von Veränderungen. Wenn man einen weißen Pfosten in Ruhe lässt, wird er bald ein schwarzer sein.
>
> *G. K. Chesterton, Orthodoxie*

Meine Arbeit endet hier. Falls Sie, lieber Leser, sich nun selbst dem Studium des historischen Beweismaterials zuwenden wollen, beginnen Sie mit dem Neuen Testament und nicht mit Abhandlungen darüber. Wenn Sie kein Griechisch können, besorgen Sie sich eine moderne Übersetzung.

Und wenn Sie vom Neuen Testament zu den modernen Gelehrten übergehen, denken Sie daran, dass Sie sich unter sie begeben wie ein Schaf unter die Wölfe. Sie werden dort auf Schritt und Tritt naturalistischen Vorbedingungen und Hinterfragungen von Problemen (wie ich sie bereits auf der ersten Seite dieses Buches festgestellt habe) begegnen – selbst aus der Feder von Geistlichen.

Das heißt nicht, dass diese Geistlichen (wie ich nahe daran war zu glauben) verkleidete Abtrünnige wären, die ihre Stellung und den Lebensunterhalt, den die christlichen Kirchen ihnen bieten, bewusst dazu ausnutzten, das Christentum zu untergraben. Vielmehr steckt teilweise eine Art «Katzenjammer» dahinter. Wir alle haben den Naturalismus in den Knochen, und selbst eine Bekehrung treibt die Infektion nicht sofort aus. Sobald die Wachsamkeit nachlässt, drängen sich seine Vorbehalte alle wieder in unser Denken zurück.

Zum andern Teil entwickelt sich das Vorgehen dieser Gelehrten aus einem Gefühl heraus, das ihnen hoch anzurechnen ist – das ihnen in der Tat Ehre macht bis zum Punkt der Überspanntheit. Sie sind ängstlich darum bemüht, dem Feind jeglichen Vorteil einzuräumen, den dieser noch mit dem kleinsten Anschein von Fairness beanspruchen kann. So machen sie es sich zur Methode, das Übernatürliche auszuschalten, sobald es auch nur irgendwie möglich ist, und lieber eine natürliche Erklärung bis zum Zerreißen anzuspannen, ehe sie auch nur die geringste Vermutung eines Wunders zulassen.

Aus diesem Geist heraus neigen manche Prüfer dazu, gerade solche Examenskandidaten überzubewerten, deren Ansichten und Charaktere, wie aus ihren Arbeiten ersichtlich, ihnen im Grunde zuwider sind. Wir haben solche Angst, durch unseren spontanen Widerwillen gegen den Mann zur Unfairness verleitet zu werden, dass wir in der Gefahr stehen, über das Ziel hinauszuschießen und ihn zu wohlwollend zu behandeln. Mancher moderne Theologe schießt aus ähnlichem Grunde übers Ziel hinaus.

Deshalb müssen Sie, wenn Sie die Bücher solcher Leute benutzen, ständig auf der Hut sein. Man muss den Spürsinn eines Jagdhundes entwickeln, um die Schritte in der Argumentation herauszufinden, die nicht auf historischem oder sprachkundlichem Wissen, sondern auf der heimlichen Voraussetzung beruhen, dass Wunder unmöglich, unwahrscheinlich oder unpassend seien. Und das bedeutet im Klartext, dass man sich umerziehen muss: Man muss hart und konsequent daran arbeiten, aus dem eigenen Verstand die Denkweise auszurotten, in der wir alle erzogen worden sind.

Es ist die Denkweise, die unter verschiedenen Verkleidungen dieses ganze Buch hindurch unser Gegner gewesen ist. Der Fachausdruck für sie lautet *Monismus;* doch der weniger gelehrte Leser versteht mich vielleicht besser, wenn ich sie die

Einheitslehre nenne. Damit meine ich den Glauben, dass «alles» oder «das Ganze» selbstexistent und wichtiger sein muss als jedes Einzelding, dass es alle Einzeldinge in solcher Weise enthalten muss, dass sie in Wirklichkeit nicht sehr verschieden voneinander sein können – dass sie nicht nur «einig», sondern eins sein müssen.

So wird der Vertreter der Einheitslehre, wenn er von Gott ausgeht, zum Pantheisten; es darf nichts geben, was nicht Gott ist. Geht er von der Natur aus, wird er zum Naturalisten; es darf nichts geben, was nicht Natur ist. Er meint, dass alles letztlich «bloß» ein Vorläufer, eine Entwicklung, ein Überbleibsel, ein Beispiel oder eine Verkleidung von allem anderen sei.

Diese Philosophie halte ich für grundlegend falsch. Einer der Modernen hat gesagt, die Wirklichkeit sei «unverbesserlich pluralistisch». Ich meine, er hat recht. Alle Dinge kommen aus einem. Alle Dinge sind miteinander verknüpft – auf verschiedene und komplizierte Weisen verknüpft. Aber nicht alle Dinge sind eins.

Das Wort «alles» sollte nichts anderes bedeuten als die Summe (eine Summe, die bei ausreichendem Wissen durch Aufzählung erreicht werden könnte) aller in einem gegebenen Moment existierenden Dinge. Man sollte es in Gedanken nicht mit einem großen «A» versehen; man sollte es auch nicht (unter dem Einfluss bildhaften Denkens) zu einer Art Teich werden lassen, in dem bestimmte Dinge versinken, oder zu einem Kuchen, in dem sie die Rosinen sind. Wirkliche Dinge sind kantig und knorrig, kompliziert und unterschiedlich.

Die Einheitslehre ist uns geistesverwandt, denn sie ist die natürliche Philosophie eines totalitären, massenerzeugenden und zwangsverpflichteten Zeitalters. Deswegen müssen wir ständig vor ihr auf der Hut sein.

Und doch … und doch … Es ist dieses *und doch,* vor dem ich mich mehr fürchte als vor jedem klaren Argument gegen Wunder: jene sanfte, gezeitenhafte Wiederkehr unserer gewohnten Anschauung, sobald wir das Buch schließen und die vertrauten vier Wände und die vertrauten Geräusche von der Straße sich unser wieder bemächtigen.

Vielleicht haben Sie beim Lesen des Buches manchmal eine Verlockung verspürt (wenn ich so viel überhaupt hoffen darf), vielleicht haben Sie alte Hoffnungen und Ängste in Ihrem Herzen aufleben gespürt, sind vielleicht fast bis zur Schwelle des Glaubens vorgestoßen – aber jetzt? Nein. Es geht einfach nicht. Hier umgibt Sie wieder die normale, die «wirkliche» Welt. Der Traum ist zu Ende, wie alle anderen ähnlichen Träume stets zu Ende gegangen sind.

Denn natürlich ist es nicht das erste Mal, dass Ihnen so etwas geschehen ist. Mehr als einmal schon haben Sie in Ihrem Leben eine seltsame Geschichte gehört, ein sonderbares Buch gelesen, eine merkwürdige Sache beobachtet oder wenigstens gemeint, sie beobachtet zu haben, eine wilde Hoffnung oder Angst gehabt: Doch immer endete es auf dieselbe Weise. Und jedes Mal wunderten Sie sich, wie Sie auch nur einen Augenblick lang etwas anderes haben erwarten können.

Denn diese «wirkliche» Welt, in die Sie zurückkehren, ist doch so unwiderlegbar. *Selbstverständlich* war die seltsame Geschichte falsch, selbstverständlich war die Stimme in Wirklichkeit Einbildung, selbstverständlich war das scheinbare Vorzeichen ein Zufall. Sie schämen sich, dass Sie jemals etwas anderes geglaubt haben: Sie sind beschämt, erleichtert, amüsiert, enttäuscht und ärgerlich, alles zur gleichen Zeit. Sie hätten doch wissen sollen, dass «Wunder», wie Arnold sagt, «nicht geschehen»!

Über diese Gemütsverfassung habe ich nur zweierlei zu sagen. Erstens, sie ist genau einer jener Gegenangriffe der Natur, auf die Sie sich meiner Theorie nach gefasst machen mussten. Ihr rationales Denken hat in Ihrem rein natürlichen Bewusstsein nur da einen Halt, wo es ihn durch Eroberung gewinnt und festhält. Der momentane rationale Gedanke hört auf; Fantasie, geistige Gewohnheit, Temperament und «Zeitgeist» bemächtigen sich Ihrer wieder. Solange sie noch nicht zur Gewohnheit geworden sind, haben neue Gedanken auf Ihr Bewusstsein als Ganzes nur dann Einfluss, während Sie sie tatsächlich denken.

Die Vernunft braucht auf ihrem Posten nur einzunicken, und schon dringen die Patrouillen der Natur ein. Während die Argumente gegen Wunder volle Aufmerksamkeit erfordern (denn wenn ich unrecht habe, ist es nicht nur für Sie, sondern auch für mich umso besser, je eher ich widerlegt werde), muss auch das bloße Zurückgleiten des Geistes in seine gewohnheitsmäßigen Anschauungen mitberücksichtigt werden – aber nicht nur in dieser Untersuchung hier, sondern in jeder.

Der erwähnte vertraute Raum, dessen wir uns beim Zuklappen des Buches neu vergewissern, kann uns außer den Wundern noch ganz andere Dinge als unglaublich *empfinden* lassen. Ob das Buch uns nun darüber informiert, dass das Ende der Zivilisation bevorsteht, dass man von der Krümmung des Raumes im Sessel gehalten wird oder gar, dass man im Verhältnis zu Australien mit dem Kopf nach unten sitzt – während man gähnt und ans Zubettgehen denkt, mag einem das doch ein bisschen unwirklich vorkommen.

Ich habe selbst ganz schlichte Tatsachen (zum Beispiel die, dass meine Hand, die Hand, die eben jetzt auf dem Buch liegt, eines Tages eine Skeletthand sein wird) in solchen Momenten als merkwürdig unüberzeugend empfunden. «Überzeugungs-Gefühle», wie Dr. Richards sie nennt, folgen der Vernunft erst nach langer Einübung: Sie folgen der Natur, folgen den Furchen und Geleisen, die in unserem Geist schon vorhanden sind.

Die stärkste theoretische Überzeugung vom Materialismus wird einen bestimmten Menschentyp unter bestimmten Bedingungen nicht davon abhalten, sich vor Gespenstern zu fürchten. Die stärkste theoretische Überzeugung von Wundern wird einen anderen Menschentyp unter anderen Bedingungen nicht davon abhalten, eine schwer lastende, unausweichliche Gewissheit zu fühlen, dass niemals ein Wunder geschehen kann.

Doch die Gefühle eines müden, nervösen Mannes, der am Ende einer Reise, während der er Gespenstergeschichten gelesen hat, unerwarteterweise dazu gezwungen wird, die Nacht in einem großen leeren Landhaus zu verbringen, sind noch kein Beweis dafür, dass Gespenster existieren. Ihre Gefühle in diesem Augenblick sind kein Beweis dafür, dass Wunder nicht geschehen.

Das Zweite, was ich zu sagen habe, ist Folgendes: Wahrscheinlich haben Sie ganz recht, wenn Sie glauben, niemals Augenzeuge eines Wunders zu werden – wahrscheinlich haben Sie ebenso recht, wenn Sie glauben, dass es für alles, was in Ihrem vergangenen Leben auf den ersten Blick «komisch» oder «merkwürdig» erschien, eine natürliche Erklärung gab.

Gott schüttet nicht aufs Geratewohl wie aus einem Pfefferstreuer Wunder über die Natur. Sie geschehen bei den großen Gelegenheiten: Man findet sie an den wichtigen Knotenpunkten der Geschichte – nicht der historischen oder sozialen Geschichte, sondern jener geistigen Geschichte, die der Mensch nicht voll erkennen kann. Wenn sich Ihr Leben gerade nicht in der Nähe eines solchen Knotenpunktes vollzieht, wie sollten Sie dann Zeuge eines Wunders werden? Wären wir heldenhafte Missionare, Apostel oder Märtyrer, so wäre das etwas anderes. Aber warum gerade Sie oder ich?

Wenn man nicht neben einem Bahngleis lebt, sieht man auch keine Züge an seinem Fenster vorbeifahren. Wie groß ist die Wahrscheinlichkeit, dass Sie oder ich anwesend sein werden, wenn ein Friedensvertrag unterzeichnet wird, wenn eine große wissenschaftliche Entdeckung gemacht wird oder wenn ein Diktator Selbstmord begeht? Dass wir Zeugen eines Wunders werden, ist sogar noch unwahrscheinlicher.

Auch sollten wir, bei rechter Einsicht, gar nicht so begierig darauf sein. «Außer dem Elend wird kaum jemals etwas Zeuge von Wundern.» Wunder und Martyrien neigen dazu, sich in denselben Geschichtsabschnitten anzuhäufen – Abschnitten, die wir natürlicherweise nicht mitzuerleben wünschen. Ich rate Ihnen ernsthaft: Verlangen Sie nicht nach dem sichtbaren Beweis, ehe Sie sich nicht völlig sicher sind, dass er nicht eintrifft.

Anhang A
Über die Begriffe «Geist», «geistig» und «geistlich»

Sicher ist dem Leser aufgefallen, dass der Blickwinkel, aus dem wir in Kapitel IV den Menschen betrachtet haben, stark abweicht von dem, was für eine erbauliche oder praktische Abhandlung über das geistliche Leben angemessen gewesen wäre. Die Art der Analyse, die man über irgendeinen komplexen Gegenstand anstellt, hängt von der Absicht ab, die man verfolgt.

So können, unter gewissen Gesichtspunkten, die Hauptunterscheidungsmerkmale einer Gesellschaft die des Männlichen und Weiblichen, des Kindlichen und Erwachsenen usw. sein. Unter anderen Gesichtspunkten können die Unterscheidungsmerkmale die des Herrschenden und des Beherrschten sein. Unter noch anderen Gesichtspunkten könnten es die der Klasse oder des Berufes sein. All diese unterschiedlichen Analysen können gleichermaßen richtig sein, aber dienlich sind sie jeweils für einen anderen Zweck.

Wenn wir den Menschen als Beweis dafür betrachten, dass diese raum-zeitliche Natur nicht das Einzige ist, was existiert, dann liegt der Hauptunterschied zwischen dem Teil des Menschen, der zu dieser raum-zeitlichen Natur gehört, und dem Teil, der das nicht tut: oder, wenn einem das lieber ist, zwischen den Phänomenen des Menschseins, die mit allen sonstigen Ereignissen in dieser Zeit und diesem Raum eng verknüpft sind, und jenen, die eine gewisse Unabhängigkeit davon besitzen.

Diese zwei Teile des Menschen können zu Recht als das Natürliche und das Supranatürliche bezeichnet werden:

Wenn wir Letzteres «supra-natürlich» nennen, meinen wir damit etwas, das in das große, ineinanderverwobene Geschehnis in Raum und Zeit eindringt oder ihm hinzugefügt wird, anstatt lediglich aus ihm heraus zu entstehen.

Andererseits ist dieser «supra-natürliche» Teil selbst ein erschaffenes Sein – eine Sache, die von dem absoluten Sein ins Dasein gerufen und mit einem gewissen Charakter oder einer «Natur» versehen wurde. Daher können wir sagen, dass er zwar im Verhältnis zu *dieser* Natur (diesem komplexen Geschehnis in Zeit und Raum) «übernatürlich», in einem anderen Sinne aber «natürlich» ist – das heißt, er ist ein Exemplar einer Kategorie von Dingen, die Gott gewöhnlich nach einem festen Muster erschafft.

In einem bestimmten Sinn kann das Leben dieses Teiles jedoch *absolut* übernatürlich werden, das heißt, nicht nur über *diese* Natur hinaus, sondern über jegliche Natur hinaus; und zwar insofern, als es eine Art von Leben erlangen kann, die einem erschaffenen Sein niemals durch den bloßen Akt seiner Erschaffung *gegeben* werden kann.

Der Unterschied wird vielleicht deutlicher, wenn wir ihn nicht in Bezug auf die Menschen, sondern in Bezug auf die Engel sehen. (Es ist an dieser Stelle belanglos, ob der Leser an Engel glaubt oder nicht. Sie dienen hier lediglich zur Verdeutlichung.) Alle Engel, sowohl die «guten» als auch die schlechten oder «gefallenen», die wir Teufel oder Dämonen nennen, sind im Verhältnis zu *dieser* raum-zeitlichen Natur gleichermaßen «supranatürlich»: Das heißt, sie befinden sich außerhalb dieser Natur und verfügen über Kräfte und eine Existenzweise, die diese nicht bieten kann.

Aber die guten Engel führen ein Leben, das auch noch in einem weiteren Sinne übernatürlich ist. Das heißt, sie haben aus eigenem, freiem Willen und in Liebe jene «Naturen» Gott zurückgegeben, mit denen er sie bei ihrer Erschaffung ausgestattet hatte. Natürlich leben alle Geschöpfe insofern aus Gott, als er sie gemacht hat und in jedem Augenblick in ihrem Dasein erhält. Aber es gibt noch eine weitere und höhere Form des «Lebens aus Gott», die jedoch nur dem Geschöpf gegeben werden kann, das sich ihm freiwillig hingibt.

Dieses Leben haben die guten Engel, die schlechten nicht. Und es ist absolut übernatürlich, denn kein Geschöpf in irgendeiner Welt kann es nur aufgrund der Tatsache besitzen, dass es die Art von Geschöpf ist, die es ist.

Wie mit den Engeln, so ist es auch mit uns. Der rationale Teil jedes Menschen ist übernatürlich im relativen Sinne – in demselben Sinn, in dem sowohl Engel als auch Teufel übernatürlich sind. Ist er aber – wie die Theologen sagen – «wiedergeboren», gibt er sich in Christus Gott zurück, dann wird er ein Leben haben, das *absolut* übernatürlich, das überhaupt nicht erschaffen, sondern gezeugt ist; denn das Geschöpf hat nunmehr teil am gezeugten Leben der zweiten Person der Gottheit.

Wenn die Verfasser der Erbauungsliteratur vom «geistlichen Leben» sprechen – und oftmals auch, wenn sie vom «übernatürlichen Leben» oder ich selbst in einem anderen Buch von der «Zoe» rede –, meinen sie dieses *absolut* übernatürliche Leben, das keinem Geschöpf einfach nur durch seine Erschaffung gegeben werden kann, das aber jedes rationale Geschöpf erlangen kann, indem es sich freiwillig dem Leben Christi überantwortet.

So manche Verwirrung wird allerdings durch den Umstand verursacht, dass in vielen Büchern der Begriff «Geist» auch im Sinne des *relativ* übernatürlichen Elementes im Menschen (des geistigen) gebraucht wird, jenes außerhalb *dieser* Natur stehenden Elementes, das ihm aufgrund der bloßen Tatsache, dass er überhaupt als Mensch erschaffen wurde, gewissermaßen «ausgehändigt» oder übergeben wurde.

Es mag vielleicht hilfreich sein, hier einige der Bedeutungen aufzuzählen, in denen die Begriffe «Geist», und «geistig» bzw. «geistlich» in unserer Sprache benutzt wurden und werden.

1. Die chemische Bedeutung in Bezug auf flüchtigen Alkohol: «Spirituosen», also «geistige Getränke» mit hohem Alkoholanteil.
2. Die (jetzt veraltete) medizinische Bedeutung: Die Ärzte der Vergangenheit glaubten an gewisse äußerst feine Fluida im menschlichen Körper, die «Geister» genannt wurden. Diese Ansicht ist von der Medizin längst aufgegeben worden; dennoch ist sie der Ursprung mancher Ausdrücke, die wir noch heute gebrauchen: «begeistert sein» zum Beispiel, «voller Lebensgeister sein» oder «den Geist aushauchen».
3. «Geistig» wird oftmals nur als Gegensatz zu «körperlich» oder «stofflich» benutzt. So wird all das, was im Menschen unstofflich ist (Emotionen, Leidenschaften, Erinnerung usw.), oft «geistig» genannt. Es ist wichtig, daran zu denken, dass das, was in diesem Sinne als «geistig» bezeichnet wird, nicht notwendigerweise gut ist. Die bloße Tatsache der Unstofflichkeit hat nichts besonders Feines an sich. Unstoffliche Dinge können gleich stofflichen Dingen gut, schlecht oder wertneutral sein.
4. Manche Leute benutzen den Begriff «Geist» zur Kennzeichnung des relativ übernatürlichen Elementes, das jedem Menschen bei seiner Erschaffung gegeben wird – des rationalen Elementes. Das ist meiner Meinung nach die zutreffendste Anwendungsweise des Wortes. Auch hier müssen wir uns wieder bewusst machen, dass «Geistiges» nicht notwendigerweise auch gut ist. Ein Geist (in diesem Sinne) kann sowohl das beste als auch das schlimmste al-

ler geschaffenen Dinge sein. Weil der Mensch (in diesem Sinne) ein geistbegabtes Tier ist, kann er entweder ein Kind Gottes oder ein Teufel werden.

5. Die christlichen Autoren schließlich benutzen «Geist» und «geistlich» zur Bezeichnung jenes Lebens, das in den rationalen Wesen entsteht, die sich freiwillig der göttlichen Gnade überantworten und in Christus Söhne des himmlischen Vaters werden. Und in dieser Bedeutung – aber auch *nur* in dieser Bedeutung – ist das «Geistige» (richtig: «Geistliche») stets gut.

Es ist müßig, darüber zu klagen, dass Worte mehr als *eine* Bedeutung haben. Die Sprache ist etwas Lebendiges, und Worte können nicht anders, als neue Bedeutungen sprießen zu lassen, wie Bäume neue Zweige sprießen lassen. Es ist nicht nur zum Nachteil, da wir beim Entwirren der Bedeutungen vieles lernen über die Dinge, die damit verknüpft sind und von uns sonst vielleicht übersehen worden wären. Schlimm daran ist nur, dass ein Wort im Laufe der Diskussion seine Bedeutung ändern kann, ohne dass wir dieses Wechsels gewahr werden.

Deshalb könnte es für unsere Diskussion hilfreich sein, wenn wir den drei Dingen, die unter den Punkten 3, 4 und 5 mit dem Wort «Geist» belegt werden, verschiedene Namen geben. Für die dritte Bedeutung wäre das Wort «Seele» ein guter Begriff: Das dazu passende Adjektiv wäre «psychologisch». Für Bedeutung Nr. 4 können wir die Begriffe «Geist» und «geistig» beibehalten.

Zur Bedeutung Nr. 5 könnte am besten das Adjektiv «wiedergeboren» passen, wobei es allerdings dafür in manchen Sprachen kein voll entsprechendes Substantiv gibt.[6] Und das mag seinen tieferen Sinn haben: Denn das, worüber wir reden, ist nicht (wie es *Seele* und *Geist* sind) ein Teil oder ein

Element im Menschen, sondern eine Neuausrichtung, eine Neubelebung aller Teile oder Elemente.

So ist in einer Hinsicht in einem wiedergeborenen Menschen nicht mehr vorhanden als in einem nicht wiedergeborenen, wie ja auch in einem Menschen, der in die richtige Richtung geht, nicht mehr vorhanden ist als in einem, der in die falsche Richtung geht. In anderer Hinsicht freilich könnte man sagen, dass der wiedergeborene Mensch *total* anders ist als der nicht wiedergeborene, denn das wiedergeborene Leben, der Christus, der in ihm Gestalt gewinnt, formt jeden Teil von ihm um: In diesem Leben werden seine Seele, sein Geist und sein Körper alle wiedergeboren sein.

Wenn also das wiedergeborene Leben nicht *Teil* eines Menschen ist, liegt das weitgehend daran, dass es dort, wo es überhaupt entsteht, nicht ruhen kann, bis es der ganze Mensch geworden ist. Es ist von keinem der Teile so getrennt, wie diese es untereinander sind. Das Leben des Geistes (in der Bedeutung Nr. 4) ist in gewissem Sinne vom Leben der Seele abgeschnitten: Der rein rationale und moralische Mensch, der sich bemüht, ganz aus seinem erschaffenen Geist heraus zu leben, fühlt sich gezwungen, die Leidenschaften und Fantasien seiner Seele ausschließlich als Feinde zu behandeln, die gefangen gesetzt oder vernichtet werden müssen. Der wiedergeborene Mensch hingegen wird die Erfahrung machen, dass durch das Leben Christi in ihm seine Seele schließlich mit seinem Geist in Einklang gebracht werden wird.

Daher glauben die Christen an die Auferstehung des Körpers, wohingegen die alten Philosophen im Körper nur eine

---

[6] Weil der «Geist» in dieser Bedeutung identisch ist mit dem neuen Menschen (dem in jedem vollkommenen Christen gestalteten Christus), nennen ihn einige lateinische Theologen einfach *unsere Novitas,* d. h. «unsere Neuheit».

Beschwernis erblickten. Vielleicht ist es ein universales Gesetz, dass man umso tiefer hinabsteigen kann, je höher man zuvor hinaufgestiegen ist. Der Mensch ist ein Turm, dessen verschiedene Stockwerke voneinander aus kaum zu erreichen sind, die aber alle vom obersten Stockwerk aus erreicht werden können.

(In der Heiligen Schrift bedeutet «geistlicher Mensch» das, was ich «wiedergeborener Mensch» nenne; «natürlicher Mensch» bedeutet sowohl das, was ich «Geist-Mensch», als auch das, was ich «Seelen-Mensch» nenne.)

Anhang B
Über «besondere Vorhersehungen»

Wir haben in diesem Buch über zwei Kategorien von Ereignissen gesprochen, und zwar nur über zwei: über Wunder und über natürliche Geschehnisse. Erstere sind mit der Geschichte der Natur nicht rückwärtig verwoben – das heißt nicht mit der Zeit vor ihrem Auftreten. Letztere sind es.

Nun gibt es viele fromme Leute, die gewisse Ereignisse als «von göttlicher Vorhersehung bestimmt» oder als «besondere Vorhersehungen» bezeichnen, ohne sie damit für wunderhaft zu halten. Im Allgemeinen setzt das den Glauben voraus, dass gewisse Ereignisse, von Wundern einmal ganz abgesehen, in einer Art vorherbestimmt sind, in der andere es nicht sind.

So meinten viele Leute, dass das Wetter, das es der englischen Armee ermöglichte, im Zweiten Weltkrieg einen großen Teil ihrer Truppen aus Dünkirchen fortzuschaffen, in einer Weise «vorherbestimmt» gewesen sei, in der es das sonst nicht ist. Die christliche Aussage, manche Geschehnisse seien, obschon keine Wunder, so doch Gebetserhörungen, scheint auf den ersten Blick eben das zu meinen.

Mir fällt es ausgesprochen schwer, an Zwischenkategorien von Ereignissen zu glauben, die weder wunderhaft noch ganz «normal» sind. Entweder war das Wetter in Dünkirchen so, wie es die vorausgegangene physikalische Geschichte des Universums ihrer Beschaffenheit gemäß unausweichlich hervorbringen musste, oder es war nicht so. Wenn es so war, wie sollte es dann «extra» vorherbestimmt gewesen sein? War es aber nicht so, dann war es ein Wunder.

Mir scheint deshalb, dass wir die Vorstellung aufgeben müssen, es gäbe eine besondere Art von Ereignissen (neben den Wundern), die man als «extra vorherbestimmt» kennzeichnen kann. Daraus folgt, dass alle Ereignisse gleichermaßen vorherbestimmt sind; es sei denn, wir wollen den Begriff der Vorherbestimmung und damit den Glauben an ein wirksames Gebet insgesamt aufgeben.

Wenn Gott überhaupt den Lauf der Ereignisse lenkt, dann so, dass er in jedem Augenblick die Bewegung eines jeden Atoms lenkt: «Kein Spatz fällt zur Erde» ohne diese Lenkung. Die «Natürlichkeit» natürlicher Ereignisse besteht nicht darin, dass sie irgendwie außerhalb von Gottes Vorherbestimmung lägen, sondern darin, dass sie innerhalb einer gemeinsamen Raum-Zeit gemäß dem festgelegten Schema der «Gesetze» miteinander verwoben sind.

Um sich überhaupt ein Bild von einer Sache machen zu können, ist es manchmal notwendig, mit einem falschen Bild zu beginnen und es dann zu korrigieren. Das falsche Bild von der Vorherbestimmung (falsch deshalb, weil es Gott und die Natur so darstellt, als seien sie beide in einer gemeinsamen Zeit enthalten) sähe folgendermaßen aus:

Jedes Ereignis in der Natur ergibt sich aus einem vorausgegangenen Ereignis und nicht aus den Gesetzen der Natur. Letztlich hat also das erste natürliche Ereignis, was immer es war, jedes andere Ereignis diktiert. Das heißt, als Gott im Augenblick der Schöpfung das Rahmenwerk der «Gesetze» mit dem ersten Ereignis speiste – den Ball also ins Rollen brachte –, legte er die gesamte Geschichte der Natur fest. Jeden Teil dieser Geschichte voraussehend, beabsichtigte er ihn auch. Hätte er sich für Dünkirchen ein anderes Wetter gewünscht, hätte er das erste Ereignis geringfügig anders gestaltet.

Deshalb ist das Wetter, das wir damals hatten, im strengsten Sinne vorherbestimmt; es wurde verfügt, und zwar mit einem bestimmten Ziel, als die Welt geschaffen wurde – aber nicht in stärkerem Maße (wenn auch für uns von größerem Interesse) als die augenblickliche genaue Position eines jeden Atoms im Ring des Saturn. Daraus folgt (immer noch bei unserem falschen Bild bleibend), dass jedes physikalische Geschehen dazu bestimmt wurde, einer Vielzahl von Zwecken zu dienen.

Wir müssen daher annehmen, Gott habe bei der Vorherbestimmung des Wetters von Dünkirchen voll einkalkuliert, welche Auswirkungen es nicht nur auf das Schicksal zweier Nationen, sondern auch (was unvergleichlich viel wichtiger ist) auf die zahlreichen beiderseits beteiligten Einzelnen, auf alle in Reichweite befindlichen Tiere, Pflanzen, Mineralien und schließlich auf jegliches Atom im Universum haben würde. Das klingt vielleicht übertrieben; tatsächlich aber gestehen wir dem Allmächtigen damit nur das gleiche Können zu – wenn auch von unendlich überlegener Größe –, das jeder menschliche Romanschriftsteller täglich bei der Konstruktion eines Handlungsablaufes ausübt.

Nehmen wir an, ich würde einen Roman schreiben, und mir stellten sich folgende Probleme:

1. Der alte Mr. A. muss vor Beginn des Kapitels 15 tot sein.
2. Dabei wäre es besser, er stürbe eines plötzlichen Todes, da ich ihn daran hindern muss, sein Testament zu ändern.
3. Seine Tochter (meine Heldin) muss mindestens drei Kapitel lang von London ferngehalten werden.
4. Mein Held muss auf irgendeine Weise das gute Ansehen zurückgewinnen, das er in Kapitel 7 bei der Heldin verloren hat.
5. Der junge Tunichtgut B., der sich noch vor Ende des Buches gebessert haben muss, braucht einen tiefen seelischen Schock, der ihn von seiner Eitelkeit heilt.

6. Über die Tätigkeit von B. ist noch nichts entschieden; aber die ganze Entwicklung seines Charakters verlangt danach, dass wir ihm eine Arbeit geben und ihn bei deren Ausübung zeigen.

Wie soll ich bloß all diese Dinge unter einen Hut bringen? … Ich glaube, ich habe es! Wie wäre es mit einem Zugunglück? Der alte A. kann dabei ums Leben kommen, damit wäre er schon mal abgehakt. Ja, der Unfall kann sogar geschehen, während er auf der Fahrt nach London ist, wo er tatsächlich seinen Anwalt aufsuchen will, um sein Testament zu ändern. Was ist natürlicher, als dass seine Tochter ihn begleitet? Wir lassen sie bei dem Unfall leichte Verletzungen erleiden: Das hindert sie für die Dauer von beliebig vielen Kapiteln, nach London zu kommen.

Auch unser Held kann sich in dem Zug befinden. Während des Unglücks hat er die Gelegenheit, die größte Geistesgegenwart und Tapferkeit an den Tag zu legen – wahrscheinlich rettet er die Heldin aus einem brennenden Waggon. Damit wäre mein vierter Punkt erledigt.

Und der junge Tunichtgut B.? Ihn machen wir zum Signalsteller, dessen Nachlässigkeit das Unglück verschuldet. Das versetzt ihm seinen seelischen Schock und verbindet ihn gleichzeitig mit der Haupthandlung. Ja, als uns erst einmal die Idee mit dem Zugunglück gekommen war, löste dieses eine Ereignis sechs scheinbar unzusammenhängende Probleme.

Sicherlich ist dies in mancher Hinsicht ein unerträglich irreführendes Bild: Denn erstens dachte ich dabei nicht an das letztlich Beste für meine Charaktere (ausgenommen den Tunichtgut B.), sondern an die Unterhaltung meiner Leser. Zweitens ignorieren wir einfach die Folgen des Zugunglücks für alle anderen Mitreisenden; und drittens bin ich es, der B.

das falsche Signal geben lässt. Das heißt, ich tue zwar so, als habe er einen freien Willen, in Wirklichkeit hat er ihn aber gar nicht.

Trotz aller Einwände kann das Beispiel vielleicht dennoch veranschaulichen, wie der göttliche Erfindungsgeist einen physikalischen «Handlungsablauf» des Universums ersinnen konnte, der auf die Nöte unzähliger Geschöpfe eine «vorherbestimmte» Antwort gibt.

Nun aber haben einige dieser Geschöpfe einen freien Willen. Und an dieser Stelle müssen wir anfangen, das bisher benutzte, zugegebenerweise falsche Bild von der Vorhersehung zu korrigieren. Man wird sich erinnern, dass es deshalb falsch war, weil es Gott und die Natur darstellte, als wohnten sie in einer gemeinsamen Zeit. Es ist aber wahrscheinlich, dass die Natur gar nicht in der Zeit ist; und dass Gott nicht darin ist, das ist fast sicher.

Die Zeit ist vermutlich (wie unsere Perspektive) ein Modus unserer Wahrnehmung. Daher stellt sich die Frage überhaupt nicht, ob Gott zu einem Zeitpunkt (dem der Schöpfung) die materielle Geschichte des Universums im Voraus den freien Handlungen angepasst habe, die Sie oder ich zu einem späteren Zeitpunkt begehen würden. Ihm sind alle physikalischen Ereignisse und alle menschlichen Handlungen in einem ewigen Jetzt gegenwärtig.

Die Befreiung des endlichen Willens und die Erschaffung der gesamten materiellen Geschichte des Universums (die mit den Handlungen dieses Willens in aller zwangsläufigen Kompliziertheit verknüpft ist) sind für ihn eine einzige Verrichtung. In diesem Sinne hat Gott das Universum nicht vor langer Zeit erschaffen, sondern er erschafft es in diesem Augenblick – in jedem Augenblick.

Angenommen, ich finde ein Stück Papier, auf dem bereits eine schwarze Schlangenlinie gezogen ist. Ich kann mich nun hinsetzen und andere Linien (sagen wir rote) ziehen, die zusammen mit der schwarzen ein Muster ergeben. Nehmen wir nun an, die schwarze Linie besäße Bewusstsein. Dieses Bewusstsein besteht jedoch nicht gleichzeitig entlang der gesamten Länge der Linie – sondern nur nacheinander in jedem Punkt der Länge.

Tatsächlich wandert das Bewusstsein von links nach rechts der Linie entlang, behält Punkt A, sobald es Punkt B erreicht, nur als Erinnerung zurück und ist unfähig, sich des Punktes C bewusst zu werden, solange es den Punkt B noch nicht verlassen hat. Geben wir dieser schwarzen Linie auch noch einen freien Willen! Sie wählt die Richtung, in der sie verläuft. Die besondere Schlangenförmigkeit ist die Form, die sie haben will. Während sie sich ihrer selbsterwählten Form aber nur von Augenblick zu Augenblick bewusst ist und bei Punkt D nicht weiß, für welche Richtung sie sich bei Punkt F entscheiden wird, kann ich ihren Gesamtverlauf auf einen Blick überschauen.

Jeden Augenblick wird sie entdecken, wie meine roten Linien auf sie warten und ihr angepasst sind. Natürlich: denn ich habe bei der Anordnung des schwarz-roten Musters ja den Gesamtverlauf der schwarzen Linie im Auge und beziehe ihn mit ein. Es ist für mich keineswegs unmöglich, sondern eine Frage des zeichnerischen Könnens, rote Linien zu ersinnen, die der schwarzen Linie und einander an jedem Punkt so zugeordnet sind, dass sie das ganze Blatt mit einem befriedigenden Muster bedecken.

Die schwarze Linie stellt in diesem Muster ein Geschöpf mit freiem Willen, die roten Linien stellen materielle Ereignisse und ich stelle Gott dar. Natürlich wäre das Beispiel noch zutreffender, wenn ich nicht nur das Muster, sondern auch das Papier herstellte und wenn sich darauf nicht nur eine, sondern Hunderte oder Millionen von schwarzen Linien befänden – aber um der Einfachheit willen müssen wir es so belassen.[7]

Wie man sieht, könnte ich, falls die schwarze Linie Gebete an mich richtet, diese erhören (wenn ich es will). Sie bittet darum, beim Erreichen des Punktes N die roten Linien um sich herum in einer bestimmten Anordnung vorzufinden.

Es könnte sein, dass diese Anordnung aufgrund zeichnerischer Gesetze durch weitere Anordnungen roter Linien auf ganz anderen Teilen des Papiers ausgeglichen werden muss – einige davon ganz oben oder ganz unten und so weit von der schwarzen Linie entfernt, dass diese gar nichts von ihnen weiß: andere so weit links, dass sie noch vor Beginn der schwarzen Linie, und noch andere so weit rechts, dass sie erst hinter ihrem Ende liegen. (Die schwarze Linie würde diese Teile des Blattes als «die Zeit vor meiner Geburt» und als «die Zeit nach meinem Tod» bezeichnen.)

Dass die Anordnung der roten Linien, die sich die schwarze Linie bei Punkt N wünscht, eine bestimmte Linienführung in andern Teilen des Musters erforderlich macht, hindert mich jedoch nicht daran, ihr Gebet zu erhören. Denn ihr Gesamtverlauf war von dem Augenblick an für mich ersichtlich, als ich auf das Papier schaute, und ihre Bedürfnisse an Punkt N gehören zu den Dingen, die ich bereits mit einkalkuliert hatte, als ich mich für das Gesamtmuster entschied.

Eine gründliche Analyse zeigt, dass die meisten unserer

---

[7] Ich habe zugegebenerweise nichts anderes getan, als die Sache umgedreht, indem ich das menschliche Wollen zur Konstanten und das physikalische Schicksal zur Variablen machte. Das ist genauso falsch wie die gegenteilige Auffassung; aber es ist auch nicht falscher! Die fast simultane beiderseitige Anpassung in den Bewegungen zweier vorzüglicher Tänzer wäre ein zutreffenderes Bild von der Schöpfung und der Freiheit (oder vielmehr von der Erschaffung des Freien und des Unfreien in einem einzigen zeitungebundenen Akt).

Gebete entweder um Wunder bitten oder aber um Ereignisse, deren Grund vor unserer Geburt, ja, sogar zu Beginn des Universums hätte gelegt werden müssen. Aber schließlich waren ich und das Gebet, das ich 1945 sprach, für Gott (jedoch nicht für mich) bei der Erschaffung der Welt genauso gegenwärtig, wie wir es jetzt sind und noch nach Millionen Jahren sein werden. Gottes Schöpfungsakt ist zeit-ungebunden und den «freien» Elementen in ihm zeitlos angepasst: Unserem Bewusstsein stellt sich diese zeit-ungebundene Anpassung jedoch als eine Aufeinanderfolge von Gebet und Erhörung dar.

Daraus ergibt sich zweierlei:

1. Die Menschen fragen oft, ob ein bestimmtes Ereignis (nicht ein Wunder) tatsächlich die Erhörung eines Gebetes war oder nicht. Wenn sie ihre Gedanken analysierten, würden sie darin meiner Meinung nach die Frage entdecken: «Hat Gott dies zu einem besonderen Zweck geschehen lassen, oder wäre es ohnehin als Teil des natürlichen Ablaufes der Ereignisse geschehen?» Diese Fragestellung aber lässt weder die eine noch die andere Antwort zu.

Im *Hamlet* klettert Ophelia auf einen Ast, der über einem Fluss hängt: Der Ast bricht ab, sie fällt und ertrinkt. Was würden Sie antworten, wenn jemand fragte: «Ist Ophelia nun gestorben, weil Shakespeare sie aus dichterischen Gründen in diesem Augenblick sterben lassen wollte – oder ist sie gestorben, weil der Ast brach?» Ich meine, man müsste darauf erwidern: «Aus beiden Gründen.»

Jedes Ereignis in dem Stück geschieht als Folge anderer Ereignisse, doch es geschieht auch, weil der Dichter es so will. Alle Ereignisse in dem Stück sind shakespearisch; ähnlich sind alle Ereignisse in der wirklichen Welt vorherbestimmt. Alle Ereignisse in dem Stück ergeben sich aber auch aus der dramatischen Logik der Dinge (oder sollten es tun). Ähnlich ergeben sich alle Ereignisse in der wirklichen Welt (außer den Wundern) aus natürlichen Ursachen. «Vorhersehung» und natürliche Ursachen sind also keine Alternativen; beide bestimmen jedes Ereignis, weil beide eins sind.

2. Wenn wir beispielsweise um den Ausgang einer Schlacht oder einer medizinischen Behandlung beten, kommt uns oft der Gedanke, dass die Angelegenheit (wenn wir es bloß wüssten!) ja bereits auf die eine oder andere Weise entschieden sei. Ich halte das für keinen ausreichenden Grund, um mit dem Beten aufzuhören. Gewiss, das Ereignis ist entschieden – insofern, als es «vor allen Welten» entschieden wurde. Aber einer der Gesichtspunkte, die bei seiner Entscheidung mitberücksichtigt wurden und deshalb eine seiner tatsächlichen Mitursachen ist, könnte eben das Gebet gewesen sein, das wir gerade jetzt darbringen.

Daraus schließe ich, so unerhört es auch klingen mag, dass wir gegen Mittag zur Teilursache eines Ereignisses werden können, das sich um zehn Uhr vormittags zugetragen hat. (Manche Wissenschaftler werden das plausibler finden, als es dem volkstümlichen Denken erscheint.) Die Fantasie wird natürlich versuchen, uns in diesem Punkt alle möglichen Streiche zu spielen. Sie wird fragen: «Wenn ich nun zu beten beginne, kann denn Gott dann zurückgehen und das ändern, was bereits geschehen ist?» Nein! Das Ereignis ist bereits geschehen, und eine seiner Ursachen ist mein gegenwärtiges Gebet.

Es hängt also tatsächlich etwas von meiner Entscheidung ab. Meine freie Handlung leistet einen Beitrag zur Gestaltung des Kosmos. Dieser Beitrag wird in Ewigkeit oder «vor Anbeginn aller Welten» geleistet; mein Bewusstsein dafür aber erreicht mich an einem bestimmten Punkt in der Zeitenfolge.

Folgende Frage darf gestellt werden: Wenn es sinnvoll ist, dass wir für eine Angelegenheit beten, die tatsächlich schon einige Stunden vorher geschehen oder eben nicht geschehen ist, warum können wir dann nicht für eine Sache beten, von der wir wissen, dass sie *nicht* geschehen ist? Zum Beispiel für die Sicherheit eines Menschen, der, wie wir wissen, gestern getötet wurde.

Eben dieses Wissen macht den Unterschied aus. Das bekannte Ereignis tut den Willen Gottes kund. Psychologisch ist es unmöglich, um etwas zu bitten, von dem wir wissen, dass es unerreichbar ist; und wäre es möglich, so wäre das Gebet eine Versündigung wider die Pflicht, sich in den geoffenbarten Willen Gottes zu ergeben.

Es bleibt noch eine weitere Konsequenz zu ziehen: In keinem Fall ist es möglich, empirisch nachzuweisen, ob ein bestimmtes, nicht wunderhaftes Geschehen die Erhörung eines Gebetes darstellte oder nicht. Weil es eben kein Wunder war, kann der Skeptiker stets auf seine natürlichen Ursachen verweisen und sagen: «Deswegen wäre es ohnehin geschehen», und der Glaubende kann stets erwidern: «Gerade weil diese Ursachen nur Glieder in einer Kette von Ereignissen sind und ein Glied am andern und die ganze Kette an Gottes Willen hängt, gerade deshalb können sie geschehen sein, weil jemand gebetet hat.»

Die Wirksamkeit des Gebetes kann daher ohne bewussten Einsatz unseres Willens weder behauptet noch geleugnet werden – und zwar des Willens, den Glauben angesichts einer ganzen Philosophie anzunehmen oder abzulehnen. Experimentelle Beweise kann es weder auf der einen noch auf der anderen Seite geben. In der Reihe M-N-O ist das Ereignis N, wenn es nicht ein Wunder ist, stets durch M verursacht, und seinerseits verursacht es O; die wirkliche Frage ist vielmehr die, ob die Gesamtreihe (A–Z) aus einem Willen entspringt (oder nicht), der menschliche Gebete mit einzukalkulieren vermag.

Die Unmöglichkeit des empirischen Beweises ist eine geistige Notwendigkeit. Ein Mensch, der aus Erfahrung wüsste, dass ein Ereignis durch sein Gebet verursacht worden ist, würde sich wie ein Zauberer fühlen. Es würde ihm den Kopf verdrehen und das Herz verderben.

Der Christ soll nicht danach fragen, ob dieses oder jenes Ereignis aufgrund eines Gebetes geschehen sei. Er soll lieber daran glauben, dass alle Ereignisse ohne Ausnahme *Antworten* auf Gebete sind; und zwar insofern, als in ihnen, ob sie nun Zu- oder Absagen sind, die Gebete und Bedürfnisse sämtlicher Betroffenen mit berücksichtigt wurden. Alle Gebete werden gehört, aber nicht alle werden erhört.

Wir dürfen uns das Schicksal nicht wie einen Film vorstellen, der zwar größtenteils von selbst abrollt, in den unsere Gebete aber hin und wieder ein paar zusätzliche Dinge einfügen dürfen. Im Gegenteil: Was der Film uns während des Abspulens darbietet, enthält bereits die Ergebnisse unserer Gebete und sonstigen Handlungen. *Ob* ein Ereignis aufgrund meines Gebetes geschehen ist, steht nicht zur Debatte. Wenn das, wofür ich gebetet habe, eintrifft, hat mein Gebet stets dazu beigetragen.

Trifft aber das Gegenteil davon ein, ist mein Gebet trotzdem nicht ignoriert worden; es wurde in Betracht gezogen und abgelehnt, zum endgültigen Wohle meiner selbst und des Universums. (Denn beispielsweise ist es für mich und jeden sonst letztlich besser, wenn andere Menschen, einschließlich der bösen, ihren freien Willen ausüben, als wenn ich vor Grausamkeit und Falschheit dadurch geschützt würde, dass alle Menschen zu Automaten werden.)

Das Ganze ist jedoch eine Frage des Glaubens und muss es bleiben. Der Versuch, in einigen Fällen gezieltere Beweise für Gebetserhörungen zu finden als in anderen, läuft meiner Meinung nach nur auf Selbstbetrug hinaus.

Über den Autor

Clive Staples Lewis, geboren 1898 in Belfast, gestorben 1963 in Oxford, studierte und lehrte Geschichte, Philosophie und Englische Literatur. Ab 1954 übernahm er den Lehrstuhl für Englische Literatur an der University of Cambridge.

Er veröffentlichte 38 Bücher, die weltweit Millionenauflagen erreichten und viele Autoren beeinflussten. Clive Staples Lewis zählt unangefochten zu den bedeutendsten christlichen Denkern und Schriftstellern unserer Zeit.

«C. S. Lewis: Der Apostel der Skeptiker.»
– *Rheinischer Merkur* –

«Lewis schreibt mit einer
unstillbaren Sehnsucht nach Wahrheit.»
– *DeutschlandRadio Berlin* –

«Die Schlichtheit der Sprache ist das Siegel ihrer Glaubwürdigkeit. Und zum Lobe der Bücher von C. S. Lewis ist zu sagen, sie sind nahezu frei von Terminologie, sie sind ganz und gar Sprache. Und auch darin erweist sich ihre Schlichtheit. Die angenehmsten Bücher sind die, welche den Leser weder ignorieren noch bluffen, bei deren Lektüre er sich vielmehr fühlen darf als der Partner eines ruhigen Gesprächs unter Gentlemen.»
– *Josef Pieper, Philosoph* –

Tolkien über seinen Freund Lewis:

«Die Schuld, die ich ihm nie vergelten kann, war nicht ‹Einfluss›, wie man das gewöhnlich versteht, sondern schiere Ermutigung. Er war lange Zeit mein einziges Publikum. Nur durch ihn kam ich überhaupt auf die Idee, dass mein ‹Zeugs› mehr sein könnte als bloß ein privates Steckenpferd.»
– J. R.R. Tolkien, Schriftsteller –

Weitere Bücher von C. S. Lewis bei Fontis

C. S. Lewis
Die vier Arten der Liebe
Zuneigung, Freundschaft, Eros, Agape

- Klappenbroschur, 176 Seiten, Best.-Nr. 204209

«Die vier Arten der Liebe» besticht durch die einmalige Mischung aus klarer Systematik, Genauigkeit in komplexen Bereichen, Anschaulichkeit und britischem Humor.

Clive Staples Lewis räumt tüchtig auf mit den gängigen Klischees zum Thema Liebe. «Gott ist Liebe in Person» – auf dem Hintergrund dieser Tatsache entfaltet er eine überraschende Vielfalt: Verbergen sich hinter dem Phänomen «Liebe» nicht eben doch viel mehr Geheimnisse, als wir zunächst vermuten würden?

«Woran liegt es, dass das Werk von C. S. Lewis so starke Resonanz findet? Es ist wohl diese Mischung aus Witz, Humor, Wachheit, gesundem Menschenverstand, überlegenem Intellekt und existentiell erfahrener Weisheit, die kaum sonstwo in der modernen Literatur anzutreffen ist, welche die Leser von Lewis' Schriften zugleich fasziniert und betroffen macht. Lewis ist eine so gewaltige geistige Potenz, dass jeder Versuch, ihm eines der modischen Etiketts anzuheften, lächerlich wirkt.» (Gisbert Kranz)

Weitere Bücher von C. S. Lewis bei Fontis

C. S. Lewis
Pardon, ich bin Christ
Meine Argumente für den Glauben

- Taschenbuch, 240 Seiten, Best.-Nr. 204088
- Gebundene Ausgabe [Bild], 204 Seiten, Best.-Nr. 204161
- Hörbuch MP3-CD, 468 min., Best.-Nr. 204814
- E-Book, Best.-Nr. 204778

Skeptiker werfen dem Christentum vor, man müsse den Verstand über Bord werfen, um heute noch glauben zu können. Höchst logisch und überzeugend begegnet C. S. Lewis solchen und ähnlichen Vorurteilen.

Jeder Beitrag dieser berühmten, in unzählige Sprachen übersetzten Essay-Sammlung ist eine Perle für sich, Zeugnis des ungemein reichen, vielfältigen Schaffens des englischen Dichters, Philosophen und Gelehrten, dessen Werke heute zur Weltliteratur gehören.

«Was den ungläubigen Lewis langsam, aber sicher zu Gott zurückführte, war eine Sehnsucht, die kein irdisches Glück zu stillen vermochte. Sie ist ein Hauptthema seiner Bücher. Von dieser unsäglichen Sehnsucht getrieben, warf er sich der Reihe nach auf verschiedene Dinge, jedes Mal auf Befriedigung hoffend, jedes Mal enttäuscht: Es war nicht, was er suchte …» (Gisbert Kranz)

Weitere Bücher von C. S. Lewis bei Fontis

C. S. Lewis
Gott auf der Anklagebank

- Taschenbuch, 128 Seiten, Best.-Nr. 204141

Ein Buch von C. S. Lewis zu nehmen und ein wenig darin zu lesen ist wie das Öffnen eines Fensters in einem muffigen Raum. Das trifft wohl auf diese kürzeren Artikel, mit denen sich Lewis bei verschiedenen Gelegenheiten zu Wort meldete, ganz besonders zu.

Ob er dem Mythos vom «sterbenden Gott» nachgeht, sich zum Verhältnis von Naturgesetz und Gottes Willen äußert oder über die Neigung des modernen Menschen nachdenkt, Gott für jedes Übel verantwortlich zu machen – stets hat man den Eindruck, dass die ihm eigene Geradlinigkeit und Unmittelbarkeit hier noch mehr zum Zuge kommt als sonst.

Lewis verfügt nicht nur über eine einzigartige Schau großer und verborgener Zusammenhänge, er versteht es auch, durch kristallklare und logisch nachvollziehbare Argumentation den Leser mit hineinzunehmen in diese Weite, die sich dem erschließt, der Gott kompromisslos Gott sein lässt.

C. S. Lewis
Durchblicke
Texte zu Fragen über Glaube, Kultur und Literatur
▪ Klappenbroschur, 416 Seiten, Best.-Nr. 204168

Die hier erstmals in deutscher Übersetzung vorliegenden Texte von C.S. Lewis bieten einen neuen und faszinierenden Blick auf einen der einflussreichsten christlichen Denker des 20. Jahrhunderts. Der Band versammelt Beiträge, in denen sich C.S. Lewis kritisch mit dem anti-christlichen Gedankengut seiner Zeit auseinandersetzt, Reflexionen auf die Literatur- und Geistesgeschichte des Abendlandes sowie Essays, die ein neues Licht auf seine eigenen phantastischen Werke (z. B. die «Narnia»-Geschichten) wie auch auf das Werk «Der Herr der Ringe» seines Freundes J. R. R. Tolkien werfen. Lewis erläutert zudem seine apologetische Methode und die Grundzüge seiner Auslegung der biblischen Schriften. Ausschnitte aus privaten Briefen zeugen von seiner intensiven Auseinandersetzung mit dem christlichen Glauben, zu dem er erst als Erwachsener zurückgefunden hatte.

Ausgewählt, übersetzt und erläutert von dem renommierten Lewis-Kenner Norbert Feinendegen, bieten diese Texte weit mehr als bloße Wege zu einem besseren Verständnis von C.S. Lewis. Sie sind hochaktuell und helfen, in einer Zeit des Umbruchs Orientierung zu gewinnen bei der Klärung der eigenen philosophisch-theologischen, geistesgeschichtlichen und literarischen Fragen.